楊　　韜　著　　　　　　　汲古叢書 130

近代中国における
知識人・メディア・ナショナリズム
―鄒韜奮と生活書店をめぐって―

汲 古 書 院

目　次

前書き　「中国の近代性」にかかわるいくつかの問題 ………… 3
 1　はじめに……………………………………………………… 3
 2　中国の近代性について……………………………………… 5
 3　近代中国の知識人について………………………………… 6
 4　メディアと近代性について………………………………… 9
 5　ナショナリズムについて……………………………………15

第一部　導入篇

序章　生活書店及び鄒韜奮研究 ………………………………………21
 1　はじめに………………………………………………………21
 2　一次資料の概要………………………………………………21
 3　先行研究の検討………………………………………………22
 4　本書の視座と全体構成………………………………………28

第一章　近代中国（上海）のジャーナリズム環境 ……………………33
 1　はじめに………………………………………………………33
 2　近代上海のメディア地図……………………………………33
 3　近代上海メディア空間の形成における外国の影響………37
 4　望平街──上海の Fleet Street ……………………………43
 5　上海の外国語メディア………………………………………46
 6　小　括…………………………………………………………48

第二部　人物篇：生活書店の知識人たち

第二章　ジャーナリスト鄒韜奮の発展……………………59
1　はじめに……………………………………………………59
2　鄒韜奮の経歴………………………………………………60
3　鄒韜奮の欧米体験…………………………………………61
4　鄒韜奮とジョン・デューイ………………………………70
5　看過された鄒韜奮の翻訳活動……………………………84
6　小　括………………………………………………………89

第三章　戦時中国における鄒韜奮の政治活動……………97
1　はじめに……………………………………………………97
2　国共両党に対する態度：1936年の声明文から読み解く……97
3　言論出版自由のための戦い：国民参政会での提案について……101
4　国民党による破壊と共産党による浸透…………………105
5　小　括………………………………………………………110

第四章　生活書店の人々：黄炎培・杜重遠・胡愈之・徐伯昕を中心に…118
1　はじめに……………………………………………………118
2　生活書店の組織と人員について…………………………119
3　黄炎培について……………………………………………119
4　杜重遠について……………………………………………123
5　胡愈之について……………………………………………125
6　徐伯昕について……………………………………………128
7　小　括………………………………………………………131

第三部　書店篇：近代出版メディアの一つのあり方

第五章　生活書店の募金活動 …………………………………………… 135
　1　はじめに ……………………………………………………………… 135
　2　生活書店の合作社性質 ……………………………………………… 136
　3　生活書店の募金活動の全体像 ……………………………………… 137
　4　東北義勇軍（馬占山）支援のための募金活動 …………………… 137
　5　募金活動と生活書店の経営特色との関連性 ……………………… 143
　6　小　括 ………………………………………………………………… 145

第六章　戦時下の経営管理 ……………………………………………… 152
　1　はじめに ……………………………………………………………… 152
　2　戦時下における生活書店の組織 …………………………………… 153
　3　戦時下における経営管理：その状況と対応 ……………………… 154
　4　小　括 ………………………………………………………………… 162

第四部　言説篇：メディアとナショナリズムの交錯

第七章　メディア化された共同体：生活書店出版物の投書欄 ……… 167
　1　はじめに ……………………………………………………………… 167
　2　生活書店出版物の投書欄 …………………………………………… 168
　3　投書欄における読者層とコミュニティー性 ……………………… 175
　4　小　括 ………………………………………………………………… 183

第八章　事例分析：投書欄における「恋愛と貞操」をめぐる論争　189

iv 目　次

　　1　はじめに……………………………………………………………189
　　2　近代中国におけるセクシュアリティ言説の歴史と特徴…………190
　　3　投書欄における「恋愛と貞操」をめぐる論争……………………193
　　4　若干の考察…………………………………………………………198
　　5　小　括………………………………………………………………201

第九章　新生事件から見る日中メディア間の対抗 ……………………210
　　1　はじめに……………………………………………………………210
　　2　新生事件の経緯……………………………………………………211
　　3　新生事件をめぐる日中両国の報道とその分析…………………215
　　4　新生事件の発生原因と歴史背景…………………………………219
　　5　小　括………………………………………………………………223

第十章　「国貨」をめぐる言説の浸透性検証 ……………………………231
　　1　はじめに……………………………………………………………231
　　2　「国貨」研究について ……………………………………………232
　　3　「国貨」はどのように語られたか …………………………………234
　　4　「国貨」広告の表象 …………………………………………………238
　　5　『生活』における「国貨」言説の浸透性検証 ………………………241
　　6　小　括………………………………………………………………243

終章　生活書店から三聯書店、そして再び生活書店へ ………………245
　　1　全体のまとめ………………………………………………………245
　　2　生活書店から三聯書店へ…………………………………………246
　　3　生活書店・読書出版社・新知書店の合併前の連携………………248
　　4　「重慶三聯分店」の設立及び経営状況 ……………………………249
　　5　「香港三聯書店」の設立及びその後 ………………………………253

　　　　　　　　　　　　　　　　　　　　　　　目　次　v

　6　そして再び生活書店へ……………………………………… 255

付　録（史料抄録）

　1　「団結御悔的幾個基本条件与最低限要求」（1936）……… 259
　2　「生活書店総経理徐伯昕上中央党部呈」（1941）………… 269
　3　「生活書店新華日報調査報告」（年不詳）………………… 272
　4　防衛省防衛研究所所蔵史料4篇（1940〜1942）………… 283

関連略年表………………………………………………………… 287
文献一覧（兼　近現代中国ジャーナリズム史研究資料目録）……… 289
後書き……………………………………………………………… 313
論文初出一覧……………………………………………………… 318
人名索引…………………………………………………………… 320
事項索引…………………………………………………………… 322
英文要旨…………………………………………………………… 324
中文要旨…………………………………………………………… 328

近代中国における
知識人・メディア・ナショナリズム

――鄒韜奮と生活書店をめぐって――

前書き 「中国の近代性」にかかわるいくつかの問題

1　はじめに

　本書は、近代中国における知識人・メディア・ナショナリズムの三者の相互関係を、鄒韜奮及び生活書店という限定された歴史事象の領域において、多角的に実証しようとするものである。すなわち、具体的な歴史事例の検証を通して、メディア文化の観点から中国近代性の産出にもっともかかわったと考えられる知識人・メディア・ナショナリズムという三つの要素及びその相互の関連性を明らかにする試みである。タイトル「近代中国における知識人・メディア・ナショナリズム——鄒韜奮と生活書店をめぐって」が示すように、本研究は中国近代史研究において相関性をもつ複数の重要課題が多層的に重なっているため、特定の分野からのアプローチだけではその実態も本質も解明できない。むしろ筆者としては、狭義には鄒韜奮／生活書店研究、広義には中国近代ジャーナリズム史の系譜の内に位置づける必要性があると感じている。近代中国の知識人にしても、メディアにしても、ナショナリズムにしても、すでに膨大な関連研究の蓄積はある。だが、多くの場合は、この三つのなかの一つに絞ったり、あるいは二者の関係を結んだりして議論を展開するものである。管見の限り、三者の連関を同時に論じるものは多くない。さらに、後述する先行研究に関する検討で示すように、鄒韜奮及び生活書店に関する断片的な研究は多く見られるが、長いスパンを通した多角的、総合的な研究は少ない。日本国内の中国近代史研究界に限ってみると、鄒韜奮及び生活書店は、中国近代史において広範囲にわたる高い認知度と影響力があったにもかかわらず、（とりわけ日本の学術界の）関心が低いゆえに、その総合的な研究はほぼ無いに等しいと言ってよいと考える。本書は、このような研究現状を打破し、中国近代史研究における空白を埋めることを目指している。こういう意味では、本書は日本では、鄒韜奮

4　前書き　「中国の近代性」にかかわるいくつかの問題

【図版 0-1】雑誌『生活』発行部数の証明書（上海韜奮紀念館所蔵）

および生活書店に関する初めての書籍と言えよう。

　生活書店を研究対象として取り上げた理由は、それが近代中国の言論史において示した重要な役割と広範囲の影響力にある。1920年代以降、中国の出版業界は繁栄期に入り、上海が全国出版業の中心地となった。多くの新聞や雑誌が発行されるなか、生活書店の出版物は特別な存在となった。当時、ほとんどの雑誌の発行部数は2,000部以下であり、一万部を超えるものは少なかった[1]。しかし、生活書店の雑誌『生活』の発行部数は1928年に4,000部に達し、翌年の1929年には驚異的な8万部まで増加した。さらに1931年の満州事変以降12万部まで増え、1933年12月に国民政府当局に発行禁止された時点では15.5万部の発行部数となり、民国時期において発行部数が最も多い雑誌である[2]。このように、生活書店の出版物には、発行部数から膨大な読者数が存在することが推測できる。この意味では、生活書店の世論に与える影響力は非常に大きいと思われる。また、本書の第七、八章の考察から分かるように、生活書店の出版物の目玉とも言える「投書欄」は、広い読者層を討論の場に集めることができただけでなく、それによってこれまで主に知識人（学者）が中心メンバーとなっていた議論の参加者の層を大きく変えた。したがって、生活書店とその出版物は、近代中国の言論史においてきわめて重要な意義があり、近代中国における言論的公共性の考察に欠かせない存在であると言えよう。以下、本書の全体にかかわるいくつかの重要な理論的問題点、および筆者が本書において意図的に示唆したい若干の観点について先に示しておきたい。

2 中国の近代性について

　日本語の「近代性（modernity）」という言葉は、中国語では「現代性」と表記されている。つまり、中国語の「現代性」は、英語のmodernity、そして日本語の「近代性」及び「モダニティ」に対応する表現である。これは、中国と日本における時代区分の基準や方法が一致していないためである。つまり、中国では一般的にアヘン戦争（1840～1842）以降、五四運動（1919）までを「近代」とし、1919年から1949年中華人民共和国成立までを「現代」としている。1949年以降現在までの期間を、「当代」として見なしている。村田雄二郎は、中国の時代区分について、「「近代」が外国の侵略と内部の停滞を招いた時期として、ネガティブなイメージで語られることが多かったのに対して、「現代」は変革や発展に関わる主体性・能動性を喚起する」[3]と述べている。

　ところで中国では、改革開放が開始した1980年代以降、主にウェーバーなどの欧米学者によるモダニティ／モダニズム理論が紹介され、「近代化」に関する議論が徐々に盛んになった。だが、中国の歴史文化の文脈から中国近代性を探求する動きはまだ少なかった。2000年11月にアモイ大学で行われたシンポジウム「現代性与社会・文化転型（近代性と社会・文化の形態転換）」では、中国国内から多くの学者が集まり、大規模な「中国近代性研究」をめぐる議論が展開された。このシンポジウムで発表された主要な論考は、謝行寛（2001）にまとめられている。主な論点として、五四運動時期前後の中国社会における「進歩と伝統との関係」に対する考察が必要であるとする主張や、中国における近代性は西洋の模倣に過ぎず、大した独自性はないとする主張などが挙げられる。また、中国の近代性は「外発型」であり、それに伴うナショナリズムとの衝突が、（1970年代末から始まった改革開放までの）長期にわたり存在したというような意見と、儒教道徳観の視点から中国近代性を解釈すべきとの主張なども見られる。

3 近代中国の知識人について

　知識人の問題が、近代中国の特徴を考えるうえでの一つのバロメーターだと安井三吉は指摘している[4]。「知識人」は勿論のことだが、「近代中国の知識人」だけに絞ったとしても、その研究には数え切れないほどの集積がある。近年では、たとえば、中国側では許紀霖による一連の著作が次々と出版されており[5]、日本でも、村田雄二郎らによる東アジアの知識人に関するシリーズが刊行されている。「知識人」の概念を定義しようとすることは極めて困難なことであるため、本書ではやや視点をずらし、知識人の特徴に焦点を当てる試みを行いたい。

　中国の知識人が、旧来からの特権階級の性格を持ちつつも、前近代の「士大夫」にルーツがあるため権力の中心から一定の距離をおいた周縁地帯に存在してきたことは、すでにしばしば議論されている。余英時は、このような中国の知識人には、広い見識、使命感と正義感、自己犠牲の精神という三つの特徴（長所）があると述べる一方で、心底に潜む「原罪意識」、「権威主義」に対する弱さという二つの欠点（短所）も常に存在していたと指摘する。すなわち、多くの中国の知識人は強力な政治的圧力に耐えかねていただけでなく、常に政治的リーダーや精神的指導者の出現を待ち望んでもいた。その結果、独自の判断能力が欠如し、独立精神も堅持できなくなった[6]。余英時は、清朝末期までの長い歴史を踏まえ、このような知識人の特徴を論じたのであろう。一方、許紀霖は「20世紀」に限定し、近代中国の知識人を次の六つの世代に分けて分析している[7]。すなわち、「清朝晩期世代」、「五四世代」、「ポスト五四世代」、「十七年世代」[8]、「文革世代」、「ポスト文革世代」である。挙げられている各世代の代表的な人物を、表0-1に示す。

　許紀霖は、上記の六つの知識人世代について、歴史研究の対象となり得るのは前半の三つの世代だけとして、その研究を進めている。この分け方に従うなら、本書で取り上げる人物のほとんどはいわゆる「五四世代」に当てはまるで

前書き 「中国の近代性」にかかわるいくつかの問題　7

【表0-1】20世紀中国知識人の六つの世代

世　代	代表的な人物	共通点	出生時期	特徴（歴史的循環性）
清朝晩期世代	梁啓超、康有為、厳復、章太炎、蔡元培、王国維	最後の士大夫世代であると同時に、新時代の先駆者。	1865～1880年	移行世代
五四世代	魯迅、胡適、陳独秀、梁漱溟、陳寅恪、周作人	独立した職業者。外国文明に開放な態度を取りつつも、中国伝統文化や道徳様式を保持する。	1880～1895年	開拓世代
ポスト五四世代	馮友蘭、傅斯年、顧頡剛、羅隆基、朱自清、聞一多、氷心	それぞれの分野の専門家である。	1895～1930年	陳述世代
十七年世代		ソ連（共）の影響を強く受け、イデオロギー色が強い。	1930～1945年	移行世代
文革世代		「上山下郷」経験があり、改革開放以後新たに思想啓蒙運動を開始。	1945～1960年	開拓世代
ポスト文革世代		学術的な訓練を受け、専門家型学者が多い。	1960年以後	陳述世代

（出所：許紀霖（2003）80-87頁に基づき、筆者作成）

あろう。そのなかに入る鄒韜奮は、独立職業者である「報人（ジャーナリスト）」として活動していた。彼は、同時期のほかの知識人と共通する点も多いが、ここではとくに二つの特徴を述べておきたい。すなわち、メディアと密接な関係をもつ「メディア知識人」であったことと、政治的な中間地帯に立つ「第三勢力としての知識人」であったことである。

　第一に、「メディア知識人」についてである。言うまでもなく、近代中国の輿論形成には、活字メディアが機能し、極めて大きな影響をもたらした。清朝末期に出現した『時務報』をはじめ、その後の『申報』、『新聞報』など、さま

ざまな活字メディアが現れ、輿論形成の基盤が徐々に作り上げられた。このような基盤はまさに、鄒韜奮のような「報人」たちの活動の舞台となった。彼らは大学や社会団体といったようなところではなく、主に活字メディアを通して自らの主張を発信し、知識人としての活動を展開していた。具体的には、新聞や雑誌での時評の発表、専門書の執筆と出版、外国の資料や書物の翻訳をいちはやく国内に紹介するなどである。従来の中国知識人研究の分野において、あまり光の当てられてこなかった「メディア知識人」だが、近年は、議論が展開されるようになってきている。その一例として李金銓による2冊の論集『文人論政』(2008) 及び『報人報国』(2013) が挙げられる。李金銓は、「メディア知識人」にはたしてどのような／どの程度の影響力があったのかを分析するとき、「当時の歴史的語境（背景や文脈）へと回帰させ、当時の政治・経済・文化の脈絡と結びつけなければならない」と強調している[9]。また、楊奎松が指摘しているように、知識人も「一般人であり、我々と同じように弱点や問題点もある」のだから、彼らの「内心世界」を理解したうえ冷静に考察すべきである[10]。これらの研究姿勢は、首肯すべきであろう。本書においても、「メディア知識人」としての鄒韜奮を通して、彼の実践活動を見つめつつ、「メディア知識人」の生態を具体的に探っていきたい。

　第二に、「第三勢力としての知識人」についてである。実は、筆者ははじめから「第三勢力」として鄒韜奮を取り上げたわけではない。筆者が当初関心を向けていたのは、近代中国の知識人たちはどのような西洋理解の経験をもったかということであった。そこで、鄒韜奮を一つのモデルとして、彼の西洋体験について考え始めた。その後、その延長線として鄒韜奮のジャーナリストとしての活動を精査するに至った。鄒韜奮の生涯を辿る作業のなかで、必然的に彼の思想及び政治姿勢を分析することとなり、当時彼のおかれていた「立場」を確認しようとした。そして、鄒韜奮の言論や活動から見て、彼を「第三勢力」として看做すのがもっとも妥当ではないかと考えた。ところで、「第三勢力」に関する定義は多種多様になされているが、日本では菊池貴晴と平野正による説が代表的なものであろう。菊池貴晴は「第三勢力」を次のように定義してい

る。「国民革命が失敗した一九二七年（民国十六）七月から、四五年（民国三四）八月の抗日戦争勝利までの間、国民党、共産党のいずれの側にも味方せず、いちおう中立的立場を守って活動した四〇ぐらいかの政党、政派を総括していう」[11]。この定義に即すと、鄒韜奮は「救国会」の幹部として活動しており、正真正銘の「第三勢力」である。この事情については、本書の第九章で取り上げる「新生事件」を通して、その一端を垣間見ることができよう。一方、平野正は次のように「第三勢力」の特徴について述べている。「国共の間にあって両者の対立・摩擦を緩和し調停する、同時に徹底的な抗戦と民主化を要求する、したがって抗戦に一生懸命ではなく、民主主義に反する行為をしている国民党の一党支配に対してそれを拒否し、共産党と同調し得る。しかし共産党の抗戦への熱意と辺区での民主生活の向上の実績は評価するものの、共産党の本質である階級闘争と階級独裁の政治には同調しない。あくまでも平和的な方法によって中国に民主主義的な政治制度を実現することを目指す」[12]。鄒韜奮の国民党一党独裁への態度は、「言論自由の実現」を目指して懸命に活動したことからうかがい知ることができる。一方、共産党の階級闘争に対するスタンスも辺区に関する議論のなかに現れている。これらについては、本書の第三章で詳しく論じていきたい。菊池貴晴と平野正は、それぞれ「第三勢力」と「中間路線」をキーワードとして挙げ、議論を展開している。「第三勢力」と「中間路線」の系譜の分け方、発端の時期については分岐点も見られるが、いずれも近代中国の知識人の研究に一つの方向性（第三極としての知識人というアプローチ）を提起している。本書では、「第三勢力としての知識人」研究に新たな人物モデルを提供し、その研究の幅のさらなる拡大に寄与したい。ただし、本書では、鄒韜奮、及び生活書店の関係者たちを「系譜」に帰納することよりも、むしろできるかぎり当該人物像を具体化することを目指している。

4　メディアと近代性について

　スチュアート・ホール（Stuart Hall）が用いる「近代性の諸形成（formations of

modernity)」という表現が示すように、「近代性」の概念と内容は複雑であり、それに対する考察アプローチも極めて多いことから、これまで多くの学者が「近代性」と格闘し、挑み続けてきた。その一例を挙げると、ナイジェル・ドッド（Nigel Dodd）は15人の学者の社会理論とそこに扱われた近代性について論じている。彼は、「近代性」説を年代順に取り上げ、それぞれに対して批判的考察を行っている。彼はまず「古典的社会理論」というカテゴリーの下で、マルクス、デュルケム、ジンメール、ウェーバーという4人の理論を取り上げた。次に、「近代社会理論」というカテゴリーでは、ホルクハイマー、アドルノ、マルクーゼ、フーコー、ハーバーマスの5人に注目する。そして、最後に「ポストモダン社会理論」というカテゴリーにおいて、リオタール、ボードリヤール、バウマン、ローティ、ギデンズ、ベックの6人に焦点を当てる。この15人の学者のなかで、とくにギデンズは近代性の考察に当たって、メディアの影響を重視している。ギデンズの研究活動について、小幡正敏はおおまかに三つのテーマに分けられると述べている。すなわち、マルクス、デュルケム、ウェーバーを中心とした近代社会理論の古典の読み直しと、ギデンズ独自の社会理論である「構造化理論」と、モダニティの成立という三つのテーマである[13]。古典的社会理論の解読を経た後にギデンズは、「モダニティ」について、「およそ一七世紀以降のヨーロッパに出現し、その後ほぼ世界中に影響が及んで行った社会生活や社会組織の様式のこと」[14]と定義している。この定義は、ボードレールを代表とする「審美的近代性」論者と別に、社会構造（形態）の側面を強調した「社会的近代性」であろう。しかし何といってもギデンズの近代性理論において最も重要なのは、「場所」と「空間」に関する認識である。彼は次のように述べている。

《場所》と《空間》は、ともにほぼ同義語として用いられる場合が多いため、両者の概念上の区別を強調することが重要である。「場所」は、社会活動を取り巻く物理的環境が地理的に限定されていることをさす、現場という考え方で概念化していくのが最も適切である。前近代社会では、ほとんど

の人々にとって、社会生活の空間的特性は「目の前にあるもの」によって—特定の場所に限定された活動によって—支配されていたため、場所と空間とはおおむね一致していた。モダニティの出現は、「目の前にいない」他者との、つまり、所与の対面的相互行為の状況から位置的に隔てられた他者との関係の発達を促進することで、空間を無理やり場所から切り離していったのである[15]。

さらに、彼は「時空間の分離（time-space separation）」、「剥離（disembedding）」という二つの概念を提起した。ギデンズによると、前近代社会において、時間と空間は人々の生活のなかで密接に結びついていた。例えば、昼夜の交代や季節の変化という自然現象は、前近代社会の人々に、彼ら固有の生活リズムを形成させた。しかし、時計・カレンダー・時刻表・地図などによって、時間が空間から分離しただけでなく、時間と空間から、その土地で営まれていた生活の実質が抜き取られた結果、それらが空虚化してしまった。ギデンズは、この時空間が空虚化するプロセスを「剥離（disembedding）」と命名した。すなわち、「剥離（disembedding）」とは、社会関係を地域的文脈から取り外し、特定されない時空間の広がりに拡大して再出現させることである。ギデンズのメディアに対する最も中心的な関心は、「意味（significance）ではなく、むしろメディア・テクノロジーそのものがもつコミュニケーション的側面、及び変化を引き起こす可能性（transformation potential）にある」[16]。この点については、コミュニケーション・テクノロジーと社会の様態の関係を重視するハロルド・イニス（Harold Innis）からの影響もあったと思われる。また、ギデンズの「メディアと時空間」に関するいくつかの概念は、大学院でギデンズの指導を受けたトンプソンがそれを発展させ、独自の「三種類の相互作用」を提唱している。

トンプソンは、人間同士のコミュニケーションにおける相互作用には、「対面的相互作用（face-to-face interaction）」、「メディアを介した相互作用（mediated interaction）」、「メディアを介した擬似的相互作用（mediated quasi-interaction）」の三種類（表0-2参照）があると考えた。

12　前書き　「中国の近代性」にかかわるいくつかの問題

【表0-2】 トンプソンの「三種類の相互作用」

相互作用の特徴	対面的相互作用	メディアを介した相互作用	メディアを介した擬似的相互作用
空間／時間の構造	共存する状況、共有する時空間	状況の分離、拡大可能な時空間	状況の分離、拡大可能な時空間
象徴的合図の範囲	多様な象徴的合図	限られる象徴的合図	限られる象徴的合図
行為決定の対象	特定の他者	特定の他者	不特定の受け手
会話的／独白的	会話的	会話的	独白的
身体的／仮想的	身体的	身体的	仮想的
事例	会話をする	手紙を書く、電話をかける	新聞を読む、ラジオやテレビを視聴する

(出所：Thompson、1995、85頁のTable 3.1に基づき、筆者作成)

　この表が示すように、トンプソンによる「三種類の相互作用」理論は、時間／空間を基準として、相互作用の背景を分析している。前近代においては、対面的相互作用が中心的で、その身体的特徴は顕著であり、身体の移動性には限界がある。この対面的相互作用においては、言葉以外の合図（身振りやイントネーションなど）も構成要素となる。そして、手紙を書くというようなメディアを介した相互作用は、同じ身体的移動に限界がありながら、書き手と受け手の認識する時空間を拡大することに貢献する。一方、メディア（新聞やテレビなどの現代マスメディア）を介した擬似的相互作用の特徴として、例えばブラウン管のなかの人間は、不特定のオーディエンスに仮想的共存という一種の幻想をもたせることができることが挙げられる。トンプソンは、この「三種類の相互作用」は「唯一可能な類型ではないし、すべての状況に当てはめることができない」と述べ、また、この分類法が「相互作用の新しい種類の生成を妨げることは望まない」と付け加えている[17]。つまり、「三種類の相互作用」を応用する際に、

時代・地域・相互作用の特殊性を考慮する必要がある。

　この「三種類の相互作用」理論のなかで、三つ目の「メディアを介した擬似的相互作用」について、ギデンズは「マスメディアが創りだすような社会関係を指している」と指摘したうえで、次のように述べている。

> トンプソンの核心は、三つ目の相互行為類型がさきの二つの相互行為類型を支配するようになる——ボードリヤールがとる見解——という主張ではない。むしろ、今日、この三つの相互行為類型がすべて、私たちの生活のなかに混在している。マスメディアは、私たちの生活のなかで、公的なことがらと私的なことがらのバランスを変えており、以前よりもはるかに多くのことがらが公共圏に入りこみ、議論や論争が頻繁に引き起こされている、とトンプソンは示唆する[18]。

　この指摘に関連するトンプソンの「公／私」観点は、ハーバーマスの「公共性の転換」説に対する彼の批判に由来している。トンプソンは、ハーバーマスの「公共圏」観念は20世紀後半に適用するには限界があるとして、「公共圏」に代わる「メディア化された公共性（mediated publicness）」の再発明（reinvention）を主張している。その理由について、トンプソンは次のように述べている。

> （18世紀ヨーロッパにおいて）印刷物の流通範囲は限られており、それらが議論される場所もサロンやカフェというような公共的な場所に限られていた。このように、最初の「公共圏」の観念は、印刷物とそれらに刺激され、情報提供された対面的な議論に限られていた。その「公共」の議論の場は、原則的にはすべての人々に開かれていたが、制度化された政治的権力とは区別された[19]。

　トンプソンはこのように、ハーバーマスの言う「公共圏」の特徴を強調している。すなわち、「対面的」と「口頭的」の二点である。ハーバーマスも印刷

メディアに注目したが、彼の「公共圏」説は根本的に対面的な口頭的コミュニケーションに依存している。トンプソンはさらに、次のように指摘する。

> マスメディアの発展が「公共圏」の理念を破壊したとする議論の最大の欠点は、技術メディアの利用が公共性の性質そのものを変えてしまった諸事情を考慮していないことである。(中略)個人は事件を目撃するために現場にいる必要がない。事件の公共性（可視性）はもはや場所の共有に依拠しない。したがって、公共性の概念は非空間化（de-spatialized）され、ますます同じ場所での対面的会話という観念から分離した[20]。

このように、トンプソンはマスメディアによる「公共性」の本質的な変化に注目している。ハーバーマスが提起した共有された場所（サロンやカフェなど）で対面して議論を行った「公共圏」は、古代ギリシアの政治形態に基づいた「伝統的な公共性」の後裔と見なせば、トンプソンが主張するのは、つまり「公／私」をはっきり区別できない事件における「（メディア化された）新型の公共性」と言えよう。トンプソンの研究ではテレビを主な研究対象としているが、彼は印刷メディアについても次のように述べている。

> これらの人々には集団性という特徴がみられる——読む公衆（a reading public）——この集団性は「場所」と「時間」に特定されない。この読む公衆は、伝統的な意味における（対面的なやり取りをする）個人からなるグループとは異なる。むしろこの読む公衆は「場所」をもたない。この読む公衆は、メンバーの間の対面的やりとりの実践や可能性によって限定されず、活字が可能にした種類の公共性にメンバーたちがアクセスしたという事実によって定義された[21]。

本書でいくたびも取り上げる「投書欄」は、このような読む公衆（a reading public）に位置づけられるのではないかと考える。「投書欄」は、まず紙上（誌上）

の「共同体」としての性質をもち、テレビのような電波メディアがもつ強力な「脱空間」と「瞬間的可視性」機能はないが、異なる場所にいる読者たちの相互的議論活動を可能にする。この点については、第七、八章で詳しく検討を行う。

5　ナショナリズムについて

　ナショナリズムをイメージすることはそれほど困難なことではないが、その定義となると極めて難しい。たとえば、日本と中国や韓国の間における歴史認識の問題が引き起こすデモ運動などの社会現象がある。ここからナショナリズムをイメージするのは比較的容易だが、それをコンセプトを用いて説明しようとすることは非常に困難であろう。しかし現実には、ナショナリズムをどのように考え、どのようなアプローチをとるのか、実に多種多様である。ナショナリズムの理論について整理した文献も少なくない[22]。ここでは、本書でのナショナリズムについての考察において筆者がもっとも念頭においている、メディアとの関係というアプローチについて簡単に述べたい。

　近代中国のナショナリズムをめぐっては、これまで中国でも、日本でも盛んに議論され、数多くの研究の集積がある。黄興濤が指摘するように、「歴史現象としてのナショナリズムは、必ず複合的・多層的・立体的・動態的なものとなる」[23]。ゆえに、ナショナリズムについて、歴史研究者は政治制度・経済構造・地域社会・海外華僑華人などさまざまな視点から考察を行っている。しかし、筆者は思うに、近代において、ナショナリズムと非常に密接な関係をもつメディア（活字・図像・音声・身体など）という視点から行われたものはいまだ多くない。近年は新しい研究の出現によって、このような状況が徐々に変わりつつある。代表的な研究としては、Lee, Leo Ou-fan（1999）、Mitter, Rana（2000）、Gerth, Karl（2003）、吉澤誠一郎（2003）、坂元ひろ子（2004）、Yeh, Wen-Hsin（2007）、貴志俊彦（2010）、楊瑞松（2010）、小野寺史郎（2011）、深町英夫（2013）、丸田孝志（2013）などが挙げられる。貴志俊彦は、ナショナリズムとマスメディアの関係について、下記のように述べている。「民国期にはいり、ナショナリズムを先鋭化さ

せたのは、排日運動と利権回収運動という二つの運動だった。これらの運動にたいするマス・メディアの役割は甚大だった」[24]。確かに、清末以来たびたび起きた排外主義運動（とりわけボイコット運動）において、発達してきた活字メディアが果たした役割は極めて大きい。しかし、ここでもう少し考えなければならないのは、メディアの言説に対して一般民衆（読者）がどのように反応し、どのように受け取ったのかということである。すなわち、高揚するナショナリズムの表象として登場した言説は果してどの程度まで浸透していたのかという問題である。この点については、これまでの研究ではほとんど触れられてこなかった。したがって筆者は、ナショナリズムとメディアの関係を論じるとき、その普遍性／共通性だけでなく、多様性／独自性という点にも留意すべきだと考える。

　上記の問題と関連して、もう一つ注意すべき点がある。つまり、中国のナショナリズムを論じるとき、近代中国における「半植民地主義（semicolonialism）」という側面を無視できない。本書の登場人物たちが主に活躍した場所は1930～40年代の上海である。1930年代上海の近代性は、西洋からの影響を強く受けたものとして、西洋の近代性と類似する側面が多いと考えられる。一方で、アヘン戦争以降半世紀以上にわたって顕著であったナショナリズムの消長によって、一定の独自性を有すると考えられる。その独自性の産出とは、「半植民地主義」と切っても切れない密接な関係がある。Shih, Shu-Mei が指摘しているように、「半植民地主義（semicolonialism）」の「半」は「半分（half）」を意味するのではなく、中国という文脈におけるコロニアリズムの分裂的（fractured）、非公式的（informal）、間接的（indirect）、多層的（multilayeredness）などの特徴を意味する[25]。なぜなら、ほかの植民地化された第三世界の国と違って、中国は一度も完全に植民地とされたことはなく、中国全土を一括的に管理する中央的な植民地機構が存在しなかったからだ。欧米列強は沿岸部の大都市で租界を造り上げたが、広大な中国内陸地域に勢力は及ばなかった。日本は「満州国」を樹立させ、実質的な植民地統治を行ったが、それも東北地域に限ったものである。中国の言語的完全性（linguistic integrity）、すなわち一貫して中国語が公式言

語であることは、まさしく中国におけるコロニアリズムの不完全性の文化的証拠である[26]。20世紀半ばまでに、欧米列強の中国での勢力拡大は租界にとどまり、それ以上の軍事侵略を行わなかった（1930年代の日本による侵略を除けば）。そのかわりに、経済的植民が長期にわたり続いた。言い換えれば「半植民地主義が新植民地主義（neocolonialism）と類似して、その主要な目的は政治的より、経済的である」[27]。

　このような不完全な植民状況の反応として、中国の近代性はインドなどの完全な植民地国家のものよりさらに複雑かつ多元的であると思われる。確かに、中国の近代性は、常にナショナリズムの消長に伴うものであるが、しかし（とりわけ上海という国際都市において）それは必ずしも完全に排他的なものではない。これについて、本書の第十章における検証からも垣間見ることができよう。

　中国国外におけるジャーナリズムや社会学的研究において、中国に対する関心の多くは、やはり中国観察（China watching）だと、すなわち大陸中国の政治や社会の出来事を注視し解読し、ときには厳しい批判を加える姿勢だと、筆者には思える。本書も、筆者が以上に述べたようなアカデミックな関心とジャーナリズム的関心の双方から出発したものである。本書の研究視座の設定及びそれに伴う検討作業にいくらかの独創性があるとすれば、近代の産物であるマスメディアの果たした役割、当時の知識人たちとのかかわり、さらにそれらと近代中国のナショナリズムとの関係を、1930～40年代の中国（上海を中心に）という限定された歴史過程のうちに見出そうとした試みにある。これは、本書での検討のみでは極めて不十分であるということは筆者自身自覚するところであるが、一つのチャレンジである。具体的な歴史的事象に基づいた検討を出発点としなければ、いかなる（一部のジャーナリズム言説のような）批判も宙に浮いたものとなり、結局は一時的な出来事を追う形で終わってしまうだろう。それゆえ、歴史的な一次資料をもとに、必要と思われるデータを抽出し、資料として活用し、実証的な研究を目指した。

注

(1) 許敏、1999、178頁。
(2) 許敏、1999、188頁。
(3) 村田、2006、322-323頁。
(4) 安井三吉、1996、182頁。
(5) 拙稿、2008c、参照。
(6) 余英時、2004、158頁。
(7) 許紀霖、2003、第3章参照。
(8) 「十七年」とは1949年から1966年までの17年、すなわち中華人民共和国建国から文化大革命直前までの17年間を指す。丸山昇、1999を参照。
(9) 李金銓、2013、32頁。
(10) 楊奎松、2013、IV頁。
(11) 菊池貴晴、1987、9頁。
(12) 平野正、2000、9頁。
(13) ギデンズ、1993、243-244頁。
(14) ギデンズ、1993、13頁。
(15) ギデンズ、1993、32-33頁。
(16) Moores, Shaun、2005、42頁。
(17) Thompson, John、1995、86頁。
(18) ギデンズ、2009、603頁。
(19) Thompson, John、1990、119頁。
(20) Thompson, John、1990、246頁。
(21) Thompson, John、1995、126-127頁。
(22) 江宜樺、1998、第2章を参照。
(23) 黄興濤、2009、186頁。
(24) 貴志俊彦、2000、195頁。
(25) Shih, Shu-Mei、2001、34頁。
(26) Shih, Shu-Mei、2001、34頁。
(27) Shih, Shu-Mei、2001、34頁。

第一部

導入篇

序章　生活書店及び鄒韜奮研究

1　はじめに

　鄒韜奮は中国近代史に大きな影響を与え、そして彼が中心人物として経営に関わった生活書店も近代中国の文化史上に大きな役割を果たした。こうした言論出版機構であったことから、生活書店及び鄒韜奮に関する研究は中国語だけでなく、日本語や英語によるものも数多く存在する。これらの研究は、「生活書店研究」、「鄒韜奮研究」と呼ばれるべきものであるが、生活書店の歴史は、ほぼ鄒韜奮の生涯と並行しているため、ここでは両者を厳密に区分することを避け、「生活書店及び鄒韜奮研究」という表現を用いる。すなわち、生活書店研究と鄒韜奮研究の両者は、互いを含めたものとして捉えるものとする。

　本章では、まず生活書店及び鄒韜奮研究に欠かせない一次資料を概説し、次に先行研究（伝記や回顧録を除く）を、それぞれ中国語、日本語、英語によるものの三種類に分け、それらを発表順に考察する。重要な先行研究のいくつかを具体的に取り上げて紹介する。なお、韓国語による先行研究に関しても把握したものについては言及する。さらに、これら先行研究の傾向を分析し、その特徴を述べる。最後に、本書の研究視座を提示し、全体構成を示す。

2　一次資料の概要

　これまでの研究では、生活書店が出版した雑誌（とりわけ週刊誌『生活』）のほかに、鄒韜奮の手による文章が一次資料として用いられている。鄒韜奮はジャーナリストとして、当時の様々な雑誌や新聞に大量の評論記事を書いたほか、論文集や訳書も数多く残している。彼が残した記事、論文、翻訳作品は、ほぼすべてが『韜奮文集』と『韜奮全集』に収められている。『韜奮文集』は

1955年に北京三聯書店から出版された全3巻の文集であり、1978年に香港三聯書店によって再版された。『韜奮文集』には鄒韜奮の代表的な論文集である『萍踪寄語』、『抗戰以来』などが収録されている。一方、『韜奮全集』は1995年に上海人民出版社から出版された14巻の全集である。延べ800万字の『韜奮全集』は、第1-10巻が鄒韜奮の論評記事を年代順に収録したもので、第11-14巻は鄒韜奮の翻訳した学術書と小説によって構成されている。また、このほかに「韜奮年表」、「韜奮編著・翻訳書リスト」、「韜奮のペンネーム一覧表」なども収録されている。『韜奮全集』の出版は、体系的な生活書店／鄒韜奮研究を可能にするものである。さらに、生活書店の内部機関誌である『店務通訊』は戦時下における生活書店の状況を知るために不可欠な一次資料である。また、二次資料として、鄒韜奮や生活書店に関する伝記や回顧録が断続的に出版されている。代表的なものとして、上海韜奮記念館（1958）、穆欣（1958、1981）、鄒嘉驪（1985）、兪潤生（1994）、陳揮（1999、2009）、馬永春（2012）が挙げられる。なかには、穆欣（1981）のように1986年に田島淳によって邦訳され、サイマル出版会から出版されたようなものもある。

3　先行研究の検討

3-1　中国語による先行研究について

　まず、中国語による先行研究を概観する。これにはすでに言及した様々な伝記や回顧録のほかに、鄒韜奮の娘である鄒嘉驪が編著した年譜などもある。しかし管見では、長い間に鄒韜奮や生活書店を本格的にアカデミックな研究対象となすものは多くない。上海にある韜奮記念館は2004年以降、『鄒韜奮研究』シリーズを三冊発行しているが、そのなかにいくつかの研究論文が掲載されている。このシリーズについて特筆すべきなのは、新たに発見・確認された一次史料（『韜奮全集』に未収録）を収録したことである。たとえば、第二輯に収録された三つの文章はいずれも鄒韜奮によるものであるが、『韜奮全集』に未収録だった。すなわち、①「紀念戈公振先生」、②「給泰来、曦光的信」、③「致

徐伯昕的信」。鄒韜奮によって書かれたもののほとんどが『韜奮全集』に収録されているが、このように新たに発見されたものもある。

　中国語による研究における代表的な専著としては、郝丹立（2002）、趙文（2010）、龔鵬（2011）が挙げられる。郝丹立（2002）は、これまで中国国内で固定化されてきた「鄒韜奮はブルジョア的民主主義者から共産主義者へと変身した」という構図を打破し、鄒韜奮が追求した民主主義は、プロレタリアートによる専制を否定した欧米式民主主義であると言い切る。さらに、鄒韜奮は偉大な愛国主義者であり、傑出した民主化闘士であるが、生涯を通じて一度もマルクス主義者であったことはないと論じている[1]。これは、これまでの中国における鄒韜奮の位置づけと大きく異なっている。これについては、「3-5　先行研究の傾向と特徴」でも触れる。

　趙文（2010）は、生活書店が発行した多くの雑誌のなかで最も名高い週刊誌『生活』を対象とし、そこに見られる上海を代表とする大都市住民の生活文化を考察している。趙文（2010）では、1990年代以降のYeh, Wen-HsinやLee, Leo Ou-fanによる一連の近代上海都市文化研究の影響を受け、週刊誌『生活』と上海の都市住民の生活文化の形成との関係が考察されている。趙文（2010）の考察範疇は1931年の満州事変（九・一八事変）までの期間であり、事実上生活書店の創立以前の時期しか扱っていないが、生活書店の設立までの背景が詳しく論じられている。この著作は早期段階の生活書店の代表的な研究といえる。

　龔鵬（2011）は、「啓蒙」を切り口として鄒韜奮の思想の変遷を考察している。その目的は、鄒韜奮の「啓蒙」思想についての検証という事例研究を通して、当時の中国国内における「啓蒙思潮」の変遷の経緯を分析し、とりわけ五四運動以降の状況を念頭に置き考察することである。しかし、この研究は、これまでの中国国内において行われてきた、いわゆる「鄒韜奮評価」とさほど大きな差があるようには見えない。そこに、郝丹立（2002）に見られるような「突破」・斬新さはない。

3-2 日本語による先行研究について

次に、日本語による先行研究を概観する。管見ではもっとも早期の研究として、横山英（1967）が挙げられる。（鄒韜奮を日本にいち早く紹介したのは、おそらく小池洋一（1960）であろうことを付け加えておく。）横山英（1967）の主な論点は、鄒韜奮の一生がブルジョア改良主義思想から脱却してプロレタリアートの立場に転じた中国知識人の一典型であるということである。大石智良（1968）は鄒韜奮が読者とのコミュニケーションを重視する方法を一二・九運動にフルに活用したと論じている。

その後の石島紀之（1971）は、1930年から1931年にかけて、鄒韜奮はなお反共産主義と改良主義から抜け出していなかったものの、日本の中国東北地域侵略による危機の増大と国民党の腐敗、内戦の深まりに対して深刻な危機を感じ、次第に国民党統制に批判的態度を強めるようになったと分析している。そして、全民族の抗日闘争の高揚のなかで、鄒韜奮は基本的に反共産主義を克服し、戦闘的民主主義者に成長したと結論づけた。これに引き続き、石島紀之（1972）では、抗日民族統一戦線は単に統一した民族的抵抗という意味にとどまらず、抗日を可能とする「社会制度の根本的改革」=革命の問題を含まざるをえなかったところに、1930年代の中国の厳しい現実があったと論じられている。中国人民にとっては、民族と階級という二つの課題が分かちがたく結びついていく必然性があったと、論点を鄒韜奮個人から当時の中国国民という広い対象へと広げている。

1970年代後半から1980年代初めにかけて、今村与志雄（1979）、斎藤秋男（1981）のように、鄒韜奮の教育背景や魯迅との交際について扱った研究が現れた。2000年以降には、神戸輝夫（2001）、神戸輝夫・田宇新（2003）など、抗日戦争期の生活書店を中心的に扱った研究論文が発表されている。また、高橋俊（2009）のように、生活書店出版物から当時の労働観について考察する研究もある。

3-3 英語による先行研究について

最後に、英語圏での先行研究について概観する。管見では英語圏における生

活書店や鄒韜奮に関する研究は多くないが、以下の5名の研究者によるものが代表的な研究として挙げられる。

　Ting, Lee-hsia Hsu（1974）は、清末から人民共和国建国までのおよそ半世紀というスパンを通して、それぞれの時期（政権）の下における出版情勢とそれに関する言論統制政策について考察している。なかには、鄒韜奮の生涯を通した紹介を行う一節が設けられている。

　Gewurtz, Speisman（1975）は、主に鄒韜奮がソ連及びアメリカを訪れた時の状況を考察している。Coble, Parks はアメリカの中国近代史研究の大家であり、とりわけ日中戦争期に関する著作が多い。Coble, Parks（1985、1991）は鄒韜奮と救国会との関係から、蒋介石の不抵抗政策に対する不満を中心に、生活書店の抗日活動について考察している。

　Yeh, Wen-Hsin はアメリカの中国近代史研究者であり、彼女による一連の研究は、近代中国の都市文化研究分野において大きな反響を呼んだ。Yeh, Wen-Hsin は近代上海における経済倫理という側面から着手し、企業の経営者や従業員たちがどのように社会的地位を得たのか、またその経営活動にどのような文化的背景があったのかという点に焦点を当てている。Yeh, Wen-Hsin（1992、2007）はこのような視座の下で、雑誌『生活』から当時の都市小市民の日常生活や職業観について読み取っている。

　Mitter, Rana はイギリスの中国近代史研究者であり、とりわけ満州及び抗日戦争に関する研究が多い。Mitter, Rana（2000、2004）は、鄒韜奮の盟友であり雑誌『新生』の創刊者である杜重遠について言及しているほかに、生活書店の出版物における投書欄に関する考察も行っている。Mitter, Rana（2004）において、彼はYeh, Wen-Hsinと同じように生活書店の出版物の投書欄を用いて論じているが、彼の思考の矛先は経済倫理に向けられたものではない。Mitter, Rana は、五四運動と新文化運動という大きな歴史的背景を押さえながら、鄒韜奮の投書欄における言説から次のように読み解いている。すなわち、鄒韜奮が読者に伝えたいのは、新式の生活をしていても、家父長制の影響から逃れられないという現実である[2]。

3-4　韓国語による先行研究について

韓国語による先行研究に関して、筆者が確認できたのは一つのみである。田寅甲（2003）は、『生活週刊』をリソースとして、そこに反映された近代上海の日常生活を考察している。著者は、当時の上海人の日常生活は、単に伝統文化と最先端文化という二種類の文化を一体化した混合的なものではないと主張している。近代上海の日常的ライフスタイルとは、異なる文化及び価値観の変化の最中にあって、複数レベルにわたって共存するものであると述べている。

3-5　先行研究の傾向と特徴

以上、中国、日本、英語および韓国語圏における生活書店に関する先行研究を整理してきた。ここからは、これらの研究に見られる傾向と特徴について分析していきたい。これまでの先行研究では、主に三つの側面に焦点が当てられてきた。

すなわち、第一に、生活書店の創立者・経営者である鄒韜奮の思想変遷に関する検討である。これにはたとえば、横山英（1967）、石島紀之（1971、1972）、郝丹立（2002）などが挙げられる。中国においても日本においても、長期間にわたり鄒韜奮が「ブルジョアジー思想から脱却し、共産主義者へと変身した」という構図が固定化されてきた。1990年代半ば以降、郝丹立の研究が示すように、このような観点に対する異議が唱えられるようになった。郝丹立は『韜奮文集』(1955) と『韜奮全集』(1995) の「序言」を比較しながら、鄒韜奮の位置付けの変化を述べている。郝丹立によると、1955年の『韜奮文集』の「序言」である「韜奮思想の発展」のなかで、鄒韜奮はブルジョアジー思想から脱却した後プロレタリアートの立場に転じた中国知識人の典型と位置付けられている[3]。そして郝丹立は、1955年当時の鄒韜奮研究の目的は、一部の思想改造が完成していなかった知識人に対して、個人主義を克服しマルクス主義及び共産党に対する尊重と支持に転じた鄒韜奮に学ぼうという呼びかけであったと述べている。一方、1995年の『韜奮全集』の「序言」である「編集説明」のなかで、鄒

韜奮は傑出した愛国者、共産主義者と位置付けられたが、しかし現代における鄒韜奮研究の目的は、「現代中国歴史研究に豊富な材料を提供するものであり、20世紀以来中国の政治、経済、社会生活の各方面に存在した多数の問題を反復的に検討するにあたって、切実かつ意味深い思考である」[4]と、そこには書かれている。この変化について、郝丹立は「鄒韜奮研究を単なる外在的な道具論から、将来性をもつ現代文化研究の領域に置き換えた」[5]と指摘している。

第二に、生活書店の出版物における抗日言説に関する分析である。たとえば斎藤秋男（1981）、Coble, Parks（1985、1991）、Mitter, Rana（2000）、神戸輝夫（2001）、および神戸輝夫・田宇新（2003）などが挙げられる。鄒韜奮の抗日言論が広い範囲にわたって影響を及ぼしたことや、生活書店が近代中国、とりわけ日中戦争期において大きな影響をもたらした出版機構であったが故に、多くの抗日戦争研究のなかで言及されている。しかし、その多くが断片的な研究であり、生活書店及び鄒韜奮研究というよりは、抗日戦争史研究という分野に属すものであろう。

第三に、生活書店の出版物に見られる都市住民の生活文化に関する考察である。たとえば、Yeh, Wen-Hsin（1992、2007）、田寅甲（2003）、Mitter, Rana（2004）、高橋俊（2009）、趙文（2010）などが挙げられる。生活書店の出版物、とくに雑誌『生活』は8年間という長い期間にわたって発行され、1933年12月に国民政府当局に発行が禁止された時点では15万部以上の発行部数を擁していた。そこには、当時の中国社会の現状が生々しく反映されている。このような生活書店の出版物は近代中国都市住民の生活文化研究にとって、豊富なリソースとなっている。また、このような研究は、ほとんどが生活書店の出版物そのものというより、そこから読み取れる当時社会の動き（経済倫理の浸透、労働観念の生成、ナショナリズムの高揚など）に視線を向けている。

これらの先行研究の一つの共通点は、1930年代における鄒韜奮と生活書店を中心に扱っていることだと言えよう。管見では、1940年代の生活書店について言及したものはほとんどない。その原因として、以下の二つが考えられる。

第一に、鄒韜奮の人生の「転換期」として一般的に捉えられるのは、1931年

前後である。すなわち、1931年9月18日の「満州事変」の勃発による、日本の中国東北地域侵略が重要な意味を持つのである。この出来事は、当時の中国国民に大きな衝撃を与えた。「満州事変」以降、鄒韜奮は生活書店の出版物において、戦闘的な抗日主張を展開し、また国民政府の不抵抗姿勢及び国内専制政策への批判も強めた。このことを理由に、多くの研究者が1931年を鄒韜奮の思想の転換点とみなしているのである。

　第二に、鄒韜奮は生活書店関係者のなかで最も中心的な存在であったが、彼は1944年に耳の病がもとでこの世を去っている。ようするに、鄒韜奮は治療を受け始めた1943年前後以降、生活書店の経営に携わってはいたが、実際の経営は生活書店の総経理である徐伯昕に託していた。また、1930年代初期から、1941年前後までに、胡愈之の蔭からのサポートも大きかった。1943年以降の生活書店は、鄒韜奮に代わって複数の人々によって経営され、のちに三聯書店へと改編された。この間の状況は極めて複雑であり、また記録資料も断片的なものが多く、体系的に考察するのは困難であると言えよう。このことは、これまでの研究が1930年代を中心になされてきたもう一つの原因であると考えられる。

4　本書の視座と全体構成

4-1　研究視座

　前述した三つの側面から行われた生活書店研究はいずれも基礎的かつ重要なものとなっているものの、その全体像を明らかにしたとは言い難く、少なくとも生活書店の言説産出を支える組織構造的な部分はいまだに明らかになっていない。また、日中戦争期後期から1949年の中華人民共和国成立までの間において第三勢力と呼ばれてきた生活書店の状況、とりわけ国民党・共産党との関係に関する研究の蓄積も十分とは言えない。さらに、これまでの生活書店に関する研究は、所謂ジャーナリズム研究によく見られるアプローチである言説分析（テキスト分析）が用いられている。しかし、このような手法に偏ることは、言

説産出のメカニズム、すなわち組織的、社会的背景を十分検証できないという弱点があると思われる。生活書店の出版物のような活字メディアにおけるテキストの行間に潜む感情や思想、そして言説を生み出す政治的かつ社会的文脈をより確定的なものとして浮かび上がらせる必要がある。

以上のような考えに従って、筆者は以下のいくつかの側面から、既存研究の補完を兼ねて、生活書店及び鄒韜奮に関する体系的研究を深化する／すべきことを提起する。

第一に、生活書店の関係人物について、中心人物とされてきた鄒韜奮だけでなく、彼の周辺にいた人物にも焦点を当てる必要がある。生活書店の関係者の多くは、当時の政界や財界とは緊密な関係を持っていた。とりわけ彼らは「第三勢力」と呼ばれ、国民党・共産党との間に、距離感を有した複雑なつながりを持っていた。とりわけ、鄒韜奮を支え、生活書店の経営に緊密にかかわってきた黄炎培、胡愈之、徐伯昕、杜重遠などに注目し、彼らが生活書店の経営とのかかわりついて考察する。この点の検証を通して、生活書店における人的ネットワークの具体像、及び生活書店の発展過程においてこのネットワークが果たした役割を明らかにすることができる。また、生活書店にかかわった関係者たちのそれぞれの政治的立場や社会的な活動などから、当時の国民党・共産党・第三勢力の間の複雑な関係についても垣間見ることができよう。

第二に、生活書店の経営方式には、「合作社」という性質が見られる。これについて、中国側による複数の先行研究はある。しかし、1937年の第二次上海事変以降、上海から内地へ移転された生活書店の経営管理についてはほぼ不明である。戦時下の状況及び生活書店側の対応を明らかにする必要がある。また、生活書店の資金調達の実態を追うことによって、出版機構において「合作社」制度を実施した際の問題点及び利点を明らかにする。さらにその制度がメディア企業として行われた募金活動などのような社会活動とどのような関係にあったのかという点についても考察する余地がある。

第三に、資料／史料の関連である。これまで日本国内外における鄒韜奮及び生活書店に関する研究の多くは、生活書店関係者らによって書かれたもの（主

に回顧録類)、或いは、三聯書店関係者が整理したもの(主に資料集類)に依拠している。筆者は、このような固定化した現状を打破したいと考え、本書では今日台湾で保存されている国民党側の資料をも一部使用した。いわば鄒韜奮の身内によって残された資料の域に留まることなく、当時の国民党機関紙である『中央日報』を重要視するとともに、国民党の内部資料にも目を配るようにした。調査した結果、関連資料は多くはないものの、台北の国民党文化傳播委員会党史館から複数の档案資料を入手することができた。このような資料を最大限活用することで、国共双方の立場から当時の状況(とりわけ生活書店が監視・迫害された1940年代の状況)を解明することができよう。また、少数だが、日本側の所蔵史料(主に国立公文書館・アジア歴史資料センター)も使用した。

　本書は、以上のような考えに留意しながら、可能な限り体系的な生活書店研究の構築を目指す。一定の時期に限った断片的な既存研究に対して、長いスパンを通して、生活書店を多角的、かつ総合的に描くことが重要だと考えたからである。また、生活書店は近代中国の政治・経済・国際関係など多くの領域ともかかわっていることをも念頭に置き、それらの諸領域までも見通せる共通性を最大限に見出すことを試みる。

4-2　全体構成

　本書は、「導入篇」、「人物篇」、「書店篇」、「言説篇」の四部構成として論を展開していく。

　第一部は、序章と第一章の二つの章からなる。序章では、全体にかかわる先行研究の検討および研究視座の提示を行う。第一章では、「望平街」という近代上海のメディア産業の中心エリアを取り上げ、1930年代上海のメディア産業の地理的配置状況を分析することを通して、「雑種性」を検証する。また、外国語メディアの状況も踏まえながら、近代上海メディア空間の形成における外国の影響を考察する。これは、本書の登場人物たちが主に活躍した1920年代～1940年代の上海という大舞台の状況を反映するものである。同時に、生活書店がこのような環境において発展してきた背景を浮き彫りすることもできる。す

なわち、第一部は、全書の内容を理解するための「導入篇」である。

　第二部は、第二章から第四章の三つの章からなる。第二章では、本書の中心人物である鄒韜奮の生涯と業績について述べ、彼の発展における西洋思想の受容と融合を検証する。この章で扱う時期は主に1920年代後半から1937年までである。そして第三章では、1937年以降、所謂戦時下の時期を扱い、鄒韜奮のこの時期における政治活動を中心的に考察する。一般的には、生活書店の創設者および経営者は鄒韜奮であると言われている。これは勿論疑いはない。しかし、生活書店の設立及びその後の経営管理に深くかかわった重要な人物は複数いる。彼らの協力がなければ、生活書店の発展は考えられないことだった。第四章では、鄒韜奮の周辺を囲み、常に生活書店の発展にかかわってきた人物である黄炎培・杜重遠・胡愈之・徐伯昕の四人を取り上げ、彼らはどのように生活書店とかかわり、また鄒韜奮との間にどのような関係があったのかを考察する。すなわち、第二部は、生活書店の人々に焦点を当てた「人物篇」である。

　第三部は、第五章から第六章の二つの章からなる。まず第五章では、1931年前後における生活書店の募金活動を取り上げ、その詳細および生活書店の経営管理スタイルとの関係を検討する。そして第六章では、生活書店の内部機関誌である『店務通訊』を用い、その戦時下における状況と対応について考察する。すなわち、第三部は、「人物篇」に対して、彼らが活動する組織の状況を明らかにする「書店篇」である。

　第四部は、第七章から第十章の四つの章からなる。近代中国社会における生活書店の影響力とは、やはりその出版物の言説から産出されたものである。また、中国近代性の形成過程において強力なナショナリズムによって現れた「公共性」、「対抗性」、「浸透性」という特徴も生活書店出版物の言説に対する分析から読みとることができる。第七章では、生活書店の代表的な出版物である週刊誌『生活』を対象とし、そこの目玉コラムである投書欄及びそこで繰り広げられた読者・編集者・投稿者の間のやり取りを考察し、「誌上コミュニティー」としての性格を確認する。さらに第八章では、1933年の「恋愛と貞操」論争という事例の分析を通して投書欄における公共性について具体的に検証する。第

九章では、1935年の「新生事件」とそれをめぐる日中両国の報道について取り上げ、国際都市上海で起きた事件がどのように中国メディアと外国メディアによって報じられたか、また、その報道内容や姿勢における差異とその原因を探る。「新生事件」を通してメディア間の対抗性を前景化する。第十章では、ナショナリズムの最も顕著な反映としての「国貨」をめぐる言説の考察を通して、近代中国における「国貨」言説と表象に関する送り手の情報量と受け手の反応との不均衡現象を明らかにする。

　終章では、これまでの考察から得られた結論を総括したうえで、生活書店から三聯書店への転身にかかわる経緯を取り上げ、出版ジャーナリズムの民国期から人民共和国への連続性という問題を提起し、今後の課題及び研究展望を述べる。

注

(1) 郝丹立、2002、302頁。
(2) Mitter, Rana、2004、83頁。なお、Mitter, Ranaの研究視点については、吉澤誠一郎（2012）を参照されたい。
(3) 郝丹立、2002、8頁。
(4) 『韜奮全集』第1巻、1頁。
(5) 郝丹立、2002、16頁。

第一章　近代中国（上海）のジャーナリズム環境

1　はじめに

　「東方のパリ」と呼ばれた上海は、近代中国最大の商業都市である。上海全体の人口は、1900年に100万の大台を超え、当時ロンドン、ニューヨーク、東京、ベルリン、パリについで世界第6位の大都市となった。1930年には300万を突破し、うち外国人の数は最も多い時で15万人に達し、国籍は58に及んだ[1]。上海はまさに多様な人種と文化の坩堝である。このような国際都市である上海には、中国メディアだけでなく、多数の外国語メディアも存在し、近代上海のメディア産業を作り上げていた。本章は、近代上海における新聞や出版を中心とするメディア産業の状況を歴史地理学的視点から考察し、当時の上海におけるメディア空間の形成に及ぼした外国の影響も分析する。さらに、中国メディアのほかに、日本語や英語などの外国語メディアの状況にも着目する。

2　近代上海のメディア地図

　近代上海における新聞や出版を中心とするメディア産業の状況を、三つのエリア（図版1-1参照）から見ることができる。すなわち、中国メディアの中心地である望平街（A）、英語メディアの集中エリア―バンド（B）、日本語メディアの中心地である虹口（C）の三つである。他にも、フランス語、ドイツ語、ロシア語などの外国語メディアが散在している。
　文化街、報館街とも呼ばれた望平街は、近代上海メディア産業の発祥地である。望平街は19世紀50年代に造られ、ほぼ同時期にイギリス人宣教師がこの場所で「墨海書館」を開設した。20世紀初頭以降、『申報』、『新聞報』など、近代中国の代表的な活字メディアの多くは、望平街で発行されるようになった。

【図版 1-1】 近代上海地図 (出所:"Virtual Shanghai" website)

新聞社・雑誌社のほかに、様々な書店、印刷所、文房具屋も望平街に集中した。1928年の上海では、187の中国語定期刊行物と53の外国語定期刊行物が発行された。1935年には259の書店があった[2]。1930年代の望平街に実際にあった出版社や書店については、Reed（2004）に具体的な記述がある。図版1-2は、望平街の主要な書店、新聞社、出版社の所在を描いた地図である。望平街地域は、南北方面の三つの大通り（漢口路、福州路、広東路）と東西方面の三つの大通り（河南中路、山東中路、山西南路）が相互に交錯して、一つの密集地域となっている。この六つの大通り沿いには、様々な商業施設があり、その大部分は書店（書局）、新聞社、出版社、文房具屋であった。図版1-2に描かれている多くのメディア業者の一部を、表1-1で示す。

　バンド地域では、イギリスをはじめ、諸外国資本の銀行や洋行が密集していた。また、諸外国の大使館や領事館、通商機構などもこのエリアに林立した。外交政治に関するニュースから、貿易情報まで、膨大な情報はこの地から発信され、中国国内外へと伝えられた。それらの需要に支えられ、この地域には、The North China Daily News（字林西報）、The China Press（大陸報）、The China Weekly Review（密勒氏評論報）、The Shanghai Times（上海泰晤士報）、The

第一章　近代中国（上海）のジャーナリズム環境　35

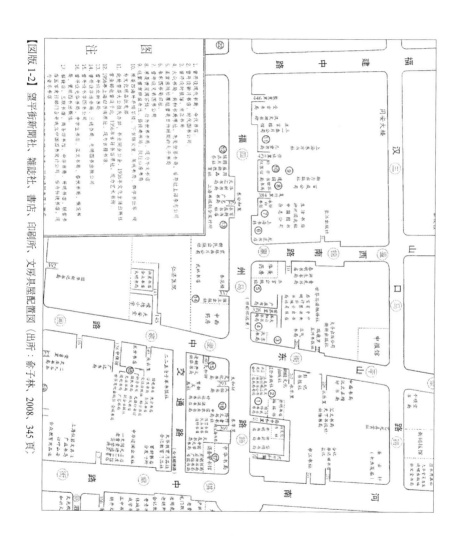

【図版1-2】望平街新聞社、雑誌社、書店、印刷所、文房具屋配置図（出所：俞子林、2008、345頁）

【表1-1】望平街の主要なメディア業者（出所：兪子林（2008）に基づき、著者作成）

河南中路	申江書社、滬新書局、正中書局、商務印書館、文明書局、和興文具公司、中華建国出版社
山東中路	中西書局、新新出版社、五州書報社、大東書局、東方店、広記書局、学生書局、世界文化出版社
山西南路	長江出版社、生活書店、神州国光社、中国図書雑誌公司、春明書局、新生書局、青光書局
漢口路	新夜報、申報館、千傾堂書局、新聞報館、立信会計図書用品社、峨眉出版社、中央日報社
福州路	正言報館、児童書局、上海東方書社、建国書局、文匯書局、永祥印書館、新民出版社、中華書局
広東路	国華新記書局、文業書局、文元書局、西泠印社、栄宝斎

Shanghai Evening Post and Mercury（大美晩報）などの英字新聞メディアが集中した。

　横光利一の『上海』が『改造』で連載ものとして発表された際、その最初の掲載記事には「風呂と銀行」というタイトルが付けられた。風呂とは北四川路のトルコ風呂であり、銀行はバンドの銀行や洋行などの外国金融機関であると推測される。『上海』の舞台は、「小東京」と呼ばれた虹口地域の日本人町である。そこには、大阪朝日上海支局、大阪毎日上海支局、東京日日上海支局、同盟通信社中支総局、読売新聞中支総局など、当時上海にあった日本語メディアのほとんどがこの地域に集中した。1937年以降、在上海の日本人は急速に増加し、現地の日本人向けのメディアもさらに増えた。

　このようなメディア産業発展における地政学的要因は、以下のように考えられる。望平街が、近代上海の出版新聞業界の中心地となったのは、その場所の歴史的要因と地理的要因による。歴史上の望平街は、現在の南京東路とその南にある福州路をつなぐ山東路及びその周辺地域に当たる。下層庶民が生活する北四川路、欧米外国人の権力象徴であるバンド、日本人居留地の虹口。望平街は、この三つのエリアとはまた一風異なる場所である。望平街は、バンドから

程近いので、金融情報だけでなく、国内外における出来事も迅速に伝わる。しかも、バンド地域より地価や不動産価格が安いので、小規模の新聞社、出版社、印刷所の創業に適した。しかし、もっとも重要なのは、望平街が共同租界にあるということである。周知のように、近代上海には「国の中の国」と呼ばれた共同租界とフランス租界があり、「公部局」によって統治管理されていた。多くの中国人ジャーナリストや出版人は、租界における特殊な政治性を利用し、清朝や民国政府の言論出版統制と対抗

【図版1-3】望平街
（出所：" Virtual Shanghai" website）

した。皮肉なことに、近代中国の文化人たちは、自分の国での言論活動に必要な「自由」と「保護」を外国勢力地区である租界に頼るしかなかった。

3 近代上海メディア空間の形成における外国の影響

　中国には、古く古代唐朝（618年〜907年）から「邸報」のような活字メディアが存在した。19世紀半ば以降、現代の新聞様式に近い、いわば「近代型新聞」が発行されるようになった。本節では、1910年代から1930年代までのおよそ30年間にわたる、アメリカや日本などの諸外国がもたらした影響について考察する。当時の中国語メディアは、どのような外国ジャーナリズム事情を取り上げたのか。また、どのような外国のジャーナリズム理論（書）が翻訳されたのか。また、当時の中国人ジャーナリストの海外留学経験と帰国後の状況はいかなるものであったか。さらに、中国国内教育機関は、どのように海外と交流し、連携してきたのか。このような複数の側面から、近代中国（上海）のメディア空間形成における外国の影響を考察する。これらの問いに関連ある先行研究としては、Zhang, Xiantao（2007）が挙げられる。同書は、19世紀後半中国にやって

きた西洋宣教師及び彼らが作った新聞が中国の新聞出版業に与えた影響を論じ、近代中国ジャーナリズムの起源における外国からの影響を考察した力作である。しかし、Zhang, Xiantao（2007）の扱う時期はアヘン戦争以降、1911年辛亥革命までの間であるため、1910年代以降の状況について言及していない。

　まず、当時の中国語メディアにおける外国ジャーナリズム事情に関する言説を取り上げたい。当時の多くの中国語メディアは、諸外国のジャーナリズム事情を紹介しており、それらの言説について、次の二つの問いを立てる。すなわち、第一に、中国の人々はどのような諸外国のジャーナリズム事情を知っていたのか。第二に、中国のジャーナリズム関係者たちは、諸外国の事情を知った後、自国とどのように比較し、どのように考えたのかという二点である。ここでは、『東方雑誌』と『生活』の両誌に掲載された関連記事を取り上げる。この二誌を用いた理由は、それらの発行周期の長さ（とくに『東方雑誌』）、及び膨大な発行部数（とくに『生活』）による社会的影響の大きさにある。資料1-1は、1907年から1935年までの『東方雑誌』と『生活』から抽出した「外国ジャーナリズム事情」に関する記事を、記事タイトル・掲載誌・掲載号・掲載日および内容の概要順に整理した一覧表である。日中戦争が勃発した1937年以降、中国のメディアのほとんどは戦時報道が中心となっており、多くの記事が抗日／反日と絡んでいるため、今回の考察対象から除外した。

　資料1-1で取り上げた記事は、日本とアメリカだけでなく、イギリス・フランス・ドイツ・ソ連など多くの国々のジャーナリズム状況を紹介したり、中国と比較したりしている。内容も、新聞社の組織・規模、記者の日常の仕事、新聞の読者数など多様多彩である。これらのうち、日本に関するものは全31本中8本もあり、近隣国を意識した記事も目につく。たとえば、1928年9月2日の『生活』誌に掲載された記事は、主に当時の日本と中国の現状を比較したものである。その内容とは主に次のようなものである。日本の人口は7千万であるが、400紙以上の新聞が発行されており、そのうち、一日の販売部数が最大80万部に達する新聞は2紙あり、同じく60万部以上のものが4紙もある。つまり、全国で合計一日最大1千万部以上の新聞が販売され、国民の6人に1人が新聞を読ん

第一章　近代中国（上海）のジャーナリズム環境　39

でいることになる。それに対して、中国では人口4億に対して、50紙程度しか発行されておらず、最も売れている新聞でも一日10数万部程度である。人口比で換算すると、400人にひとりしか新聞を読んでいないことになる。記事のなかではこのような詳細なデータを用いて、中国の新聞事業の後れを指摘している。そして、このような後れが生じた原因として、国民教育レベルの低さ、交通輸送インフラの不足、製紙産業の後進性という三点を挙げている。日本だけでなく、アメリカなど他の国との比較も見られる。またそのほかにも、新聞に関する制度法律について言及した記事もある。たとえば、1931年7月10日の『東方雑誌』に掲載された記事は、欧米・ソ連の諸国における検閲制度に関するものである。これは、同時期に国民政府が公布した『出版法』をめぐる議論に因んで掲載されたものと推測される。

　以上は、『東方雑誌』と『生活』の両誌に掲載された関連記事から、当時の中国人がどのように外国のジャーナリズム事情を知り、それをどのように受け止めたのか、また、自国のジャーナリズム発展のため、それをどのように生かそうとしたのかを探った。それでは、そもそも「ジャーナリズム（中国語では新聞学と表示するが）」という概念は、いつ、どのように中国で生成したのか。以下、ジャーナリズム理論の国内への導入に役立った訳書について見てみたい。筆者が確認できたものを資料1-2にまとめた。

　資料1-2で示された訳書は、筆者が確認できたもののみであるが、日本語の著作から翻訳されたものが多い。とりわけ、中国で初めて翻訳され、輸入されたのは松本君平の『新聞学』であることに注目すべきだろう。松本君平は、アメリカのペンシルバニア大学に留学し、のちにブラウン大学から博士号を得た人物である。日本に帰国後、新聞記者となり、東京政治学校を創立し、自ら校長を務めた。松本君平の『新聞学』は、彼が新聞記者志望者を対象に行った講義録をもとに、1899年に東京博文館から出版されたものである。この本は、日本で最初に「新聞学」を冠した著作であり、当時としては日本の新聞学の萌芽となる画期的かつ体系的なものである（柳澤、2009、125頁）。松本君平の『新聞学』は、欧米における新聞組織の紹介から、新聞の取材や記事の執筆など基本

的な知識にいたるまで、具体例を用いて書かれている。いわゆるジャーナリズムの入門書である。松本君平の経歴から見れば、『新聞学』は、彼がアメリカで留学した時に接触したアメリカのジャーナリズム理論と現状を、自らの日本での記者経験とあわせて書かれたものだと推測できる。そして、この著作は1903年に上海の商務印書館から翻訳、出版された。松本君平の『新聞学』は、日本最初のジャーナリズム専門書であるとともに、中国最初のジャーナリズム専門書でもある。つまり、松本君平の『新聞学』を経由して、アメリカの思想がまず日本に流入し、のちに中国まで伝播したのである。中村元哉が述べたように、「新聞学が近代中国で誕生した当時から、日本・中国・アメリカには知の回廊が形成され」た（中村、2007、25頁）。ジャーナリズム思想は西洋から東洋へと流入したのである。

　日本とアメリカのジャーナリズム専門書の翻訳によって、中国の人々は、ジャーナリズムの概念やその基本的な知識を得ることができた。また、19世紀末期以降、直接外国へ行って、留学や遊歴の経験をした中国人は少なくない。彼らのなかの一部はジャーナリズムの専門教育を受けたが、多くの人たちは、経済・法律などの人文社会学、機械・化学などの理工学を専攻した。彼らの専門は様々だが、多くの人が帰国後、ジャーナリスト[3]として活躍した。ここでは、留学の経歴を確認できたジャーナリスト35名を取り上げたい（資料1-3参照）。

　資料1-3のデータを分析すると、留学先の国別では日本が19人で最も多く、アメリカが11人である。留学先となった教育機関は、日本の早稲田大学に最も集中していることが分かる。河崎吉紀は、早稲田大学のように特定の学校から新聞記者が輩出したことが日本のマス・メディアを考察する上で重要な特徴の一つであると指摘している[4]。早稲田大学におけるジャーナリスト輩出の歴史は、外国人留学生が大学を選ぶ際にも考慮されたと考えられる。資料1-3に取り上げた35人は帰国後、各界で活躍した。たとえば、政界に入り国民政府の宣伝部門で活躍した董顕光は、後の『中央日報』社長や中華民国駐米大使として知られている。張友漁は、1930年代初期から『世界日報』の主筆を務めたほか、燕京大学ジャーナリズム学部で教鞭をとった。羅隆基は、1932年から1937年ま

で『益世報』の主筆を務めながら、同時に南開大学の教授も務めた。また、儲安平や邵力子などは、1949年に中華人民共和国成立後、中央政府の要職に就いた人も少なくない。彼らは、自らジャーナリストとして仕事をしただけでなく、次の世代のジャーナリストの育成にも携わったのである。このように、中国の人々は、海外書物の輸入と翻訳によって初めてジャーナリズムの基本的知識を知り、その後実際に留学し、さらにそこで学んだ知識を自らの仕事に生かした。そのうえ、若い人々に教えることによって、本来的に知識と経験を一体化することが肝要であるジャーナリズムの知的構造が再び形成された。

　留学経験者が帰国後に行った大きな貢献の一つは、彼らによって生み出された中国オリジナルのジャーナリズム研究専門書である。筆者が確認した限り、1919年に出版された徐宝璜の『新聞学』から、1936年に出版された袁殊の『記者道』に至るまで、38冊の書物が出版された（資料1-4参照）。これらの書物には、ジャーナリズムの基礎理論から、新聞社の経営、取材方法、記事の書き方まで、様々な内容が収められている。これら38冊のうち21冊が留学経験者によるものであり、全体の6割弱を占めている。ここからも、ジャーナリズム研究の領域における留学組の重要性がうかがえる。これら研究書の出版は、今日に至るまでの中国ジャーナリズム研究史において、「承前啓後」のような役割を果たしていると言えよう。これらの書籍には、西洋のジャーナリズム思想をそのまま紹介しただけでなく、中国社会の実状を踏まえて書かれたものも多い。外国のジャーナリズム思想を吸収しつつも、自分自身の現地経験を加えるという著述手法は、その後の中国ジャーナリズムの発展にも大きな意味があったと思われる。

　中国国内の教育機関におけるジャーナリズム教育を論じる際に、アメリカのミズーリ大学との交流と連携の歴史は無視できない。ミズーリ大学ジャーナリズム学部長であったウルター・ウイリアムズ（Walter Williams）は、1921年、世界新聞大会の会長として訪中し、中国各地を訪れ、ミズーリ大学ジャーナリズム学部の概要やジャーナリズムに関する基本知識について講演も行った[5]。アメリカジャーナリスト一行の訪中の様子は当時の一連の新聞報道によって注目

された（資料1-5を参照）。ウイリアムズは、中国の大学にミズーリ大学のジャーナリズム教育を紹介しただけでなく、実際に中国人の学生をミズーリ大学に留学させてジャーナリズムを学ばせることにも尽力した（中山、2008、323頁）。ウイリアムズ以外にも、多くのミズーリ大学出身者が中国で活動した。たとえば、カール・クロー（Carl Crow）、エミリー・ハーン（Emily Hahn）、エドガー・スノー（Edgar Snow）、ジョン・モリス（John Morris）などが挙げられる。彼らの中国での活動について、Powell, John（1946）に詳細な記述があるため、ここでは深入りしない。しかし、彼らはともにミズーリ大学出身という経歴があって、多くの人がウイリアムズなどの紹介を経て中国にやってきたわけである。そして、実際のジャーナリズム活動中も互いに情報を交換し、相互協力関係を築いていた。次第に、ミズーリ大学出身者による人的ネットワークが作られた。しかも、資料1-3でリストアップされた留学経験のある中国人ジャーナリストのなかで、ミズーリ大学出身者も少なくない。彼らもそのネットワークの成員であったことが推測される。

　上海の聖約翰大学=Saint John's University[6]は、近代中国の最も有名なミッション・スクールの一つである。1920年、聖約翰大学は中国最初のジャーナリズム学部を設立した。そこで教鞭をとったのは、The China Weekly Review（密勒氏評論報）の主筆ドン・パターソン（Don Patterson）である。彼は、ミズーリ大学ジャーナリズム学部出身で、ウイリアムズの教え子である。ちなみに、The China Weekly Reviewは、ミズーリ大学出身のトマス・ミラード（Thomas F. F. Millard）が上海で創刊した英字ジャーナルで、発刊部数は5,000弱である。中国人の間では『密勒氏評論報』（密勒氏=ミラード氏）として知られていた[7]。その後の1922年、ミズーリ大学出身のモーリス・ヴォウトー（Maurice Votaw）が聖約翰大学に着任し、ミズーリ大学ジャーナリズム学部の教育プログラムを手本にして、中国人学生向けの本格的ジャーナリズム教育プログラムを新たに作り、教育実践を開始した[8]。その後、中国で初めての大学英字新聞St John's Dial（約大週刊）が創刊され、取材や編集などの運営はすべて学生が担った。

　また、1924年、北京のミッション・スクール燕京大学（Yenching University）も、

ジャーナリズム学部を設立した。そこで教えたのは、ミズーリ大学ジャーナリズム学部教授ヴァーノン・ナッシュ（Vernon Nash）である。しかし、1927年、経費不足のため、燕京大学ジャーナリズム学部は廃止され、ナッシュはアメリカへ帰国せざるを得なかった。帰国後、ナッシュの努力によってミズーリ大学ジャーナリズム学部の支援（5万ドルの資金）が得られ、燕京大学ジャーナリズム学部は1929年に再び設立されることになった[9]。再設立後、両校は教員相互派遣や学生交換などの新しい提携関係を結び、そのことは燕京大学ジャーナリズム学部の発展へとつながった。燕京大学ジャーナリズム学部のカリキュラムは、アメリカ式で、教科書から参考書まで全て英語であった[10]。そのほか、1931年から始まった燕京大学の新聞学フォーラムも、ミズーリ大学ジャーナリズム学部の先例を真似たものであった。このフォーラムは1931年から1937年まで毎年行われたと見られ、中国国内外のジャーナリズム研究者や第一線で活躍するジャーナリストたちが招かれ、活発な討論が展開された。

　近代中国（上海）のジャーナリズムの知的構造は、外来（日本とアメリカを中心とする）要素の影響を受けて構成されたものである。その際、アメリカのジャーナリズム理論が日本を経由した後、中国に輸入されたと見られる。すなわち、多くの日本語で書かれたジャーナリズム専門書が中国語に翻訳され紹介された。また、多くの中国人が日本へ留学し、帰国後ジャーナリズムと関わる職業に就いた。このような間接的な影響に比べ、アメリカによる影響はもっと直接的なものであった。とりわけ、ミズーリ大学ジャーナリズム学部からは人的・資金的援助を得て、上海の聖約翰大学や北京の燕京大学では、中国最初のジャーナリズム教育システムが確立された。そこでは、アメリカの教科書が用いられ、アメリカ人教員による講義が行われた。近代中国のジャーナリズム教育は、完全にアメリカ式のものであった。

4　望平街——上海の Fleet Street

　イギリス・ロンドンにあるフリート・ストリート（Fleet Street）はイギリスの

メディア産業の代名詞として、世界的にも知られている。近年には、イギリスの大手出版社や新聞社が続々フリート・ストリートから郊外へ移転しているが、そこは依然としてイギリス操觚界のシンボルである。ここでは、筆者が望平街を近代上海のフリート・ストリートに喩え、その歴史と現在の様子を簡単に述べたい。

近代上海社会百態を描写した『上海鱗爪竹枝詞』（郁慕侠著、初版は1933年、ここで引用したのは上海書店出版社1998年版）の第124節「報館街」では、望平街の様子について「集中消息望平街、報館東西节比排」と述べている。その意味は、「ニュースを集めようとしたら望平街へ、そこには多くの報館（新聞社）が並んでいる」というものである。

かつての望平街は、今でも活気に溢れている。中国屈指の商圏南京路と違って、文化の街として繁栄しつつある。『申報』を発行した申報館は、今でも保存・使用されており、その一階は軽食レストランになっているが、建物に昔の雰囲気が残っており、今の人々も「旧上海」を味わうことができる。そして、その周辺には、上海書城、外文書店、古籍書店、芸術書房、上海音楽書店など、多くの書店が店を構え、「愛書人（本を愛する人）」にとって、魅力的なオアシスとなっている。近代中国のジャーナリスト曹聚仁[11]は『上海春秋』において、「望平街の歴史は、すなわち近代中国の新聞史である」と書いている。新聞史だけでなく、近代上海を語るとき、望平街の歴史は欠かせないものであろう。以下は、望平街を中心地域として現れた中国語メディアの一部、とりわけ本論で頻繁に登場するいくつかのものを紹介しておく。

まず一つ目の『東方雑誌』は、1904年に上海で創刊され、1948年に終刊となった総合雑誌である。50年近くの間に、全44巻合計816号が発行され、近代中国史上最大の雑誌と言われている。『東方雑誌』に関する研究は少なくなく、とくにLeo Ou-fan Lee（1999）及び洪九来（2006）を参照されたい。そして、二つ目の『良友画報』は1926年上海で創刊された大型グラビア雑誌であり、写真の多用と上質な印刷で知られている。石川照子によると、『良友画報』は「上海のモダン文化の形成と流通の一翼を担う存在であった」[12]。広告に電化製品や

第一章　近代中国（上海）のジャーナリズム環境　45

【図版1-4】『東方雑誌』表紙　　【図版1-5】『良友画報』表紙　　【図版1-6】『生活』誌面

化粧品などの都市モダン生活に不可欠なアイテムを掲載し、上海の新しい階層として誕生した都市中間層にモダンな娯楽や情報を提供するメディアとして大きな役割を果たした。『良友画報』の内容は、大量の写真に簡略な中国語と英語の記述文字を加えている。三つ目の雑誌『生活』は、1920年代後半から1930年代前半にかけて中国で発行された週刊雑誌である。『生活』の最高発行部数は15.5万部に達し（『生活書店史稿』　19）、当時の中国の代表的なマス・メディアの一つである。最後に、商務印書館について少し言及しておきたい。商務印書館は、1897年創立されて以来半世紀にわたり近代中国出版界の最大手である。この商務印書館は、出版物の総量や分野が格別だけではなく、学校教育関係書の出版と西洋書籍の翻訳出版も有名である。李家駒の統計によると、創立から1949年までの間、商務印書館は3,880種の翻訳書を刊行し、その内容も経済・哲学・心理学など、人文社会科学と自然科学の各分野に及んだ[13]。とくに、1930年代に商務印書館はいくつかの翻訳叢書シリーズを読者へ提供し、それが現在に至るまで多くの中国人に広く読まれている。商務印書館は『教育雑誌』や『小説月報』など、多くの雑誌を発行していた。『東方雑誌』は、商務印書館定期刊行物の代表的なものである。

5　上海の外国語メディア

　ここでは、近代上海に存在した日本語メディアと英語メディアを中心に紹介しておく。ロシア語、フランス語、朝鮮語などのメディアについても簡単に紹介する。資料はすべて、郭衛東（1993）、許敏（1999）によるものである。
　まず、日本語メディアについて見てみたい。戦前アジアの国々では、日本人による数多くの新聞や雑誌が発行された。その歴史的変遷と具体像の一部は、蛯原八郎（1980）、中下正治（1996）、李相哲（2000）などの研究が扱っている。これらの先駆的研究は主として、韓国、台湾、満州のメディアを対象とし、上海の日本語メディアに関する研究は少ない。高崎隆治（1993）は「上海の現地雑誌」にひとつのセクションを与えている。以下、上海で発行されていたいくつかの日本語メディアを見てみたい。
　まずは、『上海新報』が挙げられる。『上海新報』は、1890年6月5日に上海で創刊された中国最初の日本語メディアである。当時上海に滞在する日本人は約千人であり、主に彼ら向けの情報を掲載した。もう一つ、『上海』は、1913年から1945年にかけて上海で発行された総合雑誌である。1928年から1933年までの時期は『上海週報』と誌名が変更された。中下正治によると、1916年の発行部数は1,000部に達した。三つ目の『上海日報』は、1903年に創刊された日本語新聞である。発行部数は約3,500部。日中戦争勃発後、一度停刊されたが、後に『上海日日新聞』、『上海毎日新聞』と合併、『合同新聞』となった。1939年、『大陸新報』に吸収された。

【図版1-7】The North China Daily News 紙面

　次に英語メディアの二つを見てみたい。まず、The North China Daily News（字林西報）についてである。The North China Daily Newsは1850年上海で創刊され、1951年まで発行された近代中国における最も影響力があった英字新聞である。これは全ページ英語で書

第一章　近代中国（上海）のジャーナリズム環境　47

【表1-2】上海の主要外国語メディア（英語・日本語以外）

言語	代表的なメディア
ロシア語	上海俄文日報、上海柴拉早報、柴拉晩報、上海言論報、上海俄文生活日報、羅亜俄文滬報、露西亜回声報
フランス語	上海報界、上海差報、上海回声報、法文上海日報、遠東差報、中法新滙報、中法新滙週刊
ドイツ語	徳文新報、徳文協和報、徳文新聞報、徳文上海日報、徳華新聞週報、上海通訊
朝鮮語	大韓独立報、上海韓報、上海時報、上海評論、上海新聞、民声、南華通訊、臨時時報、独立新聞、前途、宣伝、韓民、韓青、新大韓、新生活、新韓青年、震光

（出所：郭衛東（1993）に基づき、筆者作成）

かれた日刊新聞である。The North China Daily Newsの一日の発行部数は1931年2月の統計で7,817部に達し、「ロンドンのタイムズ紙に匹敵」する[14]。最盛期のThe North China Daily Newsの一日の発行部数は10,000部を超える[15]。もう一つは、The China Weekly Review（密勒氏評論報）である。The China Weekly Reviewは1917年上海で創刊され、1953年まで発行された英字雑誌である。発行部数は約4,500部。内容は主に中国及び極東アジアの政治や財政に関する評論報道である。ほかに、The Shanghai Times（上海泰晤士報）とThe Shanghai Evening Post and Mercury（大美晩報）はそれぞれ約6,000部と約7,000部の発行部数を有する。

　上海の外国語メディアのなかで最も多いのは、日本語と英語メディアであるが、上の表1-2に示したように、そのほかの外国語メディアも多数存在した。なかでも、ロシア語新聞のThe Shanghai Zaria（上海柴拉報）は1925年に創刊され、1932年から夕刊も発行され、1日の発行部数は約6,000部に達した。フランス語新聞La Journal De Shanghai（法文上海日報）は、1927年に創刊され、1日の発行部数が約2,000部である。

6 小 括

　以上の概観から、近代上海のメディア空間のキーワードは「雑種性」であると言えるだろう。中国メディアの中心地である望平街、英語メディアの中心地であるバンド、さらに日本語メディアの空間である虹口、という三つのエリアは近代上海のメディア空間を構築した。また、近代上海のメディア空間の形成には、外国の影響も著しいものだった。アメリカのジャーナリズム理論が日本という経由ルートを経て中国に輸入された。多くの日本語で書かれたジャーナリズム専門書が中国語に翻訳され、紹介された。また、多くの中国人が日本へ留学し、帰国後ジャーナリズムと関わる職業に就いた。ジャーナリズムの教育システムもアメリカの強い影響によって確立された。このようなメディア環境の下で、中国語メディアは勿論、日本語や英語などの外国語メディアも発達した。次章から、このような雑種性の特徴をもつ近代上海のメディア空間に起きた複数の出来事を取り上げ、その様々な側面を見ていきたい。

　以上では、近代上海のメディアプロダクション（生産側）を中心に考察したが、ここでは、当時どのようなメディア消費者（受容側）がいたかについて、少し言及しておきたい。1930年代初期の上海では、毎年200種類以上の新聞や雑誌が発行され、平均して毎月10,000頁以上の印刷物が出版された[16]。このように大量の出版物があったことは、それに応じる数の消費者（読者）が存在したことを意味する。上海のメディア消費者の全体像（数量）を把握することは難しいが、Xu, Xiaoqun（2001）では以下のような推定がある。1933年の上海では、日刊中国語新聞の配達部数は一日57,817部であり、また雑誌などの配達部数は205,801部である。この配達数は定期購読者数として考えた場合（一人は一種類の新聞或いは雑誌のみを購読すると仮定）、263,616人（ママ）の消費者（読者）が計上できる[17]。無論、街角で直接新聞や雑誌を買う人、そして一人で複数の活字メディアを購読することもあり得る。さらに、自分が購読したメディアを他人に譲って読んでもらうこともあるだろう。したがって、実際のメディア消費者数は、

263,616という数字をはるかに超えると推定してよい。外国語メディアの消費者は主に上海在住の外国人だが、外国語がわかる一部の知識人層もそれに入る。近代上海には発達したメディア産業と、それに応じた膨大な消費者層が存在したのである。

(ママ) ※「263,616」の右に「ママ」の注記

資料

【資料1-1】 中国語メディアにおける諸外国ジャーナリズム事情に関する記事一覧（1907 ～ 1935）

番号	見出しタイトル	掲載誌・号	掲載日	内容概要
1	美報特色	『東方雑誌』第4巻第7号	1907年9月2日	アメリカ新聞の編集・設備・発行の特色
2	西報記者之日行事務	『東方雑誌』第12巻第4号	1915年4月1日	欧米諸国の記者の日常仕事様子
3	欧米新聞事業概況	『東方雑誌』第15巻第3号	1918年3月15日	欧米諸国の新聞編集法、通信社組織、新聞社経営
4	欧米新聞事業概況（続）	『東方雑誌』第15巻第4号	1918年4月15日	英・独・仏・伊・米諸国の新聞業界状況
5	新聞大王諾斯克里甫勲爵	『東方雑誌』第17巻第4号	1920年2月25日	イギリス・タイムズ紙のBaron Northcliffe氏について
6	蘇俄出版物統計	『東方雑誌』第22巻第23号	1925年12月15日	ソ連の出版物の数量統計
7	日本新聞業的驚人事績	『生活』第2巻第25号	1927年10月30日	日本新聞業界の規模と状況
8	日本最近的出版界	『東方雑誌』第25巻第14号	1928年7月25日	日本出版業界の近況
9	美国新聞事業発達之原因	『生活』第3巻第40号	1928年8月19日	アメリカ新聞事業発達する原因

10	我們矮隣居的新聞事業	『生活』第3巻第42号	1928年9月2日	日中両国新聞事業の比較
11	イギリス報紙之蛻変	『東方雑誌』第25巻第20号	1928年10月25日	第一次世界大戦後のイギリス新聞業界の変化
12	イギリス新聞界的康載尓	『東方雑誌』第27巻第7号	1930年4月10日	イギリス新聞業界の寡占現象
13	英米両国的報紙概観	『東方雑誌』第27巻第13号	1930年7月10日	英米両国の新聞業界の概況
14	法国的新聞事業	『東方雑誌』第27巻第18号	1930年9月25日	フランスの新聞業界について
15	日本報界与中国	『生活』第5巻第52号	1930年12月7日	日本新聞業界と中国との関係
16	倫敦閑話	『生活』第6巻第8号	1931年2月14日	ロンドンの新聞について
17	中国看報人民的数量	『生活』第6巻第22号	1931年5月23日	中国の新聞読者数、日・英との比較
18	東京新聞事業之一斑	『生活』第6巻第22号	1931年5月23日	東京の新聞事業について
19	参観称雄東京報界之朝日新聞社	『生活』第6巻第23号	1931年5月30日	朝日新聞社について
20	日本飛行界近事	『生活』第6巻第25号	1931年6月13日	報知新聞社や朝日新聞社と日本航空業界との関係
21	報紙与造謡	『生活』第6巻第27号	1931年6月27日	日本の新聞報道
22	各国的出版検閲制度	『東方雑誌』第28巻第13号	1931年7月10日	英・独・仏・伊・米・ソ諸国の検閲制度及び重要事件
23	日本新聞界的社会活動	『生活』第6巻第34号	1931年8月15日	日本新聞社の社会事業
24	芝加哥壇報的紹介（上）	『生活』第6巻第34号	1931年8月15日	アメリカの新聞Chicago Tribuneについて
25	芝加哥壇報的紹介（下）	『生活』第6巻第35号	1931年8月22日	アメリカの新聞Chicago Tribuneについて

第一章　近代中国（上海）のジャーナリズム環境　51

26	イギリス的新聞事業	『生活』第7巻第33号	1932年8月20日	イギリスの新聞事業について
27	巴黎的新聞報紙	『生活』第8巻第3号	1933年1月21日	パリの新聞紙の特徴
28	英倫瑣記	『生活』第8巻第23号	1933年6月10日	イギリスの新聞と政党
29	美国新聞業的研究	『東方雑誌』第32巻第11号	1935年6月1日	アメリカ新聞業界状況及び主要新聞の紹介
30	法国新聞事業的現状	『東方雑誌』第32巻第13号	1935年7月1日	フランス新聞業界状況及び主要新聞の紹介
31	徳国新聞紙的研究	『東方雑誌』第32巻第22号	1935年11月16日	ドイツ新聞業界状況及び主要新聞の紹介

（出所：『東方雑誌』（1904～1937）、『生活』（1926～1933）に基づき、筆者作成）

【資料1-2】中国で出版された訳書（1903～1930）

番号	出版年	書名	原著者	訳者
1	1903	『新聞学』	（日）松本君平	不明
2	1913	『実用新聞学』	（米）休曼（Shuman）	史青
3	1927	『報界之将来』	（日）島谷亮輔	不明
4	1929	『新聞学撮要』	（米）開楽凱（Fower Nathaniel Clark, Jr.）	戈公振
5	1930	『新聞概論』	（日）杉村広太郎	王文萱
6	1930	『新聞紙研究』	（日）後藤武男	俞康徳

（出所：『中国大百科全書』編集委員会（1990）、廿惜分（1993）、方漢奇（1999）に基づき、筆者作成）

【資料1-3】留学経験がある中国人ジャーナリスト

番号	人名	留学先（国別）	教育機関名
1	儲安平	イギリス	ロンドン大学

2	鄧孝可	日本	法政大学
3	董顕光	アメリカ	ミズーリ大学／カリフォルニア大学
4	杜重遠	日本	東京工業学校（現東京工業大学）
5	管翼賢	日本	法政大学
6	黄天鵬	日本	早稲田大学
7	季達	日本	日本大学
8	景梅九	日本	第一高等学校（現東京大学）
9	陸梅僧	アメリカ	コロラド大学／コロンビア大学
10	李達	日本	第一高等学校（現東京大学）
11	梁士純	アメリカ	シカゴ大学
12	馬星野	アメリカ	ミズーリ大学
13	林白水	日本	早稲田大学
14	林柏生	ソ連	モスクワ中山大学
15	林呈禄	日本	明治大学
16	林宗素	日本	東京女子高等師範学校（現お茶の水女子大学）
17	劉仁静	ソ連	レーニン主義学院
18	羅隆基	アメリカ	ウィスコンシン大学／コロンビア大学
19	欧陽振声	日本	早稲田大学
20	卜少夫	日本	明治大学
21	秦邦彦	ソ連	モスクワ中山大学
22	任白涛	日本	早稲田大学
23	邵飄萍	日本	法政大学
24	邵力子	日本	不明
25	邵元冲	アメリカ	ウィスコンシン大学／コロンビア大学
26	伍超	アメリカ	不明
27	徐宝璜	アメリカ	ミシガン大学
28	謝六逸	日本	早稲田大学

第一章　近代中国（上海）のジャーナリズム環境　53

29	謝春木	日本	東京高等師範学校（現筑波大学）
30	葉明勲	アメリカ	スタンフォード大学
31	袁殊	日本	不明
32	趙敏恒	アメリカ	コロラド大学／ミズーリ大学／コロンビア大学
33	詹文滸	アメリカ	不明
34	張友漁	日本	不明
35	章士釗	イギリス	エディンバラ大学

（出所：李盛平（1989）、山田辰雄（1995）、徐友春（2007）に基づき、筆者作成）

【資料1-4】中国で出版されたジャーナリズム専門書（1919～1936）

番号	出版年	書名	著者	留学経験
1	1919	『新聞学』	徐宝璜	○
2	1922	『応用新聞学』	任白涛	○
3	1923	『実際応用新聞学』	邵飄萍	○
4	1924	『新聞学総論』	邵飄萍	○
5	1925	『新聞学大綱』	伍超	○
6	1927	『中国新聞発達史』	蒋国珍	
7	1927	『中国報学史』	戈公振	
8	1928	『中国的新聞記者』	張静廬	
9	1928	『中国的新聞紙』	張静廬	
10	1928	『最新実験新聞学』	周孝庵	
11	1930	『新聞事業経営法』	呉定九	
12	1930	『新聞文学概論』	黄天鵬	○
13	1930	『中国新聞事業』	黄天鵬	○
14	1930	『天盧談報』	黄天鵬	○
15	1930	『新聞学綱要』	徐宝璜	○
16	1930	『最新応用新聞学』	陶良鶴	
17	1931	『新聞記者的故事』	黄天鵬	○

54　第一部　導入篇

18	1931	『新聞記者外史』	黄天鵬	○
19	1931	『怎様做一個新聞記者』	黄天鵬	○
20	1931	『基礎新聞学』	李公凡	
21	1931	『新聞政策』	杜超彬	
22	1931	『上海報紙改革論』	郭箴一	
23	1932	『学校新聞講話』	袁殊	○
24	1932	『宣伝学与新聞記者』	季達	○
25	1932	『外人在華的新聞事業』	趙敏恒	○
26	1933	『新聞学入門』	黄天鵬	○
27	1933	『新聞学之理論与実用』	呉暁芝	
28	1933	『編集与評論』	郭歩陶	
29	1933	『新聞学』	曹用先	
30	1934	『新聞学概要』	黄天鵬	○
31	1934	『采訪十五年』	趙敏恒	○
32	1935	『上海新聞事業之史的発展』	胡道静	
33	1935	『報章雑誌閲読法』	金仲華	
34	1935	『中国新聞教育之現在与将来』	梁士純	○
35	1935	『時事研究法』	張明養	
36	1936	『新聞之理論与現象』	張忱虞	
37	1936	『戦時的輿論及其統制』	梁士純	○
38	1936	『記者道』	袁殊	○

（出所：李盛平（1989）、徐友春（2007）に基づき、筆者作成）

【資料1-5】『申報』におけるウルター・ウイリアムズらアメリカ記者訪中に関する報道記事一覧

番号	掲載日	見出し（日本語訳）
1	1921年12月7日	北京新聞業界がウルター・ウイリアムズ氏を歓迎
2	1921年12月7日	世界新聞大会会長ウルター・ウイリアムズ氏上海訪問予定
3	1921年12月10日	世界新聞大会会長ウルター・ウイリアムズ氏明日上海訪問

4	1921年12月11日	アメリカ記者団来訪歓迎宴会
5	1921年12月12日	世界新聞大会会長ウルター・ウイリアムズ氏昨夜上海到着
6	1921年12月13日	各界ウルター・ウイリアムズ氏を歓迎する盛況
7	1921年12月14日	各界ウルター・ウイリアムズ氏を歓迎
8	1921年12月16日	アメリカ新聞家クラー氏インタビュー
9	1921年12月17日	アメリカ新聞家クラー氏今夜上海到着
10	1921年12月21日	アメリカ新聞家クラー氏上海訪問記
11	1921年12月21日	ウルター・ウイリアムズ氏の記者信条
12	1921年12月23日	クラー氏上海滞在状況
13	1921年12月24日	クラー氏を囲む会記
14	1921年12月25日	クラー氏歓迎会

(出所:『申報』(1921年12月1～30日)に基づき、筆者作成)

注
(1) 榎本泰子、2009、12頁。
(2) Reed, Christopher、2004、31頁。
(3) 「ジャーナリスト」は、中国語で言う「新聞記者」という表現にあたる。20世紀初期まで、新聞記者という職業がなく、小説などの作家と並列して「文人」と呼ばれた。しかし、1920年代以降、上海新聞記者公会などの記者組織の設立を経て、新聞記者という「自由職業者」のカテゴリーが確定され、今日のジャーナリストに近い職業となった。Xu, Xiaoqun(2001)の第6章を参照。
(4) 河崎吉紀、2002、131頁。
(5) 小関信行、1985、48頁。ウルター・ウイリアムズの訪中について、林牧茵(2013)の第三章に詳しい。
(6) 聖約翰大学(Saint John's University):1879年米国聖公会(Episcopal Church in the United States of America)は上海にあった二つの聖公会学校を合併して設立した教育機関。1892年から大学教育課程を始めた。卒業生の中には、林語堂、宋子文をはじめとして近代中国の著名人が多い。
(7) パウエル、2008、187頁。聖約翰大学ジャーナリズム学部の設立年について、林牧茵(2013)は異議を提示し、1921年としている(122頁)。

（8） Hamilton, John Maxwell、1986、29頁。
（9） Hamilton, John Maxwell、1986、29頁。
（10） 盧祺新・葛魯甫、1990、31頁。
（11） 曹聚仁：（1900 ～ 1972）、中国のジャーナリスト、作家。
（12） 石川照子、2007、31頁。
（13） 李家駒、2007、108頁。
（14） 郭衛東、1993、205頁。
（15） 許敏、1999、341頁。
（16） Xu, Xiaoqun、2001、47頁。
（17） Xu, Xiaoqun、2001、47頁。

第 二 部

人 物 篇

生活書店の知識人たち

第二章　ジャーナリスト鄒韜奮の発展

1　はじめに

　第二章では、鄒韜奮の生涯を考察対象として論を進めたい。まず、鄒韜奮のイギリス、ソ連、アメリカなど欧米諸国での体験を通して、近代中国知識人の西洋理解について考察する。20世紀初頭から、中国に入ってきた西洋思想は大量かつ多様であった。鄒韜奮もさまざまな海外思想に接したに違いない。しかし、ジャーナリストとして多忙な毎日を過ごした鄒韜奮が、系統的に西洋思想を研究したのは1933～1934年のおよそ二年間だった。鄒韜奮は、この二年間、欧米各国での研究と体験を経て、次第に1930年代半ばの西洋思想と社会情勢への理解を深めた。これは、彼が中国の将来の方向を摸索する旅でもあった。次に、鄒韜奮とジョン・デューイ思想の関わりを探ることによって、近代中国の知識人の一つのあり方を示す。近代中国におけるデューイ思想の伝播及びそれが中国社会に与えた影響について、日本でもすでに数多くの研究が行われてきた。とりわけ、米国コロンビア大学でデューイの下で学んだ弟子胡適[1]と陶行知[2]に関する論考が多く見られる。例えば、竹内好による「胡適とデューイ」、小林文男による「近代の覚醒と「五四」──胡適とそのプラグマティズムの役割をめぐって」などがある。当時の中国で、デューイ思想に接した知識人は他にも多い。鄒韜奮は、その中の一人である。鄒韜奮がその初期における思想形成において、デューイ思想からどのような影響を受けたか、その結果として、ジャーナリストとしてどのような実践を行ったかを考察する。最後に、西洋思想の影響を受けた鄒韜奮は、どのように生活書店を経営し、そこから発行された雑誌や新聞

【図版 2-1】鄒韜奮
（出所：『韜奮全集』）

において、どのような輿論活動を展開したかを探る。

2　鄒韜奮の経歴

　鄒韜奮は、近代中国の著名なジャーナリスト、生活書店の創始者、そして救国会の幹部活動家として知られる。彼は、1895年11月5日に中国福建省に生まれた。本名は鄒恩潤。韜奮は彼の数多くの筆名の中で一番よく使われた一つである。鄒韜奮は、上海の聖約翰大学を卒業後、黄炎培が率いる中華職業教育社で週刊機関誌『生活』の編集に携わり、1926年主編（編集責任者）となる。彼は、読者からの投書を重視する編集で若い知識人層から支持を集めた。1931年の満州事変以降、鄒韜奮は時事問題への関心を強めた。1932年、鄒韜奮は中華職業教育社から独立し、生活書店を創設、引き続き週刊誌『生活』を発行した。1930年代には、『生活』、『新生』、『大衆生活』など生活書店発行の雑誌で抗日の論陣を張りながら、上海で都市知識人の救国運動に参加した。1936年には、救国会の幹部として逮捕され（いわゆる「抗日七君子事件」）、8ヶ月間にわたり入獄した。抗日戦争期には、武漢、重慶、香港などを転々としながら、生活書店の支店を全国50ヶ所以上に設け、全国的な販売ネットワークを完成した。彼のリーダーシップの下、生活書店は全国展開を効率的に行う経営システムを確立し、中国における近代型出版業の一つのモデルを作り上げた。現在の大手出版機関である三聯書店はその後身である。1938年6月から1940年末まで、鄒韜奮は救国会の一員として国民参政会[3]に参加し、抗日と民主主義のために活躍したが、国民党政権の反動化が強まったため、香港に逃れた。香港滞在中、彼は新聞『華商報』に評論を書くとともに、自ら新聞紙『生活日報』を発行、国民党独裁支配の反民主的実態を暴露した。無党無派を標榜してきた鄒韜奮は、1944年7月24日の死の直前に中国共産党への入党を申請し、死後入党を認められたと言われている。

　鄒韜奮はジャーナリストとして、当時の雑誌、新聞において大量の論評記事を書いた。他には、単行本の論文集や訳書も数多く残している。彼の残した論

評記事や論文、訳書は、ほぼすべてが『韜奮全集』に収められている。『韜奮全集』は、上海人民出版社が1995年に出版した全14巻に上るものである。延べ800万字の『韜奮全集』には、年代順で第1-10巻が鄒韜奮の論評記事、論文を収録し、第11-14巻が鄒韜奮の訳した学術書と小説を収録している。他には、「韜奮年表」、「韜奮編著、翻訳書リスト」、「韜奮のペンネーム一覧表」なども収録している。『韜奮全集』の出版は、体系的な鄒韜奮研究を可能にする価値をもつ。

3　鄒韜奮の欧米体験

3-1　中華民族の道を辿る旅

　まず、鄒韜奮の1933年7月の出国から1935年8月の帰国までの二年間の足跡に簡単に触れておこう。1933年9月30日に、鄒韜奮はイタリア、スイス、フランスを経て、ロンドンに着いた。そして、1934年2月にロンドンから出発し、フランス、ベルギー、オランダ、ドイツなどのヨーロッパ諸国を歴訪した後、4月にロンドンに戻った。同年7月から9月までソ連を訪問した。そしてロンドンに戻って、翌年5月にアメリカに渡った。8月にサンフランシスコから上海へ向かい、8月末に上海に着いた。この二年間の経歴について、1944年に鄒韜奮は『患難余生記』のなかで、「視察や研究で得たものとして、『萍踪寄語』第1集（イギリスを中心に）、第2集（ドイツを中心に）、第3集（ソ連のみ）、『萍踪憶語』（アメリカのみ）を書いた」（『韜奮全集』第10巻、832頁）と記録している。また、鄒韜奮は「偶然に周恩来先生は私との会話で『萍踪憶語』に言及した。彼は（私が）集めた資料が極めて内容的に充実し分かりやすく意義深いものであり、他にこれほどアメリカの全貌に関する本はないと褒めてくれた」[4]と書き、この時期の成果が大きいことを自慢している。

　海外滞在期において、ロンドンは鄒韜奮の一時的な拠点となっていた。彼は、ヨーロッパ諸国を訪問した以外に、大体ロンドン大学での聴講と大英博物館の図書館での研究に没頭した。のちに帰国した鄒韜奮は、当時の読書ノートを整理して、『読書偶訳』という編訳書を出版した。それを見ると、彼がどのよう

な本を読んで研究していたかが分かる。『読書偶訳』は、「はじめの言葉」に続いて、「政治組織の理論と形式」、マルクス理論、ヘーゲルとその弁証法、ヘーゲルのマルクスへの影響、マルクス経済学、エンゲルスの生涯と仕事、レーニンの生涯と理論などのトピックを含んでいる。この『読書偶訳』の内容について、鄒韜奮は「はじめの言葉」で次のように述べている。

　　本書はノートにまとめられた英語メモの翻訳書であり、系統的な社会科学書ではないが、全書に貫く筋道はある。（中略）本書で取り上げ訳したのはこれらの思想家（マルクス、エンゲルス、ヘーゲル、レーニン）に対する他の人が書いた解説である。さらに深く掘り下げて研究するためにはこれらの思想家の著作を精読しなければならない[5]。

　これを読むと、鄒韜奮がこの編訳書を出版した目的が分かる。彼は、「私は平凡な新聞記者であり、少し思想を研究するのは記者としての仕事のためである。（中略）もしかして自分と同じように仕事に没頭している友人たちも、忙しいなかで思想に関する資料にざっと目を通そうとするならば、本書は読んでみる価値があるかもしれない」[6]と述べる。鄒韜奮は『読書偶訳』の各部で、紹介した資料や論文の原著者名、著作名、出版社、出版年なども記載していた。また、鄒韜奮は読者に西洋思想を紹介する際に、理論と実践を結びつけて一緒に考えることが重要だとの姿勢を示す。そしてもう一つ触れたいのは、小説を訳す場合と同様に、記事を書く場合に、彼が行った読者に読みやすくする工夫である。彼は、『読書偶訳』の「あとがき」で「私が常に注意したのは、出来る限り分かりやすくすることであった。さらに、読者にとって分かりやすいだけでなく、読みやすくて、おもしろさも感じてくれるなら、何よりの喜びである」[7]と書いた。そのために、鄒韜奮は友人の李公樸に頼んで、「未来の読者」として読んでもらい、分かりにくい箇所を訳し直した。

　西洋思想の理論を研究した鄒韜奮は、積極的に資本主義体制のヨーロッパ諸国や社会主義体制のソ連へ出かけ、自分の目でそれぞれ異なる社会を観察した。

第二章　ジャーナリスト鄒韜奮の発展　63

『萍踪寄語』、『萍踪憶語』から見ると、鄒韜奮はヨーロッパ諸国の政治、経済体系から、新聞出版業界の現状、一般庶民の生活に至るまでの各側面を観察した。また、ソ連での訪問は、モスクワ夏季大学を聴講した後、南部の工業地帯と集団農場を見学した。アメリカでは、南部の人種問題にも関心を示した。鄒韜奮は自分が見た諸国の現状をエッセイの形で国内の読者に紹介した。では、彼はどのような心情でそれを観察し、どのような気持ちで紹介していたか。『萍踪寄語』第1集の「弁言（まえがき）」で、次のように述べている。

　これらの「寄語」は散り散りばらばらのエッセイであるが、観察研究の際に、また執筆の際に、記者（鄒韜奮）のこころの中でいつも二つの質問が浮かんでいた。一つは世界の大勢はどうか。いま一つは中華民族が生きていく道は何か。中国は世界の一部であるので、中華民族の活路を研究しようとするならば、全世界の大勢がどうなっているかに留意しなければならない[8]。

　これは、鄒韜奮が自分に対する問題と言うより、読者に提起した問題と言った方がいいであろう。すなわち鄒韜奮は、このような世界現状の紹介を通して中国の将来に関する問題を提起し、国内の読者と共同の議論を展開しようとする。だから、彼は「（私見を）とりあえず保留する」[9]と書いて、民衆の問題意識を高めようと考えた。ソ連、欧米諸国での体験は、鄒韜奮の思想転換には重要な作用があった。しかし、彼が意識して努力したことは、彼自身だけの変化ではなく、国内の読者にも働きかけて、思想意識の向上を果たそうとしたことである。これは、まさに鄒韜奮のジャーナリストとしての特徴だと言えるだろう。鄒韜奮は、ソ連、欧米諸国での体験を通して、西洋思想に関する知識を得た。そして、諸国の社会状況と関連する政治体制についても注意を払うようになった。次は、国家の政治体制、とくにイギリスとソ連の政治体制の比較などに関する彼の認識へ目を向けたい。

3-2 ラスキ、フェビアン協会についての認識

鄒韜奮は自らの研究や翻訳によって、ラスキ（Harold Laski）とフェビアン協会を知った。そして、新聞記事などで積極的に中国の読者に紹介していた。さらに、社会や政治問題を分析、評論する際に、ラスキとフェビアン協会の理論を頻繁に利用していた。鄒韜奮は『ソ連の民主』というイギリス学者パット・スローン（Pat Sloan）の著作を翻訳した。その著書の中で、パット・スローンはフェビアン協会のウェッブ夫妻の論文などを引用している。同時に、ラスキもよく『ソ連の民主』に言及していた。概して、鄒韜奮はラスキの思想については自ら直接に研究したが、フェビアン協会についてはラスキや『ソ連の民主』を通して知ったと思われる。

鄒韜奮が最初にラスキに言及したのは、1932年11月5日の『生活』第7巻第44期に発表した「『呻吟』編者附言」という読者への回答記事であった。当時、『生活日報』を創刊する予定が取り消された。言論の自由に関する読者からの手紙に回答する際、鄒韜奮は、ラスキが新聞評論文において鋭い視点で政府要人を批判したという例を取り上げた。鄒韜奮は自らの学識が浅いから、「ラスキ教授と比べられない」[10]と謙遜している。また、鄒韜奮は、『萍踪寄語』第1集の中で、ロンドンの新聞業について論じた「世界新聞業界の中心」においても、再びラスキに言及した。

> ロンドン大学政治経済学院の人気教授ラスキは、毎日八種類の重要新聞を読んで、各紙の社説を注意すれば、国際政治や世界大勢をはっきり知ることができると述べている。彼のこの話は少々大げさだったかもしれない。畢竟新聞を読む人自身は正確な視点と判断能力がなければ、世界大勢を知るどころか、逆に麻痺してますます混乱してしまうだけだろう。しかし、優れた新聞は確かに研究に価する「現代史料」である[11]。

このように、鄒韜奮のラスキへの注目は、初期においては、やはり新聞という彼の常に関心があるところのものとつながっていた。無論、鄒韜奮はラスキ

第二章　ジャーナリスト鄒韜奮の発展　65

の政治学者としての言論に注目し、とりわけソ連に関するラスキの論点もしばしば取り上げて、中国の読者に紹介していた。1936年6月に、ソ連の「新憲法草案」が発表された。鄒韜奮は、『生活日報』紙上において、シリーズ記事を出して、多方面から「新憲法草案」を分析、紹介している。そのなかの「拉斯基教授的蘇連憲法観」(「ラスキ教授のソ連憲法観」)(1936年6月23日『生活日報』)では、ラスキの「新憲法草案」への高い評価およびその理由を詳細に紹介した。鄒韜奮は、ラスキ教授を現代イギリスでもっとも権威ある政治学者と呼び、「最近彼(ラスキ)のソ連新憲法に対する評価は、世界各国の注目を集めた」[12]と書いた。その後、鄒韜奮は頻繁にラスキの観点を紹介しながら、自らの主張を示した。例えば、『全民抗戦』第143期(1940年10月26日)の「戦争中的民主政治」(「戦争中の民主政治」)、「諸葛亮和阿鬪搏鬪」(「孔明と阿鬪の戦い」)(1941年6月22日『華商報』)、「反民主的幾種煙幕」(「反民主の何種類かの煙幕」)(1941年7月19日『華商報』)、など時評記事でラスキの理論を引用した。なぜ鄒韜奮はラスキのソ連に対する考え、および民主についての彼の観点をこれほど重視したかについて、郝丹立は次のように指摘する。「鄒韜奮の判断は一つの前提に基づいたものである。すなわち、議会制政治の創始国の著名な教授としてのラスキが示したソ連式民主への肯定と評価は、高い価値を内包している。つまり、ソ連式民主と欧米式民主の間には、はっきりした差異が存在しているが、二者の間の差異は両者の民主性の程度の高低によるものであるからだ」[13]。このような前提が鄒韜奮のなかにあったかどうかは別にして、当時の鄒韜奮にとって、欧米諸国とソ連のそれぞれの民主主義を視野に入れ、それらを如何に中国に応用するかが彼の第一の関心事であっただろう。

　ソ連の民主制を全面的に知るために、鄒韜奮はパット・スローンの『ソ連の民主』を訳して、1939年3月に生活書店から出版した。訳書の中に、「ソ連新憲法」も収録した。鄒韜奮は「訳者序」の中で、この本を訳す目的を次のように述べていた。

　　我が国には「他山の石以て玉を攻むべし」という古語がある。全国民を動

員して抗日運動を展開しつつ建国に向かっている今日、ソ連式民主の方法と成果は我々の参考になる。本書を訳す理由は、主として本書に紹介する価値があるからである。(中略) イギリスは「議会政治の母」と呼ばれている。だから、民主政治を論じる時、この資本主義の国を忘れてはいけない。ソ連は最新型民主政治の発源地であり、その新憲法はイギリス政治学権威のラスキ教授も世界中でもっとも民主的憲法だと評価している。新、旧民主の差異はどこにあるかは、研究価値がある面白い問題である[14]。

鄒韜奮は、『ソ連の民主』の著者パット・スローンの特別な経歴がその著作の価値を高めると考えていた。すなわち、パット・スローンはイギリス人の政治学者であり、しかも彼は五年間にわたってソ連で生活していた。彼によるイギリスとソ連の政治体制の比較は、とても意味深い議論になると鄒韜奮は考えた。さらに、当時ソ連をファシズム国家イタリア、ドイツと同一視する言説に対して、鄒韜奮は『読書月報』第1巻第4期(1939年5月1日)の書籍紹介文「蘇連的民主」(「ソ連の民主」)でこう書いた。「一部の人はソ連の〈プロレタリア執権〉を誤解歪曲して、ソ連が大衆を抑圧するイタリアやドイツと同じ独裁的国家であると言う。これは、困惑させることである。また、『ソ連は世界中でもっとも民主的な国』と聴いたら、ますます研究する必要があると考えるだろう。この本は皆がこの問題を研究するのに最高の資料である」[15]。この紹介文のなかで、鄒韜奮は全体の要点を紹介し、最後に中国の現実と結びつけて、国民大衆の政治参加を呼びかけた。

ラスキは英国フェビアン協会の中堅的人物であるが、『ソ連の民主』の翻訳を通して、鄒韜奮はウェッブ夫妻などフェビアン協会に属するほかの人物とその思想に接することができた。鄒韜奮はラスキやフェビアン協会を通して、イギリスとソ連のそれぞれの民主制を比較し考察した。また彼自身、イギリスとソ連の両方での滞在経験もあった。この二つによって形成された鄒韜奮の民主制に対する認識や理解は、いったいどのようなものであったか。

3-3　英国とソ連に対する比較

　イギリスとソ連の国家体制や社会の現状について、鄒韜奮は『萍踪寄語』第1集と第3集で詳しく描写した。その内容は政治体制だけではなく、経済、教育、文化、女性問題など多くの方面にわたる。例えば、イギリスに関しては、各都市の特徴、ロンドンの貧民窟、女性の地位、新聞の自由度など各側面から社会の様子を描き出した。また、ソ連に関しては、工場と農場の管理、保育所と中絶病院、発電所などを広い範囲で観察して記事を書いた。大量の記事のなかに、両国の政治体制について論じたものもあった。それは、イギリスの議会政治に関する「巴立門的母親」（「議会政治の母」）（『萍踪寄語』第1集）とソ連の政治を全面的に概説した「関于蘇連的一般的概念」（「ソ連に関する一般概念」）（『萍踪寄語』第3集）の二篇である。

　イギリス国会における議員たちの厳しい批判、或は議員と閣僚の激しい論争という「紳士的戦争」に対して、鄒韜奮は高い関心を示した。そして、この「紳士的戦争」の歴史を考察した後、鄒韜奮は「議会制民主政治」が存立する前提をこう考えた。

　　根本的な大前提は、この制度の中に政局勢力を左右する最大多数の者がいること、そしてこの最大多数者が当面の政治経済制度に対して実際に同意する必要があることである[16]。

　鄒韜奮は「議会制民主政治」が存立する前提を与党多数決という要素にあると考える。しかし、鄒韜奮の本当の関心点は「議会制民主政治による、資本主義から社会主義への移行という革命の目標がイギリスで達成することが出来るかどうか」[17]という点にあった。彼はイギリス労働党の政治活動を具体例として取り上げた。鄒韜奮は、資本主義の根本制度を改革しない限り、労働党の社会保障制度の実現には到らない、さらに社会主義建設の目標など遠い「夢」だと指摘した。そして最後に、鄒韜奮は貴族問題、王室問題など解決しなければならない多くの問題を抱える「議会政治の母」である国イギリスが、どこへ行

くかという問題に視線を転じた。この時の鄒韜奮は、社会主義への移行がどのようにできるかを考えていた。イギリスのような伝統的な議会民主制国家は彼の考察において比較する対象であった。実は、鄒韜奮が尊敬するラスキにとっても、これが彼の思考を一時的に行き詰まらせた問題であった。小笠原欣幸は「1930年代、ラスキの主たる問題意識は、議会制民主主義の体制内で社会主義を実現することが可能なのかという点に集中した」[18]と指摘している。小笠原欣幸の分析によれば、ラスキは人間の理性に信頼をよせることで漸進的な社会主義の実現を期待していたが、イギリスの1931年の政治危機や労働党政府の経験から、支配階級が自発的に権力の座から退く可能性は低いとした見解を表明せざるをえなくなった。また、杉田敦も、ラスキが1925年ころまでにレーニン主義的な考え方に接近し、1930年代以降さらにマルクス主義に傾き、資本主義国家を倒すには武力革命によるしかないと主張したことを指摘している。ただ、ラスキは晩年において「こうした路線を反省し、『同意による革命』、すなわち世論の理解を得て議会で多数派となることによって社会主義に移行するという穏健な考え方に回帰した」[19]と杉田は述べている。ラスキのこのような思想変化は、その時代の政治学者たちの社会科学理論における探索の一例とも言えよう。鄒韜奮における民主主義に対する認識過程もこれと似ている。特に、新生ソ連の民主制は世界各国の知識人に思考のヒントを与えた。それに伴う武力革命の方法についての思考も、鄒韜奮の探求の旅における重要な課題になった。

　イギリスと全く異なる政治体制をとるソ連についての考察は、鄒韜奮にとって重要な課題であった。鄒韜奮はおよそ2ヶ月のソ連への訪問から得た結果をいくつかの側面に分けて取り上げた。まず、ソ連の社会構造と社会主義、共産主義の問題について、鄒韜奮は以下のように述べる。

　　今現在のソ連の社会構造は、共産主義社会ではなく、社会主義社会のスタートにしか過ぎない。共産主義社会の状況は「各人が能力に応じて働き、各人が必要な分を取る」ということである。今のソ連社会はこの理想に程遠いものであることは、彼ら自身も正直に認めている[20]。

鄒韜奮は、社会主義社会のもっとも重要な特徴として、生産手段の公有、つまり工場・機械・交通・炭鉱・森林などすべてを社会が所有し、すべての利益も国民大衆に享受されるということなどを挙げ、当時のソ連社会を共産主義社会と呼ぶことは誤りであると指摘した。なぜなら、ソ連社会においてはまだ衣服、用具および貨幣などを個人が所有しているからだ。続いて鄒韜奮はソ連共産党と国民大衆の関係の問題に言及し、「ソ連は土地が広く人口が多い国である。もともと国民の知識教育レベルが低く、落後した農業社会であるために、のんびりと締りのない国民性が顕著である。現在のように一つの共同目標に向かって勇往邁進したのは、共産党を中心力とする指導があったからだ」[21]と述べた。この考えには、孫文の三民主義思想との共通性がうかがえる。つまり、鄒韜奮はソ連の国民性を孫文の言う「一握りのバラバラの砂」のような中国国民と同列に扱い、国民大衆の代表者として党の指導が不可欠であると考えたのである。さらに、鄒韜奮は社会主義と階級の関係にも言及する。

　　社会主義の目的は、階級が存在しない社会を作り出すことである。私たちはソ連が「工場労働者の国」、政権は工場労働者を中心にした人々が握っていると知っている。これは、工場労働者が経済的背景において歴史的使命を負っているからだ。プロレタリア執権期を移行期とし、やがては階級が存在しない社会へ辿り着く。階級が存在しない社会が実現したら、いわゆる「工場労働者の国」もなくなるだろう[22]。

　鄒韜奮は「工場労働者」がどのような職種の人々までを含むのか、戸惑いを覚えた。彼は自分が新聞記者であることから、「工場労働者」と称することができるかどうかを問題視した。そして、彼はソ連に関する考察を通して、「工場労働者」の意味が次第に変化していくと結論づけた。すなわち、プロレタリア政権の強化と社会主義建設の進歩によって、「工場労働者」の適用範囲が次第に広がっていく。よって、最初に工業労働者のみを指す限定的意味から、農

民なども含む拡大的意味へと広がっていくのである。このときの鄒韜奮にとって、階級が存在しない社会主義社会が理想的な社会として見えた。そのこともこの時期に書いた文章から読み取ることができる。しかしこの段階においてはソ連の社会主義社会は、鄒韜奮にとって考察対象の一つになったとは言え、必ずしも唯一正確なモデルとなったわけではなかろう。なぜなら鄒韜奮にとって、理想的な社会主義社会に移行する過程において用いられる手段が革命か改良かという選択の課題が残っていたからである。

4　鄒韜奮とジョン・デューイ

4-1　五四運動前後の中国とジョン・デューイの訪中

　五四運動（1919年5月4日）前後の中国社会では、デューイ思想が紹介され、中国の一般民衆に広く知られ、中国の知識人たちに大きな影響を与えた。1911年の辛亥革命によって、中国数千年来の王朝政治に終止符が打たれ、初めての民主共和国が打ち立てられた。しかし、革命後間もなく民主共和国が軍閥の暗黒政治に転落して、革命は実質上失敗に終わった。民主共和国にかけた期待が大きかっただけに、中国の知識人たちは深い挫折感に陥った。そして、彼らはこの挫折感から脱出して、改めて革新へと再出発せざるをえなかった。彼らは、旧制度、旧文化を否定するとともに、西洋の近代思想を全面的に肯定し受容しようとした。19世紀以降の西洋近代思想が短期間に間断なく紹介された。しかし、単なる中国伝統思想の否定や西洋近代思想のそのままの移入によっても、中国での革新が実現されるはずはなかった。そして、知識人たちにとって切迫した課題は、中国社会の現実を踏まえつつ自主的に西洋近代思想を選び取り、中国の特質に結びついた革新的方法を見つけることであった。それゆえ、当時の中国社会の現実、とりわけ本論と緊密な関係がある教育やジャーナリズムの現実について把握する必要がある。

　五四運動以降の1920年代において、中国の教育とジャーナリズムが、都市を基盤にして確立されたと狭間直樹が指摘している。狭間は、「中国の近代にお

ける変容を総体的に示すものは人口の増加である」[23]と述べ、まだまだ農村人口の占める割合が圧倒的だが、都市人口の急増によって、中国の「近代の都市は中国と世界の結節点としての役割をもつことになり、教育、出版等、近代文化の受容、育成の中心地ともなるからである」[24]とその理由を述べている。また、農村人口が圧倒的に多い中国では、当時全人口約4億の中で、3億人以上が文盲（非識字者）であると言われている。あるいは、全国民の識字率は20％以下ともされる。そして、当時の中国ジャーナリズムはどのような状況だったか。おおざっぱな数字では、「五・四時期に出版した新聞や雑誌は四、五百種類を数える」[25]。また、小関信行の研究によると、1923年中国各地で発行された新聞（外国語新聞が除く）の数は332紙に及び。そのなかでは、発行部数が最大のものでも約2万5千部、最小のものは500部以下であった。また、新聞の発行は北京、上海、天津、武漢など大都市を中心にしていた[26]。1億人前後の識字者にとって、新聞の発行部数は決して多くはなかった。そしてもう一つ注意しなければならないのは、識字者であっても、高等教育まで受けたとは考え難い。このような社会状況は、当時の知識人たちが直面した最も深刻な問題であろう。

　デューイは、1919年5月から、1921年7月まで、2年3ヶ月にもわたって中国に滞在した。北京、上海など主要都市だけではなく、北は東北の瀋陽から南は広州にいたる11省を回り、精力的にその学説を紹介し、講演した。とくに「五大講演」[27]といわれる北京での講演が有名である。ジョン・デューイの中国滞在とその影響について、デューイの伝記を書いたジョーン・ダイキューゼンは、次のように述べている。

　　デューイが中国の教育思想および実践に及ぼした影響ははるかに顕著なものがあり、永く残るものであった。彼が中国に滞在したことと彼の教育に関する講演は、疑いなく中国にやってくる前の数年間に彼の考えを広め、そしてそれらの考えを自国の諸学校に適用してきていた人々の努力を一層強めるものであった。彼が訪問してからは、こういった努力はデューイの

教育哲学が中国において支配的なものとなるほどに広められた[28]。

　デューイが中国で行った講演に、大学教員から一般民衆まで様々な階層の人々が耳を傾けた。当時識字率が低かった中国では、難しい専門書を読むより、直接講演を聴くほうが理解しやすかったことは、彼の講演が高い人気を得た理由として挙げられるだろう。そしていま一つ、教育家として知られるデューイの近代中国における影響は、中国の学校体制の変化である。彼の教育思想によって中国の学制は「6・3・3」制に変わった。それ以前の小学校教育は7年間であった。デューイが代表するアメリカ教育思想の影響により、アメリカ式制度が中国の教育政策に取り入れられた。小学校は6年間に改められ、その上に初級三年、高級三年の「6・3・3」制になった。「6・3・3」制の実施、方法論的にはカリキュラム、教育方法や教材改革の試みなどデューイの教育哲学によって始まった一連の動きは、のちに革命に参加する民衆の民主意識基盤の形成に直接に繋がっているのだろう。

4-2　鄒韜奮とジョン・デューイ

　鄒韜奮はデューイと直接には会っていない。鄒韜奮は、主に『民主主義と教育』を中心にしたデューイの著作と彼の弟子に当たる知識人から、デューイの思想を知り、影響を受けた。鄒韜奮がデューイの思想に接する過程において、二人の「仲介人物」の作用がとても大きいと思われる。その一人は、敬虔なデューイ思想の信者と呼ばれている胡適である。もう一人は、胡適と同様、デューイの弟子陶行知である。この二人は、デューイの訪中前から、中国で彼の思想を大いに宣伝した。鄒韜奮もこの二人の影響を受けていた。そして、鄒韜奮がデューイの思想に接近した原因について、石島紀之は彼の教育背景にも関係があると述べている。

　　韜奮の場合は、聖ジョーンズ大学で専攻した教育学がプラグマティズムの教育理論で教授されたこと、一九二三年に入社した中華職業教育社もプラ

グマティストの影響が強かったことなど、その影響力を受けやすい場で青年時代を送っている。彼はすでに在学中からデューイの『民主主義と教育』の翻訳を始め、中華職業教育社時代に出版しており、そのプラグマティズムへの傾倒は並々ならぬものがあったと思われる[29]。

また、鄒韜奮はデューイだけでなく、その弟子であった胡適をも大変尊敬していた。『韜奮全集』を調べると、鄒韜奮は、1927年11月16日、胡適宅を訪ねたことが分かる。そして、『生活』第3巻第5期（1927年12月4日）に興味深い記事「胡適之先生訪問記」を載せ、17のキーワードを中心に、胡適の家庭、研究、社交の各側面について詳しく書いた。特に注目したいのは、次の内容である。

　本誌に対する意見：先生（胡適）は「問題を多く研究し、主義を少なく語れ」と言った。本誌の方針も同じである。主義をめぐる空論の発表は少なめに、おもしろくて価値がある事実の記述を多めにする[30]。

この記事のなかで言及した胡適の「問題と主義」は、胡適が1919年7月に書いた論文のタイトルである。これは、もともと胡適が紙上の抽象的な空理空論を論ずる危険性を説くために展開した論考である。空理空論は社会主義思想、特にマルクス主義を指す。勿論、これはプラグマティズムの「歴史的態度」によって産出したものであろう。当時の鄒韜奮は、時の「問題と主義」に関する論争には興味を示さなかったが、彼の雑誌作りの方針と方法はプラグマティズムの影響を受けて形成されたと考えられる。
　一方、のちの鄒韜奮のジャーナリスト活動に密接に結びついたのは陶行知である。1916年に帰国した陶行知は、南京高等師範学校の教授となった。彼は、教育学科での講義において、デューイの『民主主義と教育』の英語原書をテキストとして使った。その後、鄒韜奮は『民主主義と教育』を訳し出版した。そして、1932年、陶行知は教育研究グループである生活教育社を組織し、機関誌を発行した。その機関誌『生活教育』の発行を引き受けたのは、当時生活書店

の責任者になった鄒韜奮であった。鄒韜奮と陶行知の関係についてここでは省略するが、斎藤秋男（1981）が詳しい論考を行っている。

　そして、鄒韜奮とデューイの最も重要な接点は、鄒韜奮による『民主主義と教育』の翻訳出版である。『韜奮全集』第12巻の編集説明によると、1919年から鄒韜奮は『民主主義と教育』の翻訳を始めた。最初は第1-4章を『デモクラシーと教育』のタイトルで雑誌『新中国』第2巻第1号（1920年1月15日）、第4号（同年4月15日）、第7号（同年7月15日）、第8号（同年8月15日）に連載した。翌1921年、鄒韜奮は新聞『時事新報』の副刊『学灯』において、第1章から第6章を詳しく紹介した。訳は1925年以前に完了し、訳者名は鄒恩潤とした。1928年3月、上海商務印書館から『民本主義と教育』の書名で出版された。鄒韜奮は、「訳者序言」の中で、『民主主義と教育』を翻訳の対象として選んだ理由を次のように述べている。

　　現代教育家の思想において、もっとも中国に影響を与えたのは、デューイ博士である。しかし、今までデューイ博士の教育学説は、中国語に訳された短編の講演原稿しか見られない。本書は、もっとも系統的に彼の教育学説全部を概説した。われわれの研究にとって満足できる参考資料である。これは、私が本書を訳す動機である[31]。

　そして、鄒韜奮は全体の構成を要領よく紹介して、もっとも重要な点である民主主義と教育について、次のようにまとめた。

　　民主主義社会には、二つの前提がある。第一には、社会の利益はその社会の構成分子が共同に享受する。第二には、個人と個人の間、団体と団体の間に、円満的かつ自由な影響が相互にある。このような社会をつくるために必要な教育は、「個人の創造力」(personal initiative) と個人の「社会に対する興味」(social interest) を養成することを重視しなければならない。（中略）デューイ博士の実際的教育制度上の主張には、二つの要点がある。一つは、

第二章　ジャーナリスト鄒韜奮の発展　75

学校自身が一種の社会的生活であり、また社会生活に含まれる各種条件を有するべきである。いま一つは、学校内の学業が学校外の生活と連続すべきである(32)。

　学校での教育と社会生活の関係については、やや冗長な訳になっているが、その要点は、帆足理一郎の言葉を借りるなら、「人生即教育、教育即生活」(33)ということである。最初に原稿料で学費を稼ぐために翻訳し始めた『民主主義と教育』は、鄒韜奮にとって重大な意義があった。のちに彼は教育救国の理念から出発し、雑誌や新聞を通して民主思想の宣伝、世界情勢の紹介に全力を尽くした。デューイの『民主主義と教育』は、鄒韜奮が愛国的民主主義ジャーナリストになる原点とも言えるだろう。

4-3　鄒韜奮の論評記事に見るジョン・デューイ思想

　鄒韜奮は、1919年から1921年の上海聖ジョーンズ大学在学期間に、すでに『申報・自由談』、『時事新報』、『約翰声』などの新聞や雑誌でたくさんの時評的文章を発表した。その後、鄒韜奮は中華職業教育社に入り、編集の仕事を始めた。そして、1926年鄒韜奮は『生活』の編集長にもなった。それからの約20年間は彼がジャーナリストとしての人生のなかでもっとも活躍した時期である。鄒韜奮の論評記事を見ると、青年時代に受けたデューイ思想の影響は、一貫していることが分かる。とくに、彼が主宰する雑誌や新聞においてそれが顕著である。彼は大衆教育を通して、一般民衆の民主主義的な意識を高めようとしている。以下では、「平民風」雑誌作り、職業観、プラグマティズムの倫理観、中国社会の改造問題および「読者ポスト」欄という五つのテーマに分けて、鄒韜奮がもっとも心血を注ぎ尽くした『生活』および他の新聞・雑誌で発表した時評的文章から彼の理念を探りたい。

　第一のテーマとして、デューイの「平民教育」思想の影響を受けて、鄒韜奮が「平民風」雑誌作りの方針を決意した点について考える。「平民教育」思想は、デューイが中国で行った講演の重要な内容の一つである。これは、鄒韜奮が文

章で表した主張と一致する。当時の政府交通次長の鄭洪年は自らの経験を紹介しながら鉄道職員教育の二原則、即ち国家と社会の基礎を造るための原則と職員自身のための原則についてスピーチを行った。その後、鄒韜奮は関係記事「介紹鄭洪年君之職工教育談」を書いた。

> 鄭君が挙げた両原則のうち、平民職業教育に有利なものはすべて注意すべきである。一国の基礎は多数の民衆によって作られる。平民職業教育は今日の中国にとって必要なもの。すなわち、多数の民衆の福利をはかること。これは間接的には国家の安定した基礎をはかることである[34]。

鄒韜奮は平民教育の重要性をはっきり認識していた。しかし、ジャーナリストの彼が実際に採用した方法は、陶行知が実行した学校教育ではなく、雑誌作りだった。つまり、彼の「平民風」雑誌作りの方針は、広義に考えれば平民教育の延長線上にある。しいて言えばデューイのプラグマティズムの応用であり、実用化である。「平民風」雑誌作りにあたっての具体的な工夫はどのようなものであったか。まず、『生活』第2巻第21期（1927年3月27日）に発表した「本誌と民衆—本誌動機の重要説明」を見てみよう。この声明文の中に、鄒韜奮が考えた読者層および雑誌作りの方針が明瞭に示されている。

> すでに刊行された本誌の内容は、農民、工場労働者、丁稚、女中らの苦しい生活についてであった。これは、一般民衆のなかでももっとも苦しんでいる人達を含め、全社会に向けての呼びかけである。（中略）言葉遣いについては、本誌は難しくまわりくどい貴族式の言葉を避け、分かりやすく率直な平民式言葉を採用する。総じて、本誌の動機は完全に民衆の福利を前提としたものである。今後もこの趣旨をしっかり守って、努力していきたい[35]。

この声明文によると、『生活』の読者層は、農民、工場労働者など当時中国

第二章　ジャーナリスト鄒韜奮の発展　77

社会の下層階級であることが分かる。そして、当時の中国社会は、男尊女卑の社会である。だから、実際に『生活』の記事を読むと、女性の社会的地位に関するものが大変多いのも目につく。鄒韜奮が書いた記事を読んでいくと、一つの特徴が発見される。彼は、中国社会で起こった問題について記事を書く場合は、単なる事件や事実の報道に終わることが少なかった。多くの場合は、その問題に類似した外国の事例を取り上げながら、読者に解決のアドバイスをする。さらに、鄒韜奮は、読者を単に情報の受け手、アドバイスの受け手とはみなさなかった。彼はまた、読者を発言者とみなし、彼らからも意見を求める態度を持ち続けた。鄒韜奮は、記事と後で述べる「読者ポスト」欄を連動させ、雑誌や新聞を作ることを心がけた。最近になって、大きく取り上げられたメディアの双方的な視点をすでに彼はこの時代にもっていたのである。

　1927年10月刊行した『生活』第1巻の保存版である『〈生活〉第1巻匯刊』の前書きで、鄒韜奮は次のように述べている。

　　本誌は、生き生きとした表現、価値と興味があふれた内容、生活改善方法の提唱、同時に人生の修養と慰めなどに配慮して、人々が豊かで愉快な生活を送ることを願っている。これによって健全な社会を形成することを目指す[36]。

　ここでは、鄒韜奮は雑誌・新聞による平民教育を実施する際の現実の課題に言及している。つまり、いくら雑誌や新聞を発行しても、読者に読んでもらわないと意味がないということである。とりわけ、当時識字率や平均教育水準が低い中国では、より多くの民衆に読んでもらうことは平民教育を実施するキーポイントであった。このような考えは、デューイの講演からもはっきり読み取れる。北京大学、政府教育部、尚志学会、新学会の四団体の要請を受けて、1919年9月21日から、デューイは教育部の会場で「教育哲学」と題する連続講演（16回）を行った。読書や新聞・雑誌の重要性について話した時、デューイは「通信、著書、新聞作り、および交通など各方面で使う言葉は、大部分の国民が日常生

活で使う言葉に近づかなければならない。もし全然違う言葉を使うなら、決して社会的な共同生活の観念を養成することができない」と述べた[37]。この講演の内容は『晨報』、『民国日報』などの新聞で連載された以外、のちに出版した単行本『杜威五大講演』にも収録されている。鄒韜奮がこの講演内容を知っていたかどうかは不明だが、彼の書いた文章が示すように、彼は終始一貫して「平民主義」という方針と理念を彼の雑誌作りに反映させようとしていた。

　第二のテーマは、鄒韜奮がデューイ思想の影響を受けた「職業」観についてである。鄒韜奮は、1924年6月30日の『教育与職業』第56期に載せた評論「職業の真楽」で次のように書いている。

　　職業は一方で自分を益する、他方では他人にも利益を与える行為である。一人の人間は、社会の中でまわりの人々から利益を受ける。皆は自分の長所を発揮し、社会に貢献すべきである。これは、誰でも一つの職業をもって社会に還元しなければならないという原理である。個人が社会に還元すれば、当然その人も社会から報酬を受けとるはずだ[38]。

　これは、デューイが『民主主義と教育』のなかで述べている「いったい職業とはその人にとって生活の活動をその結果によって明らかに意義あるものたらしめ、かつ彼の仲間同胞に有益なるものたらしめるよう指導することにほかならない」[39]にかなり近い考えである。鄒韜奮は、「職業」について論ずるときも、デューイが強調している個人と社会の関係を意識していたと思われる。

　第三には、プラグマティズムの倫理観に関する鄒韜奮の理解である。1923年4月1日、鄒韜奮は『民鐸』第4巻第2号に「倫理進化の三時期」を発表した。この文章は、デューイとタフツの共著『倫理学』を単に訳したものではなく、鄒韜奮が原書を読んだうえ、自分の考えを入れながら書いた解説文である。当時の中国社会にとって、『倫理学』がもつ意義を鄒韜奮は高く評価している。

　　この文章はデューイ（John Dewey）とタフツ（James Tufts）両先生共著の『倫

第二章　ジャーナリスト鄒韜奮の発展　79

理学』に基づいて書いたものである。この著作の主旨は、「反省の思想」と道徳問題の間に密接かつ実際的な関係が存在していることを表明することである。したがって、この著作は新旧の倫理が衝突する現在の状況にある我が国にとって、とりわけ研究価値がある書物である[40]。

　鄒韜奮は、デューイらのプラグマティズム倫理観に基づいて、人類倫理発展の歴史を三つの時期に分ける。すなわち、本能的行為時期、群体的道徳時期、反省的（個人的）道徳時期の三つである。鄒韜奮は、当時の中国社会の倫理は第二期から脱出し、第三期に入ろうとする段階にあると考えた。故に、「個人は社会の中に溺れている、個人自身はなんの独立的な存在や独立した価値をもたない」と彼は述べる[41]。こうして、鄒韜奮はプラグマティズム倫理観に基づいて、中国の倫理発展を予測した。つまり、一歩先の中国社会を予測していたとも言えるだろう。

　第四には、中国社会の改造問題に対する鄒韜奮の認識である。デューイの中国訪問、特に各地で行った講演について、鄒韜奮は終始関心を抱いていた。当時の中国の革新に関するデューイの主張について、鄒韜奮は「新中国に対するデューイの言論」と題した評論を、1929年9月8日の『生活』第4巻第41期で発表した。

　　哲学者デューイ先生は民国8年5月訪中、11省で講演を行った。中国で講演した西洋学者のなかで、中国思想界に最大の影響を与えたのは彼であろう。最近、ラトナー（John Ratner）はジョン・デューイが各雑誌で発表した社会・政治・哲学関係の文章をまとめて、単行本2巻として出版した。（中略）われわれがもっとも注目しているのは、当然彼（デューイ）の新中国に対する言論である。彼は新中国に同情の意を示しているが、中国で維新が実施されるためには、まだまだ辛抱づよく継続的な努力が必要だと固く信じている。（中略）ジョン・デューイ先生が言いたいのは、中国を救い出すために、物質的な貧困を解決するだけではなく、同時に思想方面における古

い腐敗心理をも取り除かなければならない[42]。

　これは、鄒韜奮がジョン・デューイ思想を受け入れる際の特徴とも言えるだろう。つまり、単にそのまま西洋学者の思想を紹介するのではなく、その思想のなかで中国の現状に直接つながる部分を中国の一般民衆に伝えたい気持ちは常にもち続ける、ということである。
　最後には、『生活』誌上で生まれた投書欄「読者信箱（読者ポスト）」について考えていきたい。『生活』第4巻第51期（1929年11月17日）に載せた「誤った購入を避けるために」という大変ユニークな文章の中で、鄒韜奮は『生活』誌についてこう語った。

　　本誌の態度はこうである。毎週日曜日午前中の余暇時間に、何人かの友人が集まって、随意に世間話をする。束縛もなく堅苦しいこともなく、リラックスした雰囲気でおもしろい話をする。まるで10数分から20分ぐらいの読者懇談会に参加したように、みんなはリラックスする。今はまだ十分にこのレベルに達していないが、編集者の心のなかでは、最後まで追求したい目標である。（中略）談話の時、もっともおもしろくかつ有益なのは、他人の価値ある経験を聞くことである[43]。

　これを読むと、鄒韜奮が雑誌を利用して、一種の誌上論壇を作り出そうとしたとも思われる。つまり、西洋諸国のように、休日に設けた社交サロンのようなものである。ただ彼はそれを実際の場所の代わりに雑誌の誌上に実現しようとした。そして、この「誌上サロン」のホストとして、鄒韜奮が大いに力を入れたのが「読者信箱」欄である。
　それでは、実際にどういう内容だったか。1932年4月に、「読者信箱」欄に掲載された文章および掲載されなかったが公開の価値がある書簡をまとめた単行本が出版された。それは『最難解決的問題——読者信箱匯集之一（もっとも解決しにくい問題——読者ポスト欄匯集之一）』という書物である。この単行本では、

「読者信箱」欄で行った往来書簡を八類（学業、職業、家庭、社交、恋愛、婚姻、法律、その他）に分けて編集していた。この本から具体的に「読者信箱」欄で登場した人物および相談の話題を知ることができる。「読者信箱」欄は、たくさんの読者に愛された。『生活』の発行部数の増加に伴って、「読者信箱」欄への手紙も増え続けた。このように、鄒韜奮はつねに読者とのコミュニケーションを大切にして、彼のジャーナリズム活動の基礎とした。『生活』だけではなく、のちに『大衆生活』、『生活日報』、『抗戦』などの新聞や雑誌を出した際にも、投書欄をつねに設けて、維持し続けた。投書欄については、第七章で詳しく考察するが、ここでは少しながら、デューイによる「公衆」に関する議論に触れたい。

デューイは、教育を「生活の必要」として論じながら、次のように言う。「一個人は他の個人が考えたり感じたりしたことを聞くことによって、それだけ、大なり小なり、彼自身の態度をあらためる。同時に、その経験を語る人も聞く人から幾分か影響を受けるものである。（中略）自分の経験を他に伝達するためには、或る組織立った形式をもって発表せねばならない。或る形式をもって発表するには自分の経験の外に立って、第三者の眼をもって見なければならない」[44]。デューイの主張は、どういうものだったのか。小林正弥は次のように概説した。

> デューイはプラグマティズムの代表的論者なのですが、「公衆」を定義して、当事者以外の第三者とする。だから、公共的なものとは公衆＝第三者に大規模に影響を与えるもの、とするわけです。その中で、デューイはやはり大社会、Great Societyの問題点を指摘してこれをGreat Communityに変える必要を提起する。そのためには様々な手法におけるコミュニケーションをより発達させる必要がある。簡単に言えばそういう議論です[45]。

この引用は、公共哲学の概念についての議論の文脈に置かれている。小林は「大社会」から「大共同体」への変更が必要であるという点に着眼し、アメリ

カ公共哲学の原型を考えるとき、デューイの「公衆」議論を含めてそれらを検証することが有意義だと強調する。デューイが強調している「或る組織」や「第三者」は、実は本論で取り上げる「投書欄」というような誌上のコミュニティーの性質に近いものではないかと思われる。「大社会（Great Society）」から「大共同体（Great Community）」への転換には、投書欄の活用が有効な手段の一つとなる。

　日本においては、鶴見和子が戦後早くから、デューイによる「公衆」について論じた。また、鶴見は「デューイは、アメリカのコモン・マンの常識から養分を吸い上げ、パース、ジェイムズ、ミードに発するアメリカのプラグマティズムの母胎によってこれを消化し、コモン・マンの血肉となるようなかたちで、ふたたびかれらに返し与えようとこころみた思想家だということができる」[46]と述べ、デューイ哲学の特徴を「コモン・マンのプラグマティズム」と概説した。林香里は、ジャーナリズム論において、鶴見和子のデューイに関する論考を踏まえ、改めてデューイの教育と民主主義に関する議論から、現代社会の民主主義と「公衆」の関係を引き出している。

　　デューイの著作の数は膨大なものであるが、本書に関係する「民主主義」と「パブリック」というテーマについて最もまとまった論考は、その著書『公衆とその問題』（The Public and its Problems）において展開されている。（中略）デューイ哲学全体のなかで、教育論がとりわけ重要な位置を占めているのは、そうした民主的人間の育成の重視という思想の背景があるのである。デューイは、教育ある人間が「公衆」を組織し、社会に貢献することに大きな期待をかけたのだった[47]。

　林香里は「公衆」の形成について注目していた。「公衆」になる前提は人々が教育を受けることであり、教育を受けた人間は「公衆」という組織を通して社会に貢献する。この点においては、すでに論じた鄒韜奮の「健全な社会の形成、社会へ貢献する人々」という観念とも一致している。一方、デューイの哲学に関する研究は、持続的に教育の領域に関心を注いできた。しかし、佐藤学

第二章　ジャーナリスト鄒韜奮の発展　83

によると、政治学においてはデューイの「公衆」議論は無視されてきた。そのわけは、彼の概念が「共同体」における意見の調和を信じた「ロマン主義」の理論の産物であるからであるという。佐藤学は、『公衆とその問題』から、対面的なコミュニケーションの重要性を読み取る。

　　こうして、『公衆とその問題』は「顔と顔をつき合わせる共同体」におけるコミュニケーションに公衆を復帰する方法を見出している。どんなにマス・メディアが発達し、どんなに科学と技術の合理主義が支配してテクノクラートが構成されようとも、公衆は自ら直面する問題を、身近な人々と相互に成長し合う関係を築かない限り解決することはできない。(中略)コミュニケーションにおいてデューイが強調しているのは、「対話(dialogue)」であり、自己の主張を語る行為よりも他者の声を聴く行為である[48]。

　佐藤学の論考は、教育理論というデューイ哲学の核心部分から一時的に切り離して、デューイによる共同体におけるコミュニケーション理論という周縁部分に焦点を当てた。鄒韜奮の実践活動を分析する時、この佐藤学の論考も参考になると思われる。当時の中国社会の現実を考えると、一般民衆にとって最も有効な思想や情報の摂取ルートは一人一人の人間のコミュニケーションであろう。たとえ識字者でなくでも、新聞・雑誌を読んだ人の話を聴くことによって、たくさんの情報を摂取することができる。鄒韜奮が誌上で作った「読者信箱」欄は、雑誌の読者範囲だけにとどまるものではない。また、デューイのいう「他者の声を聴く行為」という考えと鄒韜奮のいう「他人の価値ある経験を聞く」という考えは、驚くほど近いと思われる。鄒韜奮がデューイによる「公衆」の議論からどの程度の影響を受けたか断定することはできない。考察の唯一のヒントとして、『民主主義と教育』(1916)、『杜威五大講演』(1920)、『現代政治の基礎：公衆とその諸問題』(1927)の出版順から見ると、鄒韜奮の早期思想に主要な影響を与えたのは、やはり前の二冊であろう。しかし、いずれにしても、鄒韜奮は雑誌の投書欄において、読者という公衆によって公共の議論の場を作

り上げた。こうして、一般民衆への大衆教育に力を尽くし、近代中国における民主化の進展に彼独自の役割を果たしたのである。

5　看過された鄒韜奮の翻訳活動

　鄒韜奮はジャーナリストとして高名であるが、彼の翻訳者としての活動はほぼ忘れられがちである。たとえば、下記のいくつかの人名辞典を調べると、次のように鄒韜奮を紹介している。「新聞記者、政論家、出版家、翻訳家」(『中国翻訳家詞典』編写組『中国翻訳家詞典』(中国対外翻訳出版公司、1988))、「新聞記者、政治家、出版家」(陳玉堂編著『中国近現代人物名号大辞典』(浙江古籍出版社、2005))、「ジャーナリスト、生活書店の創設者、救国会の活動家」(山田辰雄編著『近代中国人名辞典』(財団法人霞山会、1995))。これらの紹介からわかるように、鄒韜奮の翻訳活動は看過されたものと言えよう。ここでは、彼がどのような作品を翻訳したのか、また彼の翻訳観について考察しいきたい。

　鄒韜奮の代表的な翻訳作品は以下のものである。
- 『職業教育研究』(商務印書館、1923)
- 『職業智能測験法』(商務印書館、1923)
- 『職業指導』(商務印書館、1923)
- 『職業心理学』(商務印書館、1926)
- 『民本主義与教育』(商務印書館、1928)
- 『一位美国人嫁与一位中国人的自述』(生活週刊社、1928)
- 『一位英国女士与孫先生的婚姻』(生活週刊社、1929)
- 『一個女子恋愛的時候』(生活書店、1931)
- 『革命文豪高尓基』(生活書店、1933)
- 『読書偶訳』(生活書店、1937)
- 『従美国看到世界』(生活書店、1939)
- 『蘇聯的民主』(生活書店、1939)
- 『社会科学与実際社会』(激流社、1941)

これらの翻訳作品を照査していくと、彼がどのようなテーマを中心に翻訳活動をしたのかが、時期別にわかる。鄒韜奮の翻訳活動は主に下記の四つの時期に分けられると考える。まず、1916年から1922年にかけて、主に『申報』の副刊である「自由談」に翻訳原稿を投稿した。次に、1923年から1926年かけて、主に職業教育問題に関する書物を翻訳し、上海商務印書館の「職業教育丛刊」シリーズに収録されている。そして、1928年から1931年にかけて、主に恋愛と婚姻問題に関する小説などを翻訳し、生活週刊社の雑誌で連載した。最後に、1933年から1941年にかけて、主に社会主義思想・マルクス思想・民主制度など政治関連の著作を翻訳し、出版した。

　鄒韜奮の翻訳観はどのようなものだったのか。彼が書いた「訳評」(「訳者按語」、「訳余閑談」など) から、筆者は以下の四つの特徴があったと整理できる。第一に、現状に対する不満である。鄒韜奮は次のように述べている。

　　最近、すでに翻訳された本を再び翻訳するというケースをよく見かける。このようなことは経済的ではないと思う。知識不足の今日において、価値のある外国の著作を翻訳して国民に提供することは、多ければ多いほどいいと考えるからだ。(中略) 現在、国内において、価値のある訳書の需要は大きく、欧米では価値のある著作が多く出版されている。翻訳の才能がある人には、まだ訳されていない著作を選んで翻訳してほしい[49]。

　また、当時の社会科学に関する翻訳書籍に対して厳しい意見を述べている。

　　現時点でわれわれが入手できる社会科学に関する書籍、とりわけ訳書のほとんどはごつごつしていて読みづらい。一つのセンテンスが数行にまたがり、読んでも意味がわからない。実際、訳者自身も本当にわかっているかどうか疑問である。そうすると、大抵二種類の弊害が生じる。一つは、社会科学に関する書籍を読むのを嫌いになり、二度と読まなくなることであ

る。もう一つは、何とか我慢して読んだとしても、完全に理解出来ていないにもかかわらず、内容をよく理解したと勘違いすることである。後者の方が一層罪作りである[50]。

また、訳者の無責任によって読者が不運に遭う現象についても批判している。

　訳書の場合は、もっと可笑しい。訳者が原書について徹底した了解がなくても、その分野の学術背景に対する深い研究がなくても、ただ単に辞書に頼って、ひたすら訳せば、訳書が出来上がる。そして、訳したらそのまま印刷し、そのまま発売される。結局、このような訳書を買った読者が一番不運である[51]。

第二に、鄒韜奮は翻訳の原則を定める必要があると提言している。たとえば、彼は次のように述べている。

　これは、読者汪君が感情豊かな性格であるためであろう。しかし、訳者としては、事実に基づく責任があり、決して事実を変えることはできない。「(『一位美国人嫁与一位中国人的自述』での) 彼らの物語をハッピーエンドにしてほしい」というリクエストがあった。訳者も最後の節を訳すとき、泣きじゃくるほど感動したが、翻訳は事実に基づいてやるしかない。決して読者に嘘をつくわけにはいかない、汪君には了承してほしい[52]。

　正確に訳された訳書にはなかなか出会えない。とくに学問的に難しい著作は、元の形（内容）と違うように訳されやすい。訳書しか読めない人は、このような（質の悪い）訳書をたくさん読むと、（本来の知識と違う）知識をたくさん吸収してしまい、思想において危険性を伴うことになるかもしれないと思われる[53]。

第二章　ジャーナリスト鄒韜奮の発展　87

　第三に、鄒韜奮は翻訳者が読者の立場に立って翻訳すべきと主張する。彼は、自身がはじめて翻訳に携わった時のエピソードを次のように紹介している。

　　その時、私はデューイの『民本主義と教育』しか訳したことがなく、編訳に対する経験があまりなかった。英文原著の内容と順序に基づいて、そのまま中国語に訳し、3万字ぐらいの翻訳原稿を仕上げた。黄先生にお見せしたとき、自分としては一生懸命に訳したと思っていた。しかし翌日の黄先生からの指摘は誠実かつ厳しいものであった。黄先生が指摘されたのは、われわれは本を編訳するとき、われわれの重要な対象である中国の読者を忘れてはいけないということである。読者の理解力、読者の心理、読者の需要を何よりも第一に考えなければならない。私が訳した原稿は、編集方法や言葉遣いなどすべて英文原著のスタイルのままとなっていた。このような英米人の好みに合わせたものは、中国の読者の好みに必ずしも合うものではなかったのである(54)。

そして、自身の翻訳経験から次のように提言している。

　　私はこの本を訳したとき、出来るだけ読者がわかりやすいように訳すことを常に心がけた。もしさらに読者がわかっただけでなく、面白く感じたら、訳者にとっては何よりの喜びと満足である。『読書偶訳』の「あとがき」にて(55)

　第四に、地名や人名の音訳について、鄒韜奮は次のように考えているようだ。

　　地名人名については、音訳しなければならない。なぜなら、訳書はそもそも外国語がわからない人たちのためにあるものであり、音訳しなければ、外国語の地名人名を読むのは大変困難であるためである。外国語がわかる人は、当然外国語のままの方が手っ取り早く、むしろ訳語の方が煩わしい

と感じるであろう。しかし、外国語がまったくわからない人にとっては、読むたびに頭を痛めることになる。現在は外国語がある程度わかる人も多く、このような配慮は不要だと思われる人もいるかもしれないが、すべての読者がある程度外国語がわかるとは限らないだろう。ここでは、一般読者の立場に立って考えなければならない。ただし、地名人名の訳語の下に原文を付けなければならない。こうすると、訳語の原語の確認ができる。その場合、地名人名が初めて現れたときのみ原文を付け、その後は訳語だけでよい(56)。

これを述べる際、鄒韜奮は複数の例を取り上げ、丁寧に説明している。例えば、悉尼（Sydney）、拍斯（Perth）、伐唐閣夫戯院（Vachtangov Theatre）、席初林爵士（Sir Walter Citrine）、雷諾尓报（Reynold's Newspaper）などである。

以上のように、鄒韜奮自身は積極的に翻訳活動に取り組んでいる（資料2-1参照）ことがわかる。また、彼は生活書店の出版業務のなかにも、翻訳作品の出版を重視し、多くの翻訳作品を『生活』・『文学』・『訳文』・『太白』などの雑誌の誌面に掲載し、翻訳の単行本も多く出版した。当時の雑誌広告から、その様

【図版 2-2】鄒韜奮による訳書
（出所：『韜奮全集』）

【図版 2-3】鄒韜奮による訳書
（出所：『韜奮全集』）

【図版 2-4】鄒韜奮による訳書
（出所：『韜奮全集』）

【図版 2-5】華東政法大学（旧聖約翰大学）キャンパス内にある鄒韜奮像（出所：筆者撮影（2012年））

子がうかがえる。

6 小 括

　以上に見てきたように、鄒韜奮は、西洋思想の理論を研究すると同時に、積極的に資本主義体制のヨーロッパ諸国や社会主義体制のソ連へ出かけ、政治、経済システムから、新聞出版業界の現状、一般庶民の生活まで、自分の目でそれぞれに異なる社会を観察した。彼は、ロンドンを拠点としてヨーロッパに滞在し、政治理論を研究し、欧州各国の事情を考察した。そして彼は中国国内の読者向けに、翻訳や解説など様々な手法を通し、『読書偶訳』や『萍踪寄語』など数冊の本を出版し、西洋思想と各国の社会状況の紹介に尽力した。また、彼はラスキやフェビアン協会を通して、イギリスとソ連のそれぞれの民主制を

比較し考察した。鄒韜奮にとって、およそ二年間の旅は、中国の将来の道を探る旅でもあった。とくに、1930年代の中国にとって、どのような政治体制を選ぶかというのは、重要な課題であった。鄒韜奮はそのジャーナリストの目を通して見て、思索を重ね、新聞や雑誌を通して、中国国内の民衆にも自身の体験を伝えた。こうして、世界現状の紹介を通して中国の将来に関する問題を提起し、国内の読者と共同の議論を展開し、民衆の問題意識を高めようとしたのである。

　鄒韜奮は多くの政治家や政治学者（例えば孫文、Harold Laski他）からも影響を受けているが、なかでもデューイからの影響はとくに大きい。彼は、つねに中国の現状を民衆に示し、つねにこの国の将来を考えた。本章は、鄒韜奮という人物が、とりわけ彼のジャーナリストという特定の職業に伴う立場からデューイの思想をどう理解したか、そしてどう実用化したかを中心に見ながら論じてきた。胡愈之が言うように、鄒韜奮は一般大衆に属し、一般大衆のために生きた[57]。彼は自分の信念に徹した人である。職業観においては、彼は個人と社会の関係が互いに利益を得て、個人が職業を通して社会に貢献するべきだと指摘した。倫理観においては、彼は鋭い観察力で当時の中国が群体的道徳期から個人的道徳期に入ろうとする段階にいると分析した。中国社会の改造問題においては、彼は中国を救い出すために、物質と思想の改造を同時にやらなければならないと提言した。平民教育においては、彼はそれが国家の再生にとって最も大事なことであると考えた。さらに、彼は「読者信箱」欄などを通して、一般大衆が接しやすい平民風雑誌を作り、発展させた。彼のジャーナリストとしての一生は、一般大衆と一体になって過ごした人生であると言える。そして、彼の活動を生涯支えたのは、デューイの影響を受けて形成した早期思想である。彼の思想の根底には、デューイ思想が光っていた。

資料

【資料2-1】鄒韜奮翻訳作品一覧表

題名	原著者名／訳者名	出版・発行年	掲載誌／出版所
「述李佳白先生演説辞」	（米）李佳白／鄒恩潤	1916年6月20日	上海商務印書館『学生雑誌』第3巻第6号
「社会改造原理」	（英）羅塞尔 Bertrand Russell／陳霆鋭・鄒恩潤	1919年12月15日	『新中国』第1巻第8号
「衛生凸言（一）」	谷僧訳述	1919年11月24日	『申報』「自由談」
「衛生凸言（二）」	谷僧訳述	1919年12月25日	『申報』「自由談」
「衛生凸言（三）」	谷僧訳述	1919年11月26日？	『申報』「自由談」
「社会改造原理（続）」	（英）羅塞尔 Bertrand Russell／陳霆鋭・鄒恩潤	1920年2月15日	『新中国』第2巻第2号
「社会改造原理（続）」	（英）羅塞尔 Bertrand Russell／陳霆鋭・鄒恩潤	1920年3月15日	『新中国』第2巻第3号
「社会改造原理（続）」	（英）羅塞尔 Bertrand Russell／陳霆鋭 鄒恩潤	1920年5月15日	『新中国』第2巻第5号
「科学底基礎」	W. C. D. Whetham／鄒恩潤	1920年8月13日～9月16日	『時事新報』「学燈」連載
「穆勒底実験方法」	T. E. Creighton／鄒恩潤	1920年10月26日～11月6日	『時事新報』「学燈」連載
「農村学校与社会」	鄒恩潤	1922年9月30日	上海中華職業教育社『教育与職業』第38期
「初級中学之職業指導問題」	鄒恩潤	1922年12月30日	上海中華職業教育社『教育与職業』第40期
『職業教育研究』（職業教育叢刊第1種）	鄒恩潤編訳	1923年3月	上海商務印書館

「職業測験」	H. A. Vanderbeek／鄒恩潤	1923年3月31日	上海中華職業教育社『教育与職業』第53期
「倫理進化的三時期」	鄒恩潤	1923年4月1日	『民鐸』第4巻第2号
「英国従弟制度之現況」	鄒恩潤	1923年5月31日	上海中華職業教育社『教育与職業』第45期
『職業智能測験法』（職業教育丛刊第2種）	（米）賈伯門 J. Crosby Chapman／鄒恩潤編訳	1923年7月	上海商務印書館
『職業指導』（職業教育丛刊第3種）	鄒恩潤編訳	1923年12月	上海商務印書館
「美国軍隊職業教育之特点」	鄒恩潤	1923年12月30日	上海中華職業教育社『教育与職業』第51期
「個人在職業方面発展之歩驟」	John M. Brewer／鄒恩潤	1924年4月30日	上海中華職業教育社『教育与職業』第54期
「労工之組織」	F. T. Carton／鄒恩潤	1926年1月1日	上海中華職業教育社『教育与職業』第71期
「実施工商補習教育之一例」	（米）R. O. Small／心水	1926年5月1日	上海中華職業教育社『教育与職業』第75期
「職業分析之内容与効用」	（米）Harry D. Kitson／鄒恩潤	1926年7月1日	上海中華職業教育社『教育与職業』第76期
『職業心理学』（職業教育丛刊第8種）	（米）古力非此 Charles H. Griffits／鄒恩潤編訳	1926年7月	上海商務印書館
「宜于中国之工業人材」	裴以理／鄒恩潤訳述	1926年8月1日	上海中華職業教育社『教育与職業』第77期
「大学校之職業指導挙例」	（米）邁尔斯 George E. Myres／鄒恩潤	1926年9月1日	上海中華職業教育社『教育与職業』第78期
「職業指導員之訓練」	鄒恩潤	1926年9月	『中華教育界』第16巻第3期
「関于職業心理与生理的最新実験」	Leon Walther／鄒恩潤	1927年1月1日	上海中華職業教育社『教育与職業』第81期

第二章　ジャーナリスト鄒韜奮の発展　93

「外国人嘴里的中国新式婚姻（上）」	落霞	1927年9月18日	『生活』第2巻第46期
「外国人嘴里的中国新式婚姻（中）」	落霞	1927年9月25日	『生活』第2巻第47期
「外国人嘴里的中国新式婚姻（下）」	落霞	1927年10月2日	『生活』第2巻第48期
『民主主義与教育』	（米）杜威 John Dewey／鄒恩潤	1928年3月	上海商務印書館
『一位美国人嫁与一位中国人的自述』	（米）麦葛莱／鄒恩潤	1928年6月	生活週刊社（1927年2月27日~1927年12月25日、『生活』第2巻第17期~第3巻第8期連載）
「用于職業指導之預先測験及其価値」	Harvey C. Lehman & Paul A. Witty／思退	1929年3月1日	上海中華職業教育社『教育与職業』第102期
「職業知識対于大学生選業之関係」	R. B. Cunliffe／思退	1929年5月1日	上海中華職業教育社『教育与職業』第104期
『一位英国女士与孫先生的婚姻』	Louise Jordon Miln／鄒恩潤	1929年12月	生活週刊社（1928年1月1日~1929年4月28日、『生活』第3巻第9期~第4巻第22期連載）
『一個女子恋愛的時候』	（米）葛露妤斯 Ruth Dewey Groves／笑世意	1931年12月	生活書店（1929年5月5日~1931年6月20日、『生活』第4巻第23期~第6巻第26期連載）
『革命文豪高尓基』	（米）康恩 Alexander Kaun／韜奮編訳	1933年7月	生活書店
「備戦中的日本」	孤峰節訳	1936年6月14日	『生活日報星期増刊』第1巻第2号
「蘇聯児童劇院的十八周年」	（蘇）薩智 Natalia Satz／落霞	1936年7月12日	『生活日報星期増刊』第1巻第6号
『読書偶訳』	韜奮	1937年10月	生活書店

「澳洲擁護中国人民抗戦」	A.London／韜奮	1938年2月1日	『世界知識』第7巻第4号
「反対世界運動会在東京開!」	落霞	1938年2月1日	『世界知識』第7巻第4号
『従美国看到世界』	（英）斯特勒徹 John Strachey／韜奮	1939年3月	生活書店（重慶）
『蘇聯的民主』	（英）斯隆 Pat Sloan／韜奮	1939年3月	生活書店（重慶）
「英美禁運下的日本末路」	John Ahlers／木旦	1940年11月23日	『全民抗戦』第147期
「美蘇在遠東合作基礎」	木旦	1940年11月30日	『全民抗戦』第148期
「美国在国際的特殊地位」	William Brandt／木旦	1941年1月18日	『全民抗戦』第154期
『社会科学与実際社会』	（英）崩斯 Emile Burns／木旦	1941年11月	激流社

（出所：『韜奮全集』に基づき、筆者作成）

注

(1) 胡適：(1891〜1962) 本名胡嗣穈、のちに改名して、胡適となった、字適之。中国上海生まれ。中国近代の学者、教育者。アメリカ留学後、北京大学教授。五・四文化運動の際に白話文学を提唱。『中国哲学史大綱』、『白話文学史』、『胡適文存』等。

(2) 陶行知：(1891〜1946) 本名陶文濬、筆名陶韵秋。中国安徽省生まれ。アメリカ留学後、中国で平民教育・生活教育運動を推進。中国の教育家、教育研究団体「生活教育社」理事長、全国各界救国連合会・中国民主同盟の指導者。『陶行知全集』等。

(3) 国民参政会：国民政府支配下の民意聴取機関。1938年7月に設立、1948年3月に解散。

(4) 『韜奮全集』第10巻、833頁。

(5) 『韜奮全集』第14巻、16頁。

(6) 『韜奮全集』第14巻、20頁。

第二章　ジャーナリスト鄒韜奮の発展　95

(7)　『韜奮全集』第14巻、175頁。
(8)　『韜奮全集』第5巻、613-614頁。
(9)　『韜奮全集』第5巻、614頁。
(10)　『韜奮全集』第4巻、469頁。
(11)　『韜奮全集』第5巻、725頁。
(12)　『韜奮全集』第6巻、670頁。
(13)　郝丹立、2002、281頁。
(14)　『韜奮全集』第14巻、320頁。
(15)　『韜奮全集』第9巻、106頁。
(16)　『韜奮全集』第5巻、56頁。
(17)　『韜奮全集』第5巻、756頁。
(18)　小笠原欣幸、1986、194頁。
(19)　杉田敦、1998、654頁。
(20)　『韜奮全集』第6巻、276頁。
(21)　『韜奮全集』第6巻、277頁。
(22)　『韜奮全集』第6巻、279頁。
(23)　狭間直樹、1995、4頁。
(24)　狭間直樹、1995、5頁。
(25)　王洪祥、1997、1頁。
(26)　小関信行、1985、85-103頁。
(27)　五大講演：書名は『杜威五大講演』（杜威はデューイの中国語表記）である。五つのテーマとは、①社会哲学と政治哲学、②教育哲学、③思想の派別、④現代の三大哲学者（William James, Henri Louis Bergson, Bertrand Russell）、⑤倫理講演紀要である。『杜威五大講演』は最初に1920年出版された。のち再版を重ねたが、中国以外にはあまり知られていないようである。
(28)　ダイキューゼン、1977、299-300頁。
(29)　石島紀之、1971、27頁。
(30)　『韜奮全集』第1巻、876頁。
(31)　『韜奮全集』第12巻、8頁。
(32)　『韜奮全集』第12巻、9頁。
(33)　帆足理一郎、1959、380頁。

- (34) 『韜奮全集』第1巻、527頁。
- (35) 『韜奮全集』第1巻、647-648頁。
- (36) 『韜奮全集』第1巻、839頁。
- (37) デューイ、1999、175頁。
- (38) 『韜奮全集』第1巻、304頁。
- (39) デューイ、1959、307頁。
- (40) 『韜奮全集』第11巻、257-258頁。
- (41) 『韜奮全集』第11巻、262頁。
- (42) 『韜奮全集』第2巻、735頁。
- (43) 『韜奮全集』第2巻、792頁。
- (44) デューイ、1959、7頁。
- (45) 小林正弥、2006、18-19頁。
- (46) 鶴見和子、1952、5-6頁。
- (47) 林香里、2002、151-153頁。
- (48) 佐藤学、2000、30頁。
- (49) 『韜奮全集』第1巻、189頁。
- (50) 『韜奮全集』第6巻、362頁。
- (51) 『韜奮全集』第5巻、456頁。
- (52) 『韜奮全集』第2巻、617頁。
- (53) 『韜奮全集』第9巻、23頁。
- (54) 『韜奮全集』第7巻、174頁。
- (55) 『韜奮全集』第14巻、175頁。
- (56) 『韜奮全集』第1巻、190頁。
- (57) 胡愈之、1985、152頁。

第三章　戦時中国における鄒韜奮の政治活動

1　はじめに

　第三章では、ジャーナリスト鄒韜奮の戦時期における政治活動について検討する。一貫して無党無派を標榜してきた鄒韜奮は言論人であり、彼が政治家として活躍した時期は短い。1938年、鄒韜奮は国民政府によって国民参政員として招聘され、1941年まで国民参政会で提案し、論議に参加した。彼の本格的政治活動は、この約2年間という短い期間に行われたものである。以下、まず鄒韜奮の国民党と共産党に対する態度を検討したうえで、1938年から1941年にかけての彼の国民参政会での活動を考察する。さらに、彼が「左傾」と言われた背景について、国民党の生活書店への迫害と共産党「地下党員」による浸透という二つの側面から検証を行う。このような分析を通して、戦時中国における鄒韜奮の政治活動の背景及び具体像を明らかにする。

2　国共両党に対する態度：1936年の声明文から読み解く

　日中戦争期の生活書店の出版物における投書欄には、しばしば当時の国民党政府と延安の共産党根拠地政権の関係についての投書が掲載されている。たとえば、ある父親からの「一人っ子の息子は陝西省へ行った」という手紙のなかに、八路軍が作った抗戦大学は（国民）政府の許可を得ているのか、というような質問がある。さらにその読者は「国共合作（国民党と共産党の連携）が実現しているが、隠れて見えないところでは摩擦はある」[1]と書いて、時局への心配ものぞかせている。また、『抗戦』第69号（1938年5月6日）には前線兵士からの手紙が掲載された。この読者が伝えたのは、某雑誌では国民党と共産党のかつての怨念についての文章が多くあったという情報であった。この読者は、全

国一致して抗戦しなければならないこの時期に、このような文章を掲載する雑誌を批判した。それでは、一貫して無党無派を標榜してきた鄒韜奮の国民党、共産党との関係はどのようなものであったのだろうか。彼から見た国民党や共産党とはどのような政党であったのかを改めて検討する必要がある。この問題については、1936年に鄒韜奮が沈鈞儒、章乃器、陶行知と連名で『生活日報』第55号（1936年7月31日）で発表した「団結御侮的幾個基本条件与最低要求（団結して侵略に抵抗するいくつかの基本条件と最低限要求）」という声明文のなかで詳しく論じられた。鄒韜奮はこの声明文を通して、何を表明したかったのか。筆者は次の四つの要点を読み取ることができる。

第一に、鄒韜奮が中国革命における国民党政権のヘゲモニーを認めている点である。国民党に対する希望について論じた時、鄒韜奮は「われわれは中国国民党が中華民族革命の歴史上の主役であると終始一貫して認めている」[2]と書いている。鄒は清王朝や袁世凱独裁政権を倒し、北洋軍閥を覆したのは国民党であると評価したが、共産党が提起した「聯合抗日」の主張に対する国民党の沈黙に溜息をついた。そして、国民党に対する希望として、次のように述べている。

　　われわれが希望するのは、民族革命の光栄な歴史を持つ国民党、中国政治権力を握る国民党が、早く行動して救国聯合戦線を形成することである。（中略）今共産党が「聯合抗日」の主張を提起したが、国民党は何の意向表明もない。そうすると、一般民衆はかえって共産党が大局的な見地に立ち、既成の観念を打破したと信じるため、国民党にとっては大変不利である[3]。

これを読むと、鄒韜奮は国民党が政権党であることを強調しているようにさえ感じられる。鄒韜奮は国民党政権における問題及び国民大衆からの反感をはっきり認識していたが、革命の歴史のなかで生まれた国民党の合法性、正統性を客観的に認めている。そのためには、国民党が抗戦における主役としての

力を発揮してほしいと、国民党の改革と変化に期待していた。このような期待感は、この声明文が出された1936年の時点においてははっきりと表れていた。

　後に国民参政会での活動が挫折したことや生活書店の事業における被害などから、鄒韜奮の国民党に対する期待は次第に薄れ、最終的には失望に終わった。しかし、国民参政員を辞任し香港へ逃れた鄒韜奮は、1941年4月9日『華商報』で「全面抗戦を発動する基本条件」を発表した。そのなかで彼は「われわれは政府と指導者を擁護し、それに国民党を愛護する態度を前提として、国事に関する主張や意見を述べている」[4]と発言したように、1940年代以降の鄒韜奮は左傾化と見られていたが、1941年の時点においては、国民党の政権における主導権を認めることに変化はなかった。すなわち、1936年の『生活日報』における声明文から、1941年の『華商報』における声明文まで、国民党政権のヘゲモニーを認める態度には変化がなかったのである。

　第二には、鄒韜奮は共産党の存在と成長に関心を持ち続けたが、武力闘争による階級解放には反対であったという点である。鄒韜奮の共産党に対する認識は、彼の理解している社会主義と緊密な関係があると考えられる。筆者は、鄒韜奮が書いた文章の検証を通して、彼が認識している「社会主義」と中国共産党が主張する「社会主義」は必ずしも一致していなかったと考える。むしろ、1930年代初期に鄒韜奮が考えていた「社会主義」は孫文の「民生主義」に近いものであったと思われる。鄒韜奮はかつて『生活』第6巻第49期（1931年11月28日）で「中山先生（孫文）の平和的政治方法によって社会主義を実現する主張を擁護する」[5]と書いている。1936年の声明文からも、鄒韜奮は共産党の階級闘争運動に反対していたことが読み取れる。彼は、共産党の「聯合抗戦」の主張を評価しながら、次のように述べている。

　　紅軍の占領地では、富農、地主、商人には寛容な態度をとるべきだ。大都市では、抗日の力を弱める労資（労働者と資本家）の衝突もできる限り避けるべきだ。（中略）抗戦の集会やデモの際に、わざと階級対立のスローガン、国民党や国民政府に反対するスローガンを叫び、聯合戦線に害を与えてい

る思想の幼稚な青年がいる。こういう行為は、共産党の指示によるものではないと信じるが、共産党内部の左傾幼稚な青年の個別的な行為によるものかもしれない(6)。

　引用文のなかに挙げられた現象に対して、鄒韜奮はすべて反対であるとし、また共産党と関係がある人物や事件であるのならば共産党に叱責と改善の責任があると主張している。鄒韜奮が武力による階級闘争に反対するのは、彼の一貫した平和的手法を用いる改良主義からくる考えであることは言うまでもない。また、抗日戦争期という特殊な時期において、彼が最も恐れていたのは、階級闘争による打撃が聯合戦線の分裂に及ぶことであった。すなわち鄒韜奮は、農村部の富農や地主、都市部の商人や資本家も抗戦の力の一部とみなしており、彼らに対する階級闘争が抗戦の力を弱くしかねないという意見をもっていた。これは、次の第三のポイントとつながっている。
　第三には、抗日戦争期には党派の区別より統一戦線の形成こそが第一の任務だと考えていたという点である。鄒韜奮は、抗日救国はすべての人力、財力、そして全民族の知恵の集合によって最終的な勝利を得られると考えていた。彼は、「抗日救国という大事業は、決して単独の政党や派閥、単独の個人ができることではない」(7)と述べている。さらに、聯合戦線の前途を心配している人々に対して、鄒韜奮は次のような仮説を説いた。

　　抗日救国が完全に勝利した後も、この人民の大団結が必ず分裂するとは思わない。各党派が同じ戦線で、共同で奮闘してようやく共通の勝利を得られたから、苦難をともにした友になったわけである。もともと了解できない多くのことも、了解できる。今まで異なった主張も一致することができる(8)。

　鄒韜奮のこのような発言は、全国国民の抗戦意識を高揚するためのものであったのか。歴史的には、彼のこのような仮説は1940年代末の内戦によって成

立しなかったが、国家の独立そして安定した政権による新しい出発への願いがはっきり読み取れるだろう。

　第四には、ジャーナリストの鄒韜奮にとって、理想的な言論人は無党無派の立場にいるべきだと主張した点である。『生活』の編集を担当していた頃から、鄒韜奮は自分が特定組織に属さない無党無派の言論人であると表明し続けた。彼は、『生活』第7巻第40期（1932年10月8日）で「関係ない帽子」という記事を書いた。当時、鄒韜奮にはいくつかの噂が立っていた。つまり、彼は存在しない「国家社会党」や「労働社会党」などに参加し、「左傾作家」になったという噂である。それに対して、鄒韜奮は「記者（私）は独立の立場で雑誌を作っている。個人としてもいかなる党派という帽子も被ったことはない」[9]と述べている。また、1944年の死の直前に書いた『患難余生記』のなかでも、国民参政会での発言「私は自分が国民参政員であり、国民党員ではなく、共産党員でもないと言った」[10]ことに言及した。

　以上のように自身の立場（国民党でも共産党でもない中間勢力）を表明してきた鄒韜奮だが、死の直前に共産党への入党を申し出たと言われている。その理由はどのようなものだったのだろうか。筆者は、主に以下の二つが挙げられると考える。第一に、1940年代初期以降の国民党政権による生活書店への破壊活動、そして第二に、1930年代から密かに始まった共産党による生活書店に対する浸透活動（工作）が挙げられる。この二点について具体的に検討していきたい。その前に、まず鄒韜奮が国民参政会においてどのような政治活動を行ったのかを把握しておく必要がある。

3　言論出版自由のための戦い：国民参政会での提案について

　鄒韜奮は1938年6月に国民政府によって招聘され、1941年2月の辞職まで、約2年間にわたり国民参政員を務めた。その間、鄒韜奮は国民参政会第一届第一回大会から第五回大会に出席し、主に言論出版に関する提案を数多く提出し、言論出版の自由をめぐって闘いを続けた。国民参政会は国民政府によって設立

され、国民党・共産党及びその他の抗日党派と無党派人士の代表を包括する全国最高の諮問機関である。国民参政会は名義上、政府の施政方針に対する議決権、政府報告の聴取、諮問・提案権をもち、後には政府委託事項調査権・国家総予算の第一審議権が加えられた。しかし、その決議はどれも必ず国防最高会議の批准を経なければ、関係部署で実施することができなかった[11]。このような「諮問機関」は、明らかに国民党の支配下に置かれたものだが、清末までの封建専制制度、そして民国初期以降の軍閥政権に比べると、「抗戦時期の国民参政会は形式から内容まですべてに一定程度の進歩があったことを認めざるをえない」[12]。国民参政会の形式について、鄒韜奮は「請客、来賓、陪客」の表現を用いて喩えている[13]。「請客」はすなわち、国民参政会は国民政府によって設立されたものであり、そこでの参加者は国民党側が作ったリストによって招聘された人々であるため、「請客」と呼ばれる。「来賓」はすなわち、招待された人々であり、具体的には共産党（陳紹禹、董必武、林祖涵、鄧穎超ら）・青年党（曾琦、左舜生ら）、国家社会党（羅隆基、徐傅霖）、第三党（章伯鈞）、職業教育派（黄炎培）、村治派、教授派などを指す。「陪客」は無論国民党である。

　国民参政会において、鄒韜奮は主に戦時下の言論出版の自由をめぐって複数回にわたり提案した。彼が出した「提案」は表3-1のとおりである。

　以上のほぼすべての「提案」は当時の言論出版政策に関するものであるが、なかでもとりわけ第二回大会にて提出された『請撤削図書雑誌原稿審査辦法、以充分反映輿論及保障出版自由案』は注目に値するものである。この提案の背景としては、1935年の「新生事件」以降の国民政府による「出版法」の改正に遡る。提出時の状況について、鄒韜奮は以下のように回顧している。

　　記者（＝鄒韜奮）は開会前から、多くの言論界と出版界の友人からお便りを頂いた。皆さんから、この提案を出すように催促された。そして実際の提出にあたり、74名の参政員の署名を得た。したがって、これは決して記者一個人の意思だけを表明した提案ではないと深く信じている。[14]

【表3-1】国民参政会における鄒韜奮の「提案」一覧

提案会議	開催期間・開催地	提案題目
第一届第一回大会	1938年7月6日〜15日・漢口	①『調整民衆団体以発揮民力案』、②『具体規定検査書報標準並統一執行案』、③『改善青年訓練以解除青年苦悶而培植救国幹部案』
第一届第二回大会	1938年10月28日〜11月16日・重慶	『請撤削図書雑誌原稿審査辦法、以充分反映興論及保障出版自由案』
第一届第三回大会	1939年2月12日〜21日・重慶	①『請撤削増加書籍印刷品寄費、以便普及教育増強抗戦力量案』、②『動員全国知識分子掃除文盲普及民族意識以利抗戦建国案』
第一届第四回大会	1939年9月9日〜18日・重慶	①『厳加粛清汪派売国活動与漢奸言論案』、②『改善審査捜査書報辦法及実行撤削増加書報寄費、以解救出版界困難而加強抗戦文化事業案』、③『請政府重申前令切実保障人民権利案』、④『請政府明令保障各抗日党派合法地位案』（陳紹禹提案）に署名
第一届第五回大会	1940年4月1日〜10日・重慶	『厳禁違法拘捕、迅速実行提審法、以保障人民身体自由案』

（出所：『韜奮年譜』に基づき、筆者作成）

　この提案の署名欄には、様々な党派の人物の名前が見られる。たとえば、共産党の陳紹禹、董必武、林祖涵、鄧穎超などのほかに、沈鈞儒・史良・章伯鈞などの第三勢力の著名人が名を連ねている。また当時、国民党機関紙『中央日報』の社長であった陳博生の名も並んでいる。この提案が多くの党派の参政員からの同意を得て提出されたのには、その主張内容と関係がある。中村元哉は以下のように述べている。「本提案は事前検閲と事後検閲から成る検閲（「審査」）システムの全廃を求めていたわけではなく、戦時の必要性に配慮して、事後検閲を容認していた。つまり、当時の出版関係者が問題視していたのは、検閲基

準が曖昧な状況下での事前検閲のあり方であった」[15]。つまり、当時の戦時状況を配慮し、出版関係法律の全面改正ではなく、事前検閲のあり方に重点を置き、その改善を求めるという一点に集中したわけである。

鄒韜奮は第一届国民参政会のすべての大会において「提案」を出した。これらの提案は、当時の言論出版界全体の状況を反映し、その要請を代言しているが、同時に鄒韜奮が経営する生活書店の境遇とも直接関係している。後述するように、生活書店は1938年以降国民党による激しい破壊を受け、甚大な被害を被った。上記の書籍やジャーナルの郵送に関する費用問題、出版業従業員の人身的被害に関する「提案」は、生活書店が実際に遭った迫害への抗議や防衛策でもある。しかし、これらの提案は、国民参政会にて採択はされたものの、実施に移されることはほとんどなかった。鄒韜奮の国民参政会に対する認識や態度も徐々に変化していった。国民参政会初期において、鄒韜奮は以下のように期待感を述べている。

> 国民参政会の設立初期において、国民参政会が民意機関として看做されるかどうかについて多くの論争があった。国民参政会の職権は各民主国家の国会に及ばないが、「国民参政機関」である以上、決議・建議・諮問の職権をもち、うまく運営できれば、政治の改善に作用することはないわけではない[16]。

しかし、のちに鄒韜奮を含め、多くの参政員が国民参政会に対して苛立ちを感じるようになり、最終的には失望に落ちた。鄒韜奮は以下のように記述している。

> 一方、彼ら（=参政員ら）の参政会に対する熱望が日々下降し、参政会の役割に関しても日々信用を失っていくように見える。これは決して彼らの主観的な消極性ではなく、この粉飾的役割しか持たない飾り物——国民参政会——について、今日になって、その実際の役割が全くないことがはっきり見

えるからだ。もっとも重要な原因は、国民参政会は過渡期の「民意機関」と看做されたが、予備用の顧問に過ぎず、民意機関にあるべき職権を一切もっていないところにある[17]。

そして、自身の参政員経験について、鄒韜奮は以下のような表現で怒りをぶつけた。

印刷用紙を無駄にし、印刷インクを無駄にし、罪は極めて深い。これは、私がこれまでの国民参政会で得られたもっとも苦い教訓である[18]。

総じて言えば、鄒韜奮の国民参政会での活動は、初期の段階では期待感に満ちたものであった。彼は、毎回の大会において積極的に「提案」を出し、言論出版自由を中心とした論議にも参加し、当時の中心課題である「憲政」への関与にも努力を惜しまなかった。しかし、提案は採択されても、実施に至ることはほとんどなかった。彼の期待と努力は、次第に失望へと変化し、最終的には自ら辞職する形でその絶望感を表明した。このような経過の裏には、前述した彼の国民党・共産党との関係に密接な関係がある。以下、具体的に検証していきたい。

4　国民党による破壊と共産党による浸透

まず、1940年代初期以降の国民党政権による生活書店への破壊活動及びその被害状況を見てみよう。

生活書店が受けた被害について、鄒韜奮は1941年6月8日から28日にかけて『華商報』に数十回にわたる連載記事を書き、詳しい記録を残した。その第一回の記事「逆流のなかの文化拠点」のなかで、彼は次のように述べている。

逆流のなかで破壊された文化拠点は、書店、新聞社、通信社及びほかの文

化団体などがある。これから私が語る文化拠点はそのなかの一つである。私が語る理由は二つある。まずこれは代表的な例の一つとして挙げられる。そして、この文化拠点に私自身関与していることから、破壊された全過程について私は熟知している。それは、16年の輝かしい歴史をもつ生活書店である[19]。

そして、鄒韜奮はこれから連載予定とする内容の概要をまとめた。すなわち、生活書店の精神とは何か、生活書店の抗戦期における貢献とは何か、生活書店が破壊された経過、生活書店を破壊する口実とは何か、そして当局に対する抗議などの防衛策や結果に至る経過などである。この連載記事によると、もともと全国各地にあった55の支店は国民党中央党部の指示により強制的に営業停止処分となり、書店の資産は没収され、最悪の場合には閉鎖されるといった事態に追い込まれ、最終的には重慶本店と海外支店しか残らなかったという悲惨な状況に陥った（資料3-1参照）。

国民党中央党部の指示を受け、各地において生活書店に対する処分が行われ、その経緯及び結果に関する報告電報はまた各地の国民党支部や施行委員会から国民党中央秘書処へ送られた。たとえば、広東省執行委員会からは「広東各県市呈報生活書店或類似変相書店之設置及査封情形第一次稟報」（1941年11月13日）が送られ、広東省内各地における生活書店に対する捜査と封鎖について詳細に報告している[20]。また、四川省執行委員会からの「四川省執委会致中秘処及中央團部電」（1941年2月12日）には「生活書店査禁之経過」と伝えられている[21]。江西省執行委員会からの「江西省執委会致中秘処電」（1941年2月13日）には「無生活書店設立、恐有変相之類似書店存在已飭嚴密査報」と伝えられている[22]。甘粛省執行委員会からの「甘粛省執委会致中秘処代電」（1941年2月14日）には「生活書店蘭州支店已於昨年自動結束」と伝えられている[23]。湖北省執行委員会からの「甘粛省執委会致中秘処等代電」（1941年2月16日）には「本省境内生活書店早経査禁」と報告している[24]。

生活書店に対する迫害の口実について、鄒韜奮の調査では、次の四つが挙げ

られた。第一は、禁書[25]の販売である。第二は、共産党から援助資金をもらったことである。第三は、生活書店の同人自治会などが「政治活動」をしていた疑いがあることである。第四は、検閲された手紙のなかで、延安との通信があったということである。これらの口実、特に書店の運営資金に関しては、帳簿を調べられても何の証拠も出なかった。また、共産党との通信について鄒韜奮は、たとえ手紙の内容が違法であっても、書店職員の個人的通信と書店という機関としての通信との区別をしなければならないと主張した。

　これらの口実のなかで、生活書店と共産党との組織的なつながりという疑惑は国民党政権にとって最大の懸念材料であっただろう。当時、生活書店と共産党の関係について最もよく言われていたのは、全国各地に点在する生活書店の支店が共産党八路軍の連絡拠点であるということである。これに対して、鄒韜奮は次のように反論した。

　　延安（辺区政府）は西安において公開した八路軍弁事処（事務所）を設置していた。十八集団軍（八路軍）の弁事処は、戦時首都重慶にもある。これらの弁事処は通信などの事務を処理することができるため、ほかの機関が越権行為をする必要はまったくない[26]。

　この鄒韜奮の反論を見る限り、生活書店と共産党には組織的な関係はなかったようである。しかし、実に1930年代初期から、すなわち1932年に生活書店が創立された当初から、生活書店の内部には共産党の「地下党員」が入っており、その後の「地下党員」による影響は大きかった。その代表的な人物は胡愈之である。

　商務印書館で『東方雑誌』の編集に携わった胡愈之は、世界語（エスペラント）専門家として高名であるが、長い間彼が共産党員であることは知られていなかった。胡愈之は1933年に中国共産党へ入党したが、1979年までの長い期間にわたり党員の身分を公開しなかった。1979年まで、胡愈之は一貫して「民主人士」として活躍した。とりわけ、新中国成立までの民国期においては、彼は終

始「地下党員」として活動し、共産党組織とのつながりはすべて「単線聯系（一方通信による連絡）」の形で行い、共産党組織と連絡を保ち、「地下活動」を続けていた[27]。胡愈之の共産党組織との「単線聯系」については、彼の回想録に詳しい（資料3-4参照）。

　胡愈之のような「地下党員」及び彼らの生活書店への浸透について、鄒韜奮が事態を把握していたかどうかは不明であるが、実際に鄒の近くで働いていた胡耐秋は、以下のように証言している。

　　当時の情勢は、国民党による「異党活動を制限する」という反動政策の下に置かれていた。たとえ生活書店のなかに共産党組織が存在していたとしても、当然それは秘密のものであった。秘密である以上、生活書店のほかの同僚、書店のトップを含め、皆知らなかった[28]。

　生活書店の組織には、ほかにも数人の共産党員がいた。彼らは生活書店の経営に大きな影響をもたらした。この点について、鄒韜奮も主要メンバーとして所属した救国会と類似するところがある。田中仁（1990）が示したように、1930年代の救国会の組織は、上層人士によって担われた公開部分と中共党員がその中枢部分を掌握する非公開部分によって構成された統一戦線組織であった[29]。生活書店には、鄒韜奮という「非国民党員、非共産党員」の中間勢力という大きな看板がありながら、組織的にはかなりの部分が共産党の「地下党員」によって構成されていたと考えられる。

　1930年代末から1945年にかけての共産党の文化政策について、高郁雅は次のように主張する。すなわち、一般的には、民間の新聞や雑誌が左傾化する現象に対して、共産党の出版業界に対する「浸透」が原因だと言われている。共産党側に民間の新聞や雑誌を左傾化させようとした努力があったのは事実であるが、それはこれらの新聞や雑誌の左傾化を促進した唯一の原因ではなかった[30]。高郁雅によれば、新聞業界の自由度、新聞社の経営状態、各誌（紙）の読者層の選択や編集者の個性などは新聞や雑誌などの活字メディアの立場を変化させ

る多様な要素であり、共産党による「浸透」は諸要素の一つにしか過ぎず、雑誌や新聞を根本的に変化させることは不可能であるということである。しかし、高郁雅がこの問題を検証する対象として取り上げたのは『大公報』一つだけである。生活書店のケースにおいては、共産党による「浸透」は極めて徹底的に行われたと考えられる。また、高郁雅が最初から『新生』、『大衆生活』、『生活日報』という生活書店の出版物を共産党系報刊として分類している点に関しては、生活書店を第三勢力として位置づける筆者とは根本的に異なることを改めて断っておきたい。

　鄒韜奮が左傾化する原因には、前述したような共産党による浸透が挙げられるが、当時の知識人たちに共通した国民党政権に対する失望感、そして延安根拠地政権に対する期待感による影響も大きいと考えられる。『華商報』で連載した『抗戦以来』から読み取れるように、鄒韜奮の国民党政権に対する失望感は、1941年の国民参政員の辞任時にピークに達し、その後香港へ逃れた。

　一方、当時の延安根拠地政権に対して、多くの知識人は期待感を高めた。フェアバンクが述べているように、「延安の中共の明るい生気と質朴な平等主義は、エド・スノウの『中国の赤い星』ですでに有名になっていた。マイケル・リンゼー、レイ・ルッデン領事、医療関係者など、すべての旅行者がこの印象に裏付けを与えた。延安は遠くで輝いた」[31]。また、平和的手段による改良主義を主張する鄒韜奮にとっても、この時期の延安根拠地政権は一時的な変化を見せていた。

> 延安の政治機構は、最初はソビエト体制であったが、国共合作と同時に、ブルジョア的機構が採用されるようになった。三・三制の実施をはじめ、地主・資本家の公民権の保障、国府の官制・軍制の準用にもとづく機構改革、三民主義による政治指導など、ブルジョア的制度が大幅にとり入れられた[32]。

　これは、鄒のような中間層にとっては自分が目指している理念と近い「仮像」

に見えたかもしれない。抗日戦争にあたり、国民党も共産党も、大衆的ナショナリズムの方向に舵を切った。鄒韜奮のような中間層は、国民党と共産党の双方が獲得したい対象であった。このような攻防戦において、共産党の南方局、とりわけその責任者である周恩来の人格的魅力及び彼の綿密な統一戦線工作は大きな働きがあったと思われる。鄒韜奮は1938年2月に武漢で初めて周恩来と会った。それ以来、重慶では頻繁に連絡を取り合っていた。生活書店にも周恩来を招いて職員との座談会を行った。周恩来の統一戦線工作について、以下のように述べている。

そのほかの各党派の人々にたいしても、周恩来は密接な往来を維持した。ある時期、かれはほとんど毎週漢口の中央銀行ビルに行って、救国会の沈鈞儒、史良、鄒韜奮、李公樸、国家社会党の張君勱、青年党の左舜生らと集まって国の基本方針について討論し、かれらに国共交渉の状況を紹介し、政治情勢を分析するとともに時局にたいするかれらの意見を尋ねた。こうした日常的で率直な話し合いを通じて、かれらの共産党にたいする認識をだんだんと深めさせ、そのなかのおおくの人々が以後中国共産党と長期の合作を行っていくうえでの基盤を築いた[33]。

1939年以降、周恩来は鄒韜奮と彼が経営する生活書店に常に関心を払っていた。1941年に鄒韜奮が国民参政員を辞任し香港へ逃れたとき、周恩来は胡縄を派遣し、鄒韜奮が重慶を離れ桂林を経て、香港に無事到着するまで付き添わせた。太平洋戦争の勃発後、香港が陥落し、鄒韜奮ら多くの著名知識人が香港から広東省へ脱出した際にも、周恩来は幾度となく指示を出し、特別な配慮を払った[34]。

5 小 括

1938年、鄒韜奮は国民政府によって国民参政員として招聘され、1941年まで

国民参政会において政治活動を行った。その間、鄒韜奮は国民参政会第一届第一回大会から第五回大会に出席し、主に言論出版に関する提案を数多く提出し、言論出版の自由をめぐって闘い続けた。しかし、提案は採択されたものの、実施に移されたことはほとんどなかった。鄒韜奮が初期段階に抱いていた期待と努力は、次第に失望へと変わり、最終的には自ら辞職する形でその絶望感を表明した。平和的手段による改良主義を主張していた鄒韜奮は、武力的階層闘争を人民解放の手段とする共産党に対して、当初は否定的態度をとっていたが、国民党への失望から次第に理解を示すようになり、最終的には入党を求めるに至った。このように、国民党政権による破壊活動、共産党による浸透(時には支援ともいえる)活動、そして延安根拠地政権への期待感の高まりに押され、鄒韜奮は最終的には「無党無派」という立場から中国共産党へと転じたわけである[35]。国民参政会での政治活動が行われたのは、鄒韜奮のジャーナリストとしての生涯においてごく短い期間に過ぎない。しかし、この時期における鄒韜奮の言動はまさに彼の人生の機微を反映したものであり、彼の国民党と共産党に対する認識の変化、または「左傾」となった原因及び背景を最も反映したものであった。

資料

【資料3-1】 生活書店被害状況一覧

支店名	被害状況
浙江・天目山臨時営業処	1939年3月2日営業開始、3月8日営業停止命令、3月11日閉鎖。
陝西・西安支店	1939年4月21日、捜査を受け、書籍1,860冊没収、支店長逮捕、営業停止命令。5月末、全資産没収。
陝西・南鄭支店	1939年4月30日、捜査を受け、書籍498冊没収。5月4日、支店長逮捕、全店閉鎖、全資産没収。
甘粛・天水支店	1939年4月以降、度重なる捜査を受け、支店長と職員逮捕。
湖南・沅陵支店	1939年6月9日、捜査を受け、書籍500冊没収、代理支店長逮捕、6月16日、営業停止命令。

浙江・金華支店	1939年6月14日、捜査を受け、書籍約1,000冊没収、職員逮捕、7月、営業停止命令。
江西・吉安支店	1939年6月15日、23日、捜査を受け、書籍数冊没収。6月29日、閉鎖。
江西・贛州支店	1939年6月15日、捜査を受け、書籍数冊没収。6月16日、営業停止命令。
湖北・宜昌支店	1939年6月17日、捜査を受け、書籍1,423冊没収、職員逮捕。7月23日、営業停止命令。
浙江・麗水支店	1939年6月26日、捜査を受け、書籍数十種類没収、営業停止。
安徽・屯溪支店	1939年6月29日、営業停止命令。
広東・曲江支店	1939年7月8日、捜査を受け、書籍数冊没収、閉鎖。
福建・南平支店	1939年10月23日、閉鎖。
陝西・宜川臨時営業処	1940年2月3日、捜査を受け、支店長と職員逮捕。
湖南・衡陽支店	1940年2月5日、捜査を受け、職員11人逮捕、閉鎖。
安徽・立皇支店	郵便物の無断差し押さえ。1940年4月5日、隣店舗の火事を理由に職員逮捕。
四川・成都支店	1941年2月7日、閉鎖。
広西・桂林支店	1941年2月10日、閉鎖命令。
貴州・貴陽支店	1941年2月20日、閉鎖、支店長と職員逮捕、全資産没収。
雲南・昆明支店	1941年2月21日、閉鎖。

（出所：『生活書店史稿』205-214頁に基づき、筆者作成）

【資料3-2】「広東各県市呈報生活書店或類似変相書店之設置及査封情形第一次稟報」

県市別	各県市呈報日期	各県市呈報道要点
始興	（民国）30年2月26日	現無生活書店及類似変相之書店
連山	30年3月7日	同上
五華	30年3月12日	同上
高明	30年3月12日	同上
英徳	30年3月1日	同上

第三章　戦時中国における鄒韜奮の政治活動　113

仁化	30年3月3日	同上
従化	30年3月4日	同上
？南	30年3月20日	同上
四会	30年4月3日	同上
潮安	30年3月20日	同上
増城	30年3月7日	現無書店設置
開建	30年3月18日	無生活書店及其他書店之開設
翁源	30年3月13日	現無生活書店及類似之変相書店
紫金	30年3月30日	同上
沸？	30年4月20日	同上
南雄	30年3月24日	？？抗戦書店所售書籍多不合抗戦要求、要求？？勒令停業
南山	30年3月29日	現無生活書店及類似之変相書店
平遠	30年3月31日	同上
尭平	30年3月15日	同上
信宜	30年4月8日	同上
新会	30年3月29日	同上
曲江	30年2月27日	由省？？依法執行査封生活光明等書店？？？都派員参加工作
梅県	30年3月15日	会同当地機関釘封生活・啓蒙・？？三書店
開平	30年3月27日	経査封？中・晃記両書店
楽昌	30年4月9日	査封坪石環球書店

（出所：中国国民党文化傳播委員会党史館所蔵特殊档案「特9/36.1」）

【資料3-3】「武漢検査出版物委員会審査認為応予査禁書刊一覧表」（1938年5月）

書名	著／訳者名	出版発行所	査禁日期
中国不亡論	宋慶齢	生活書店	民国27年4月
抗戦与救亡工作	銭俊瑞	生活書店	同上

114　第二部　人物篇：生活書店の知識人たち

民衆動員論	李公僕	生活書店	同上
抗戦与外交	胡愈之	生活書店	同上
我們怎様打敗敵人	朱徳	新華日報	同上
抗日救国政策	王明	陝西省人民出版社	同上
抗日民族統一戦線新発展	王明	揚子江出版社	同上
毛沢東言論集	天行	華中	同上
遊撃線上	韋白洪		同上
聯共党線	俄人拡夫斯基		同上
朱徳伝	天行	華中図書公司	同上
第八路軍在山西	高克甫	南華	同上
左派幼稚病	列寧著・紀華訳	中国	同上
抗戦中的陝北	馬毅	揚子江	同上
毛沢東印象記	白華	進歩図書公司	同上
韋衆　第十二期	潘梓年		同上
一束珈琲的情書	韋月侶	大達	同上
大衆文化	栗寄滄		同上
農村工作講話	陳毅	揚子江	同上
宣伝組織武装	李實	揚子江	同上
中蘇文化　一巻八期		華中	同上
経世　八期			同上
抗日救国指南	毛沢東	抗日戦線研究社	同上
第八路軍的戦争経験	朱徳	全民出版社	同上
通俗社会科学二十講	曹伯韓	読書出版社	同上
朱徳毛沢東合伝	伊蘭	長沙上海書店	同上
給救亡同志的公開信	銭俊瑞	生活	同上
怎様争取最後勝利	劉天囚	星星出版社	同上
戦時政治工作	静琴	時代	同上
西北的新区	辛白	星星出版社	同上
民族革命之路	毛沢東	星星出版社	同上

第三章　戦時中国における鄒韜奮の政治活動　115

全面抗戦的政治形勢	史歩金	上海雑誌公司	同上
中国抗戦的前途	毛沢東		同上
遊撃戦在河北	楊博民	全民	同上
民族革命戦争論	林克多	漢口光明書局	同上
駆逐日本強盗出中国	魯杰	大時代	同上
抗戦歌曲論	洗星海	生活	同上
紅色文献		解放	同上
八路軍出馬打勝仗	張宗麟	生活	同上
統一戦線与抗戦前途	毛沢東	自強	同上
抗戦与青年	貝葉	漢口光明書局	同上
民族革命的戦略之研究	CA作	漢口大衆出版社	同上

（出所：中国国民党文化傳播委員会党史館所蔵特殊档案「特6/34.2.4」）

【資料3-4】胡愈之と共産党組織の「単線連絡」状況

年	「単線連絡」状況	出所（『我的回憶』における頁数）
1931	上海、沈雁冰家で、張聞天と初会、共産党に対する態度を探られる	17頁
1933	上海、張慶孚と知り合い、入党の希望を伝える。以降、連絡人となる	25頁
1934	上海、張慶孚➡王学文➡宣侠父	27頁
1935	上海、宣侠父➡厳希純	30頁
1935	11月、厳希純が逮捕され、連絡中断、香港へ、宣侠父と再会、連絡再開	33頁
1936	上海へ戻り、ソ連へ、潘漢年	35頁
1938	武漢、周恩来	48頁
1940	桂林、李克農➡香港、廖承志、シンガポールへ	56頁
1948	香港、方方	76頁

（出所：『我的回憶』に基づき、筆者作成）

注

(1) 『韜奮全集』第8巻、54頁。
(2) 『韜奮全集』第6巻、712頁。
(3) 『韜奮全集』第6巻、713頁。
(4) 『韜奮全集』第10巻、176頁。
(5) 『韜奮全集』第5巻、86頁。
(6) 『韜奮全集』第6巻、714-715頁。
(7) 『韜奮全集』第6巻、707頁。
(8) 『韜奮全集』第6巻、710頁。
(9) 『韜奮全集』第5巻、482頁。
(10) 『韜奮全集』第10巻、863頁。
(11) 周勇、2004、78頁。
(12) 周勇、2004、78頁。
(13) 『韜奮全集』第10巻、200頁。
(14) 『韜奮全集』第8巻、292頁。
(15) 中村元哉、2011、78頁。
(16) 『韜奮全集』第9巻、29頁。
(17) 『韜奮全集』第10巻、768頁。
(18) 『韜奮全集』第10巻、295頁。
(19) 『韜奮全集』第10巻、324頁。
(20) 中国国民党文化傳播委員会党史館所蔵特殊档案「特9/36.1」。資料3-2参照。
(21) 中国国民党文化傳播委員会党史館所蔵特殊档案「特9/36.7」。
(22) 中国国民党文化傳播委員会党史館所蔵特殊档案「特9/36.8」。
(23) 中国国民党文化傳播委員会党史館所蔵特殊档案「特9/36.9」。
(24) 中国国民党文化傳播委員会党史館所蔵特殊档案「特9/36.4」。
(25) 「禁書」と指定されたのは、毛沢東などによるものが多い。資料3-3参照。
(26) 『韜奮全集』第10巻、903頁。
(27) 朱順佐・金普森、1991、369-370頁。
(28) 胡耐秋、1979、39頁。
(29) 田中仁、1990、303頁。Stranahan, Patricia（1998）第五章も参照されたい。
(30) 高郁雅、2004、224頁。

(31) フェアバンク、1994、364-365頁。
(32) 今堀誠二、1973、15-16頁。
(33) 金冲及、1992、190頁。
(34) 彭亜新、2009、117・173頁。
(35) 鄒韜奮は中国共産党地下党員だったのかをめぐる問題について、現時点の筆者の考えを記しておきたい。沈謙芳（1995）は、徐永らの文章を引用して鄒韜奮がアメリカ滞在中、中国共産党入党をめぐる話し合いが行われた件について論じている。また、周恩来が鄒韜奮を「党外」の身分を保持するよう指示したことについても触れている。しかし、鄒韜奮が中国共産党地下党員だったかどうか、また彼が共産党の浸透について知っていたかどうかについては、決して二三の資料だけで立証できるものではないと筆者は考える。筆者が京都大学の石川禎浩氏より教示を受けて得た情報によると、1936年7月19日、コミンテルン執行委員会に宛てられた秘密電報のなかで、王明は鄒韜奮が共産党員であると言及している（中共中央党史研究室第一研究部編『聯共（布）共産国際与中国蘇維埃運動（1931～1937）第十五巻』220頁参照）。本章で引いた胡耐秋の証言と合わせて考えると、当時、共産党側にとっては、地下党員による浸透工作さえ成功であれば、それだけでもはやその基本目的の達成であったと言えよう。また、鄒韜奮の死去直前に書かれた遺書には「共産党入党希望」の記述があるが、鄒嘉驪（2005b）も言及するように、謎が多く残されている。一方、当時の『陸軍省―陸亜大日記』という日本側の資料では、鄒韜奮を「共産党の文化運動幹部」としている（アジア歴史資料センター所蔵資料「駐港共産党の一般活動」、レファレンスコード：c01000136000、参照）。したがって、現時点では、鄒韜奮が地下党員だったと立証できる確実な資料はいまだ発見されていないため、断言することができないと考える。

第四章　生活書店の人々：
黄炎培・杜重遠・胡愈之・徐伯昕を中心に

1　はじめに

　第四章は、黄炎培・杜重遠・胡愈之・徐伯昕の4人に焦点を当て、生活書店の関係者たちについて考察する。これまでの生活書店に関する研究において、主に生活書店の中心人物とされている鄒韜奮が対象とされてきた。ここでは彼を支え、生活書店の経営管理に密接にかかわっていた黄・杜・胡・徐の4人に注目し、生活書店の関係者たちの様子を描きだす。ただし、ここでの目的は以下に挙げる諸先行研究とは異なり、それぞれの人物研究ではなく、彼らが生活書店とはどのような関係をもっていたのか、また生活書店の経営管理にどのようにかかわったのか、さらに彼らが生活書店にかかわった際の特徴や役割はどのようなものだったのかという分析にあることを断っておく。

　黄炎培・杜重遠・胡愈之・徐伯昕の4人のなかで、黄炎培が高名であることから相当多くの先行研究が見られるが、ほかの3人に関するものはそれほど多くない。近代中国の職業教育家としての黄炎培についての研究は、小林善文（1981、2007）、王栄（2003、2005a、2005b）、斎藤秋男ほか（1988）などが挙げられる。また、第三勢力としての黄炎培については、菊池貴晴（1987）、平野正（2000）などが挙げられる。ほかに、兪潤生（2004）、朱宗震（2007）、王鳳青（2011）など、中国側の黄炎培研究も多数挙げられる。杜重遠については、下出鉄男（1992、2009、2010）による一連の研究が挙げられる。英語圏では、Mitter, Rana（2000、2004）による杜重遠研究もある。胡愈之については、鈴木正夫（1991）、長堀祐造（2012）が挙げられる。徐伯昕については、中国と日本の双方においてほとんど注目されてこなかったため、管見の限り、挙げられるのは江蘇省政協文史資料委員会による文集の1冊のみである。

第四章　生活書店の人々：黄炎培・杜重遠・胡愈之・徐伯昕を中心に　119

　以下では、まず図表を用いて生活書店の組織と人員配置について概説し、次に黄炎培・杜重遠・胡愈之・徐伯昕の4人を、それぞれ生活書店とのかかわりという視点から考察する。最後に、鄒韜奮・黄炎培・杜重遠・胡愈之・徐伯昕の5人の生活書店関係者の特徴及び彼らが果たした役割について検討する。

2　生活書店の組織と人員について

　生活書店の組織には、主に三つの系統が見られる。一つ目は、生活書店の管理決定権をもつ理事会・人事委員会・監査委員会、二つ目は、主に生産・流通・広報に関わる実務機関である総管理処、三つ目は、従業員が構成員となる社内同人自治会である。総管理処の具体像について、表4-1に示す（太字は本章で取り上げる人物）。なお、1939年1月以降には、編審委員会と編校科が増設された。また、東南区管理処と西南区管理処は戦時下新たに設けられた管理機関であり、それぞれ香港と桂林を拠点としていた。東南区管理処は主に浙江省・福建省・広東省の業務を担当し、西南区管理処は主に湖南省・四川省・雲南省の業務を担当していた。

　以下、黄炎培・杜重遠・胡愈之・徐伯昕の順に、それぞれの略歴を紹介し、生活書店とのかかわりを追っていきたい。

3　黄炎培ついて

　黄炎培は、1878年に江蘇省川沙県に生まれ、1965年に北京で死去した。近現代中国の教育家、実業家、政治家である。1905年、中国同盟会に入会した。1917年、蔡元培らとともに中華職業教育社を創設し、近代中国の職業教育を展開した。1938年、国民参政員を務めた。1941年、中国民主同盟主席に就任した。1945年延安を訪問し、毛沢東らと会談した。延安視察の見聞を記録した『延安帰来』を出版し、注目を集めた。中華人民共和国成立後は、政務院副総理などの要職に就いた。

【表4-1】生活書店組織及び人員配置（1939年）

生活書店組織図				
総管理処（重慶）	総経理（**鄒韜奮**）			
^	経理（徐伯昕）			
^	秘書処（主任：張錫栄；秘書：黄宝珣・徐植璧・黄洪年・王月琴）			
^	総務部（主任：邵公文；副主任：張志民）			
^	^	事務部（邵公文、何廷福）	人事科（邵公文）	
^	^	^	会計科（張志民・徐啓運・方学武）	
^	^	^	稽核科（張志民・潘俊元）	
^	^	生産部（厳長衍）	編校科（艾逖生・呉全衡・馮一予・岳剣瑩）	
^	^	^	出版科（汪允安・何歩雲）	
^	^	営業部（孫明心）	分店科（孫明心・範広楨・潘敢）	
^	^	^	推広科（趙暁恩・莫志恒・解子玉）	
^	^	服務部	服務科（閻宝航・張知辛）	
^	^	^	代弁科（欠員）	
^	編審委員会（主席：**胡愈之**；副主席：潘志遠・金仲華；秘書：艾逖生；委員：鄒韜奮・柳湜・史枚・劉思慕・潘茲九・張仲実・戈宝権・茅盾・戴白桃）			
^	東南区管理処（香港）（主任：甘蓮園；副主任：陳錫麟）	生産科（劉敏之・袁信之・夏長貴）		
^	^	営業科（王太来・王敬徳）		
^	西南区管理処（桂林）（主任：諸祖栄）	生産科（諸祖栄・徐士林）		
^	^	営業科（卞祖紀・洪俊涛）		

（出所：1939年2月11日『店務通訊』第37号に基づき、筆者作成）

　表4-1には、黄炎培の名前は含まれないが、生活書店の歴史を語るには欠かせない人物である。生活書店の前身は、黄炎培が主宰する中華職業教育社の内部機関である生活週刊社読者代辦部である。1932年に、鄒韜奮が、この部門を

第四章　生活書店の人々：黄炎培・杜重遠・胡愈之・徐伯昕を中心に

中華職業教育社から独立させ、生活書店を創設した。しかし、その後、生活書店が1948年に読書出版社・新知書店と合併して三聯書店となるまで、長い期間にわたり生活書店と中華職業教育社との間には密接な関係があった。とりわけ、中華職業教育社の中心人物黄炎培は、生活書店の経営者鄒韜奮ときわめて親密な協力関係をもっていた。黄嘉樹氏は次のように述べている。「後期における生活書店の歴史的功績は、中華職業教育社からの独立以降に作り上げたものだ

【図版4-1】黄炎培
（出所：『黄炎培年譜』）

が、中華職業教育社との関係は否定できない。鄒韜奮及び徐伯昕・孫夢旦など生活書店の主要幹部は皆、中華職業教育社の社員でもあった。生活書店の募金運動などの社会活動には、中華職業教育社の黄炎培・王志莘・潘序倫らの強力な支持があった。生活書店も自ら営業利益の十分の三を職業教育経費として中華職業教育社へ提供した。したがって、双方は経営資金の面において関連があった」（黄嘉樹、1987、85頁）。また、菊池貴晴氏も以下のように述べている。「生活書店に移籍するについては黄炎培、楊衛玉、劉堪恩ら職業教育派幹部の非常な好意と、強力な援助があったという」（菊池貴晴、1987、109頁）。さらに、『黄炎培日記』においても、生活書店が独立した1932年から1940年代にかけて、黄炎培と生活書店との間に密接な関係があったことが見てとれる。その一部抜粋を表4-2に示す。

『黄炎培日記』には、1939年に黄炎培が生活書店の名誉社員となっていた記録が見られる。実際、黄炎培は生活書店の経営管理の方向性や具体的な実施方針などについてしばしば具体的な提案を出した。たとえば、1939年3月14日の午後、鄒韜奮及び徐伯昕と商談し、生活書店の増資方法について次のように進言した。すなわち、第一に、合作社としての性質を堅持し、さらに社員を募集する。第二に、銀行団体との合作を行う。第三に、新たに公益団体を立ち上げ、義援金を募り、出版事業をサポートする。第四に、社債を発行する。第五に、

【表4-2】『黄炎培日記』における鄒韜奮/生活書店に関する記述

日　付	日記における記述
1932年8月18日	『生活』週刊郵送禁止を知り、中央党部通達公文書が市政府に。
1932年10月14日	『生活』週刊郵送禁止、閉鎖の見通し、対策を商談。
1933年3月28日	王回波氏を連れ、職業学校鉄鋼工場・職教社・生活週刊社・生活書店を案内。
1934年9月14日	生活書店業務について、徐伯昕氏と商談。
1936年4月29日	生活書店書物発行状況を尋ねる。
1937年12月25日	生活書店支店長平長慶氏と会う。(「支店」=長沙支店―筆者注)
1938年1月19日	生活書店（永漢南路）店長孟尚錦氏と会う。
1938年2月23日	午前11時、生活書店委員会にて組織大綱について商談。
1938年5月13日	生活書店臨時委員会に参加。
1939年1月7日	生活書店について、胡愈之氏と商談。
1939年2月6日	生活書店近況及び将来計画について、徐伯昕氏と長時間商談。
1939年3月14日	午後、鄒韜奮氏・徐伯昕氏と食事会、生活書店増資について商談、合作制を堅持するよう進言。
1939年8月21日	生活書店名誉社員となる。
1939年9月21日	生活書店株50株を受け取る。
1939年9月22日	生活書店から、民国28年（1939年）印税43.32元を受け取る。
1939年10月15日	生活書店へ、胡連坤氏・瀋百民氏と会う。
1940年3月16日	生活書店について、鄒韜奮氏と商談。
1940年6月4日	生活書店について、衛玉氏・伯昕氏と商談。
1941年2月17日	生活書店について、鄒韜奮氏・徐伯昕氏と商談。
1941年3月3日	鄒韜奮氏亡命。
1941年3月22日	生活書店について、王志莘氏と長時間商談。
1942年7月20日	生活書店について、徐伯昕氏と商談。
1946年5月2日	生活書店から、『延安帰来』印税44,696.00元を受け取る。

（出所：『黄炎培日記』に基づき、筆者作成）

第四章　生活書店の人々：黄炎培・杜重遠・胡愈之・徐伯昕を中心に　123

ほかの個人との合作を模索する。第六に、生活書店の商品を担保として融資する（『黄炎培日記』1939年3月14日）。このような提言は、黄炎培自身の中華職業教育社での経営管理の経験に基づいたものだと考えられる。また、黄炎培は『民主化的機関管理』を執筆した。鄒韜奮も生活書店の管理に関する文章を多数執筆し、『事業管理與職業修養』にまとめた。鄒韜奮は黄炎培から経営管理のノウハウを吸収したことも推測される。表4-2からもわかるように、黄炎培は生活書店の実務担当である経理徐伯昕とも頻繁に面会し、生活書店の経営状況について幾度も話し合った。さらに、黄炎培は中国各地へ出かけた際にも、地方の生活書店支店へ足を運び、その現状を把握した。したがって、黄炎培は生活書店の内部において正式な職務には就いていなかったものの、長期にわたり生活書店の経営管理にかかわった人物であると言えよう。

4　杜重遠について

　杜重遠は、1898年に吉林省徳化県に生まれ、1944年に新疆で死去した。近代中国の著名な陶磁実業家、ジャーナリストである。1917年に公費による日本留学生として東京高等工業学校（現東京工業大学）に入学し、1923年に帰国した。杜重遠は、日本で学んだ窯業の知識をもとに、帰国後瀋陽で窯業会社を設立した。1927年、杜重遠は奉天（瀋陽）総商会会長になり、同時に張学良の秘書を兼任した。1931年以降、上海を中心に抗日救亡宣伝活動に力を入れると同時に、九江で陶業会社を創業した。1935年、「新生事件」で懲役1年2ヶ月の判決を受け、投獄された。1939年に新疆へ行き、新疆学院院長の職に就いたが、その後盛世才に殺害されたと言われている。

【図版 4-2】杜重遠
（出所：『杜重遠文集』）

黄炎培と同じように、表4-1には杜重遠の名前は含まれないが、彼も生活書店と深くかかわり、一時期において鄒韜奮の代理として生活書店をリードし、雑誌『新生』を世に送り出した人物である。杜重遠と鄒韜奮の関係について、鄒韜奮夫人の沈粹縝は次のように回顧している。

> 1933年の年末、『生活週刊』は発禁となった。当時、鄒韜奮は海外亡命中だった。杜重遠さんは、自身の国民党内部の人脈を使って、2ヶ月もしないうちにすべての手続きを完了させ、新しい雑誌『新生』を創刊した。表向きは新しい雑誌だが、実質的には『生活週刊』の継続誌である。スタッフもほぼ同じであり、『生活週刊』の編集チーム（胡愈之、艾寒松、徐伯昕ら）が担当した[1]。

当時の状況について、杜重遠夫人の候御之は次のように述べている。

> 1933年の年末、『生活週刊』は発禁となり、鄒韜奮さんも国外へ亡命した。杜重遠はこの状況を見て非常に心配で居ても立っても居られなかった。とりわけ彼は、進歩的な出版物が相次いで発行禁止となるとともにファシズムを宣伝する書物が横行していることを目にして危惧を感じていた。彼は『生活週刊』のような進歩を意味する旗を失うことは看過できない、文化出版の陣地を取り戻さなければならないと考えた。杜重遠は自身が実業家であり、東北地域や江西省にも大規模な陶器工場を持っているという有利な条件を活用し、民間実業家の身分で国民党政府主管部門に登録し、雑誌『新生』を創刊した。杜重遠は『新生』において「老実話（本音＝引用者注）」という巻頭コラムを設け、毎号にわたって時事評論を掲載した[2]。

杜重遠が『新生』誌に掲載した「老実話」記事は、これまで鄒韜奮が『生活週刊』誌に掲載した「小言論」記事と「異曲同工」のように見られ、鄒韜奮の精神を引きついだ象徴であったと思われる。その後、「新生事件」によって杜

重遠は逮捕・投獄された。鄒韜奮らは杜重遠の救出活動を行うと同時に、新たに雑誌『大衆生活』を創刊した。ある意味では、杜重遠が雑誌『新生』を発行したことは、生活書店にとって極めて重要なことであった。すなわち、鄒韜奮が海外亡命に追い込まれた時期、生活書店は大きな看板を失ったが、杜重遠がその代わりを務めた。また、杜重遠はただちに『新生』を創刊した。『新生』のスタイルは、ほぼ『生活週刊』のまま保持されているため、これまでの『生活週刊』の読者にも親近感を与え、読者層の継続的確保につながった。そして今度は、杜重遠が逮捕され、『新生』が発禁された直後、『大衆生活』が創刊された。この一連の動きは、1930年代における生活書店のもっとも困難な境地からの脱却につながった。杜重遠の存在がなければ、生活書店は早期に消滅していたと考えられる。

5　胡愈之について

　胡愈之は、1896年に浙江省紹興府上虞県に生まれ、1986年に北京で死去した。近現代中国のジャーナリスト、国際問題専門家、政治家である。中学時代、魯迅に教えを受けた。1914年、商務印書館に入社し、のちに『東方雑誌』の編集長を務めた。1928年からの約3年間、フランスをはじめ欧州各国を歴遊した。帰国途中に立ち寄ったモスクワでの見聞をまとめた『モスクワ印象記』は、人気を得て、再版を重ねた。1931年、蔡元培が主宰する「民権保障同盟」に加入し、執行委員の一人となった。1934年、雑誌『世界知識』を創刊し、国際問題専門家として注目された。1938年、『魯迅全集』を編集、出版した。1938年以降、武漢の国民政府軍政委員会政治部第三庁第五処処長となり、抗日宣伝活動を行った。1940年、シンガポールへ渡り、南洋華僑に向けて抗日宣伝活動を展開した。その後、約10年間にわたり南洋で流亡生活を続けた。1949年以降、中華人民共和国政務院出版総署署長や「民盟」中央常務委員などの要職を務め、言論出版・統一戦線・華僑などの政策制定にかかわった。胡愈之は戦前からエスペラント研究者としても知られている。また、彼は1933年上海で中国共産党に

入党したが、1979年までにその党員である身分を公開しなかったことも特記すべきであろう。

前述の『モスクワ印象記』が出版された後、胡愈之は旧知の畢雲程を通して、鄒韜奮と知り合った。これをきっかけに、胡愈之は生活書店にかかわり始めた。

> 畢雲程によると、鄒韜奮は私が書いた『モスクワ印象記』を読んで、好感を覚えてくれ、私に『生活週刊』に寄稿してほしいとのことだった。直接面識がないため、畢雲程に紹介の労を取ってもらったようだ[3]。

そして、生活週刊社が中華職業教育社から独立後、胡愈之と生活書店の関係はさらに深まっていた。彼は次のように回顧している。

> 私は鄒韜奮に生活書店を設立するように提案した。書店があれば書籍や定期刊行物を発行することができるし、われわれの宣伝の陣地を拡大することもできる。『生活週刊』はすでに国民党政府にマークされ、いつ発禁処分されてもおかしくない。書店があれば、たとえ一つの出版物が発禁されても、名前を変え、継続して発行することができる。私は鄒韜奮に協力し、生活書店の章程を起草し、書店創設に関する様々な具体的な準備作業を行った。1932年7月、生活書店が正式に設立された。その後、私は生活書店の業務や編集事務を分担し、1933年に合作社としての出版機構への改組にも協力した。(中略)ただし、生活書店とは密接な関係にあったとは言え、私が終始生活書店の正式な職務を担当することはなかった[4]。

胡愈之がここで言及した「終始生活書店の正式な職務を担当することはなかった」というのは、1938年までのことである。1938年に生活書店本店が重慶へ移され、鄒韜奮と胡愈之は、生活書店の支店網を拡大することを決めた。当時の様子について、胡愈之は次のように述べている。

第四章　生活書店の人々：黄炎培・杜重遠・胡愈之・徐伯昕を中心に　127

生活書店は重慶へ移転してか
ら、非常に困難な局面に陥っ
た。国民党の圧力の下では、
業務の展開は極めて困難で
あった。私は鄒韜奮と、生活
書店の今後の方針について相
談し、全力で支店網を拡大し
ていくことを決めた。各地の
支店と本店が相互に連絡を保
ちながら、同時に独立した経
営と発展を果たす。そうすれ
ば、生活書店の業務拡大と影
響力の増加につながるだけで
なく、国民党による迫害を防
ぐこともできる。経営方針に
ついて、私は「大衆文化を促

【図版4-3】胡愈之の「社員証」（上海韜奮紀念館所蔵）

【図版4-4】胡愈之（出典：『生活書店史稿』）

進し、戦時需要に応え、サービス精神を発展させる」という原則を提起し
た。また、われわれは生活書店総管理処の組織を調整し、「編審委員会」
を新たに設立した。私は、「編審委員会」の主席を担当することとなった。
これは私がはじめて公的に担当した生活書店の正式な職務であった[5]。

　胡愈之が長期にわたり生活書店の正式な職務に就かなかったことは、彼の共
産党地下党員という隠された身分と関係していたと思われる[6]。鄒韜奮の思想
が左傾したことには胡愈之からの影響があったと思われるが、生活書店の方向
性も胡愈之が「舞台裏」で指揮者的な役割を果たしていたことと関係している
と考えられる。

6　徐伯昕について

　徐伯昕は、1905年に江蘇省武進県に生まれ、1984年に北京で死去した。近現代中国の出版企業家、政治家である。1920年に中華職業学校に入学し、琺瑯工業を学んだ。1925年に中華職業教育社へ入社し、その後『生活週刊』の編集・発行に携わった。1945年、中国民主建国会の理事に就任した。中華人民共和国成立後は、出版総署発行局局長、新華書店総経理などの要職に就いた。

　徐伯昕は生活書店の創設以前から、鄒韜奮とともに『生活週刊』の発行に携わった人物であり、その後もずっと鄒韜奮を支え、生活書店の発展に貢献した功労者である。彼の生活書店における役割について、張友漁は『新文化出版家徐伯昕』の序文において、以下のように評価している。

　　当時、生活書店が隆盛を極めたのは、関係者全員の努力もあるが、実際には業務の主導者だった徐伯昕によるところが大きい。1920年代以来、徐伯昕は鄒韜奮を助け、『生活週刊』・『大衆生活』・『全民抗戦』など国内外において影響力のあるジャーナルを次々と作った。彼は生活書店を設立し、上海から全国、さらに海外までの支店網を作り上げ、国内外において極めて大きな影響力をもった。この事業において、総設計者は鄒韜奮だったが、業務の実施及び経営管理は徐伯昕の担当だった。仮に鄒韜奮を鮮やかな赤い花に例えるなら、徐伯昕はまさにその花を引き立てる緑の葉である[7]。

　生活書店の創業期において、徐伯昕の才能は主に二つの側面で発揮された。一つは、『生活週刊』の誌面に多くの広告を取ってきたこと、もう一つは、徐伯昕自身が多くの広告作品を手がけたことである。鄒韜奮は次のように述べている。

当時、書店の経済的基盤が極めて脆弱だったため、専門の広告プランナーを雇う余裕は全くなかった。だが幸いにも、多芸多才の伯昕さんが居てくれた。彼は、まさに「出将入相（戦いに出ては将軍、朝廷に入っては宰相＝引用者注）」のような人材である。彼は外へ出かけ各業界から広告の契約を取ってきてくれ、戻ってくるとすぐに広告の図案を設計した。様々な商品の説明文の執筆でも精彩を放った[8]。

【図版 4-5】徐伯昕
（出所：『生活書店史稿』）

　徐伯昕が手掛けた広告の図案は実に多種多様であり、バラエティに富んだものである。ほかにも、「吟秋」のペンネームで挿絵や漫画を創作し、生活書店が発行する雑誌の誌面を飾っていた[9]。生活書店は合作社という性質をもつ出版社であるため、外部から融資を受けるという方法で事業拡大を図った。融資の担当は徐伯昕であった。徐伯昕の指導を受け出版専門家となった趙暁恩（表4-1推広科所属）は、徐伯昕が担当した生活書店の融資実務について、以下のように回顧している。

　　徐伯昕は書店の経営管理に精通し、いかに民間から資金を集めるかという課題にいろいろと思案をめぐらした。彼の方法は主に以下の三つだった。第一に、郵便で定期購読する顧客の残高を有効利用すること。（中略）第二に、書籍や定期刊行物の予約注文に力を入れること。（中略）第三に、必要に応じて、銀行から融資して資本金の調整を行うこと[10]。

　趙暁恩は回顧録のなかでこの3種類の手法について詳しく記述しているが、ここではその概要のみを紹介する。生活書店の長期顧客（個人顧客及び図書館法人顧客）は5万に上るが、すべての顧客に一つ一つの「帳務カード」が作られ

ている。そこに商品購入に関する入金・出荷などの情報が詳しく記載されている。こうすれば顧客の注文内容、入金完了日、出荷日、残高などは随時把握である。一つ目の残高利用について、要するに個々の顧客の残高は多くないが、すべての顧客の残高合計は決して少なくない。また、郵便を通して購読する場合、収支（入金と出荷）に時差が生じるため、その時差を利用して得られる差額を有効に利用する。二つ目の書籍や定期刊行物の予約注文は、読者は割引のサービスが受けられ、商品を安く入手できる。一方、書店側は、予約の数から市場の状況を察し、発行部数の予定を確実に立てることができるというものである。さらに、予約注文には予約代金が生じる。この代金相場は常に変化しているが、それほど高くない。しかし、予約注文の利用者の数が多いため、予約代金の合計額も相当の収入となっている。三つ目の銀行からの融資は、主に印刷用紙の市場価格が下がり、安値で大量に仕入れられる際に使う臨時的な融資手段である。

　第三章で触れたように、1940年代初期、生活書店は深刻な迫害を受けた。鄒韜奮はさまざまなルートを通して、生活書店の状況を公表した。同時に、徐伯昕は生活書店の総経理として、国民党側に対して厳正に抗議し、適切な処置を求めた。とりわけ、1941年2月15日及び28日には続けて国民党中央党部へ呈文し、成都・桂林・貴陽・昆明などの生活書店の各支店に対する「査封（捜査・差し押さえ、閉鎖）」を停止し、営業の継続を可能にさせるよう強く求めた[11]。

　徐伯昕は長期にわたり生活書店の経営に携わってきた。1947年、上海から香港に渡った徐伯昕は、胡縄らとともに通信制の学校を立ち上げた。当初、学校の名称は「韜奮函授（通信）学校」とする予定だったが、鄒韜奮をめぐる状況を配慮して「持恒函授学校」とした。鄒韜奮があまりにも有名であったため、国民党側に目を付けられやすく、国民党統治区の若者の入学が難しくなる恐れがあったからだ。この「持恒函授学校」の設立初期から約1年間、経営はほぼ徐伯昕が担当した。校舎の賃借、教員の招聘、講義録の印刷、募集広告の掲載など、さまざまな校務を、徐伯昕は生活書店の経営と同じように心をつくして努力した[12]。

7 小 括

　最後に、以上の整理と分析を踏まえ、生活書店の主要な関係者たちの相互関係、とくに彼らの生活書店における役割を考察したい。その前に、本稿で取り上げた人物たちの政治的傾向（表4-3）をあわせて確認しておきたい。

【表4-3】生活書店関係者たちの政治的傾向

	国民党	共産党	第三勢力	不明
鄒韜奮			○	
黄炎培			○	
杜重遠				○
胡愈之		○（裏）	○（表）	
徐伯昕				○

（出所：筆者作成）

【表4-4】生活書店関係者たちの役割

	役割	担当職務
鄒韜奮	生活書店の看板、全体責任者、書店の思想面のリーダー、読者の相談相手	総経理
黄炎培	産みの親、相談役	名誉社員
杜重遠	鄒韜奮の代理	『新生』主編
胡愈之	生活書店の総設計師、編集、時事論評、文化人の仲介	編審委員会主席
徐伯昕	広告広報、融資、資産管理、人事管理	経理

（出所：筆者作成）

　表4-4に示すとおり、鄒韜奮・黄炎培・杜重遠・胡愈之・徐伯昕の5人はそれぞれ異なる役割から生活書店の経営管理にかかわった。鄒韜奮は生活書店の設

立者であり、また一般の人々から見れば生活書店の代名詞でもあった。彼の広範囲に及ぶ社会的影響力は生活書店にネームバリューを与え、同時に彼の影響力もそこからさらに推進要素を得ていた。彼自身も生活書店の看板となっていた。黄炎培は、既述したように生活書店の職務に直接就くことはなかったが、生活書店の前身である生活週刊社の母体は、彼が主宰した中華職業教育社であるため、生活書店の産みの親と看做されている。また、彼は長期にわたり生活書店の経営について常に関心をもち、時には相談役を果たした。杜重遠は、生活書店に直接かかわった時期は短いが、生活書店を危機から救った重要人物であった。胡愈之は1939年まで生活書店の表舞台には出ず、裏でその全体にかかわった人物である。また、胡愈之は当時多くの著名文化人と密接な関係をもち、その人脈を生活書店の言論出版業務に大いに活用したことを付記しておく。徐伯昕は、生活書店の実務担当であり、鄒韜奮が思想的な側面から生活書店をリードしていたのを支える一方で、自らは生活書店の経営的な側面から尽力した功労者であった。これら5人は、それぞれの才能と社会的ステータスをもち、各自の長所を発揮し、生活書店の設立及び発展に貢献した。

注

（1）　杜重遠、1990、412頁。
（2）　杜重遠、1990、393頁。
（3）　胡愈之、1990、151頁。
（4）　胡愈之、1990、21頁。
（5）　胡愈之、1990、53頁。
（6）　胡愈之の地下党員活動について、第三章参照。
（7）　張友漁、1994、1-2頁。
（8）　『韜奮全集』9巻730頁。
（9）　許覚民、1994、9頁。
（10）　趙暁恩、1994、50-51頁。
（11）　中国国民党文化傳播委員会党史館所蔵特殊档案「特9/36.6」、「特9/36.3」。
（12）　孫起夢、1994、2頁。

第 三 部

書 店 篇

近代出版メディアの一つのあり方

第五章　生活書店の募金活動

1　はじめに

　第五章では、生活書店の経営管理といった組織的側面を、設立時からの合作社という性質を踏まえたうえ、募金活動という具体的な事例【東北義勇軍（馬占山）支援のための募金活動】を通して考察する。これまで言説分析を中心とした既存の生活書店研究を、その社会活動の側面（募金活動に関する考察）から補完する試みである。

　生活書店に関する先行研究のなかで、馬占山支援の募金活動に関する言及が見られるのは、石島紀之（1971）、張洪軍（2007）などごく少数である。石島紀之（1971）については、生活週刊社が馬占山支援の募金活動について簡単に触れているのみであるが、張洪軍（2007）では、「江橋抗戦」を考察しながら、生活書店の支援活動について比較的に詳しく言及されている。しかし、張洪軍（2007）におけるデーターには欠落箇所もあり[1]、さらなる考察の余地が残されていると思われる。

　1931年夏から1932年にかけて、生活書店は複数回の募金活動を行っている。以下ではまず、その主な募金活動を時期順にまとめ、募金活動の全体像をつかむ。次に、この時期に行われた募金活動の中から、1931年の満州事変（九・一八事変）以降、東北義勇軍（馬占山）支援のために行われた募金活動に焦点をあてて考察を行う。なお、考察にあたっては、以下の諸側面に重点を置くこととする。①どのような歴史的背景の下で、募金活動が始まったのか。②どの程度の支援金が集められたのか。③どのような人／団体が献金したのか。④集められた支援金の扱い（管理、送金、集計、公表など）について、生活書店はどのような注意を払ったのか。⑤これらの募金活動にはどのような異同が見られるのか。生活書店によって公表されたデーター、及び当時の新聞や雑誌などによ

る資料を用い、これらの募金活動の社会的・政治的影響に関する考察も視野に入れる。

2　生活書店の合作社性質

　生活書店の経営管理に関する先行研究には主に以下のようなものが見られる。銭小柏・雷群明（1983）、史一兵（1992）、劉燕・郭永彬（2003）、鄧向陽・王美虹（2004）、陳勇（2007）、陳燕・杜遠遠（2008）、段紅涛・倪天賜（2008）、唐婧（2010）、黄建新（2011）である。これらの先行研究の内容は主に生活書店の合作社的性質及び社内人事制度の特徴に関する分析である。また、主に扱われた時期は1932年から1937年、すなわち生活書店創設から上海事変勃発までの時期である。このうち、銭小柏・雷群明（1983）と史一兵（1992）には比較的具体的な考察がみられるが、そのほかのほとんどは非常に簡略的な紹介にすぎない。

　一方日本では、生活書店の経営管理に関する先行研究は、菊池一隆による『中国工業合作運動史の研究』があり、生活書店の経営について次のように述べられている。

> 生活書店は合作社精神で経営され、集団管理、民主的規律の民主集中制がとられた。最高機関は全体同僚の選挙による理事会、人事の最高機関も選挙による人事委員会であった。生活書店では、全体同僚が労働で得た金を共同投資した文化事業機関で、全体同僚は理事会主席、総経理から実習生に至るまで労働で賃金を得て自活した。個人的な利潤追求は禁じられ、経営収支も完全公開であった[2]。

　菊池氏の研究では、主に中国工業合作協会と第三勢力、とりわけ協会の人選と救国派との関係の解明に力点が置かれ、生活書店について踏み込んだ考察はないものの、その経営管理の特徴（合作社性質）について言及されている。

3　生活書店の募金活動の全体像

　前述のように、1931年夏から1932年にかけて、生活書店は複数回の募金活動を行っているが、そのきっかけとなったのは、1931年8月に発生した長江の大水害である。この大洪水は長江沿岸の複数の省にまたがった広い地域に甚大な被害をもたらした。その翌月には満州事件が勃発し、さらに第一次上海事変(一・二八事変)へと続いたことから、これらの一連の出来事と連動した形で募金活動が連続的に行われた。これらの募金活動は、同時に行われたものもあれば、前後継続するような形となったものもあった。その概要を、以下の表5-1で示す。

【表5-1】1931年〜1932年における生活書店の募金活動一覧

募金活動のテーマ	活動期間	献金総額
長江大水害救済	1931年8月28日〜1932年3月18日	29,106元3角5分
東北義勇軍（馬占山）支援	1931年11月14日〜1932年2月18日	129,904元6角5分
十九路軍支援	1932年1月30日〜1932年3月17日	30,987元6角9分
傷兵医院[3]の設立と運営	1932年3月3日〜1932年3月18日	15,874元4角6分

（出所：「関於本社経手各項捐款之声明」『生活』第7巻第12号（1932年3月26日）に基づき、筆者作成）

4　東北義勇軍（馬占山）支援のための募金活動

4-1　募金の開始

　周知のように、1931年秋ごろの中国は、政治的分裂の状態にあった。蒋介石の軍事独裁強化に反対し、同年5月汪精衛ら反蒋派は広東に新国民政府を成立させた。一方、国民党と共産党の間にも、より深刻な対立が生じていた。馮玉祥・閻錫山らとの中原大戦に結着をつけた蒋介石は、共産党根拠地に対する第一次、第二次の「掃共囲剿」を行った。しかし、二度の「掃共囲剿」は失敗に

終わり、1931年11月、毛沢東らによって江西省瑞金に中華ソビエト臨時政府が樹立されると、蒋介石はただちに30万の兵力を動員して、第三次「掃共囲剿」を開始した。このように、満州事変は、中国の分裂状態を背景に勃発したわけである。満州事変の勃発後、上海などの大都市を中心に日本製品のボイコット運動や反日ストなど、民間人による抗日運動が沸き起こった。共産党も日本の侵略に武装して抵抗するよう呼びかけた。しかし、こうした民衆の抗日運動の激発とは対照的に、蒋介石国民政府は不抵抗主義と国際連盟依存の政策をとった。東北軍は政府から「絶対不抵抗」を命ぜられ、一戦も交えることなく錦州に撤退した[4]。生活書店の募金活動は、このような状況のなかで始まった。

　募金活動の開始にあたって、鄒韜奮は11月14日の『生活』の「小言論」欄に馬占山支援の背景について、「（一）為民族争光的馬将軍」、「（二）一党専政與一党専利」、「（三）敬告義勇軍諸君」の連続記事を掲載し、馬占山支援の背景を説明した[5]。次に、隔週の「小言論」欄に鄒韜奮はふたたび連続記事の「（一）我們何以尊崇馬将軍？」、「（二）国際間的醜態畢露」、「（三）敬告義勇軍諸君」を掲載した。また、同じ号に写真入りの記事「為民族争光的馬占山将軍」を掲載し、馬占山の経歴を詳細に紹介した[6]。さらに「緊急告知」を掲載し、次のように周知した。

> 弊誌は発行周期が長いため、間隔日数が多い。迅速に弊社の黒竜江省戦士支援方針を周知するため、11月15日以降の申新両紙（『申報』と『新聞報』）にて告知広告を掲載した。16日の告知広告は天厨味精廠の無料提供、17日の告知広告は康元花鉄印刷製缶廠の無料提供、18日の告知広告は華安合羣保壽公司の無料提供によって掲載することができた。感謝の意を申し上げる[7]。

　ここでは、生活書店が、他社の新聞紙面にどのような告知広告を掲載したのかを確認しておきたい。『申報』での告知広告は「生活週刊社為籌欸援助黒省衛国健児緊急啓事」と題して、すでに寄せられた支援金の献金者／団体の名前

第五章　生活書店の募金活動　139

とともに、次のように述べている。

> 馬占山将軍が率いる衛国健児の抗日奮闘は、全国民衆に感動を与え、また国民の人心を大いに振興させた。しかし、孤立して戦う以上すでに兵士たちは食糧が尽きる緊急状態にある。軍事面での援助責任は政府に委ねるが、食糧などの救援責任は国民にもある。弊社は、支援のための募金を開始する[8]。

　この後、「第二次緊急啓事」から「第五次緊急啓事」までの告知広告が『申報』に掲載されたことが確認できる[9]。告知広告には毎回、集まった支援金の献金者／団体の名前が掲載された。献金者／団体は日々増加したため、11月21日から『生活』の誌面に掲載されることとなった。資料5-1は、集まった支援金の日単位の金額一覧表（1932年1月20日以降2月末までの日単位の金額については不明）である。

　そして、集まった支援金は、どのように馬占山へ送られたのか。当初の状況について、以下の記事「本社致馬将軍電」から見てみよう。

> 上海の新聞及び『生活』で募金を呼びかける告知広告を出した。そして、第一回は、15日に4,000元を中国銀行、交通銀行を通して送った。その後、18日まで四回送った。合わせて44,600元。会計士によってすべての領収証などを確認したうえ、後日『生活』誌面にて公表する予定である[10]。

　その後、11月下旬の報告によると、中国銀行を通して38,507元、交通銀行を通して16,500元、合計55,007元を送金した[11]。生活書店は、集められた支援金をいったん中国銀行や交通銀行に預け、定期的に馬占山へ送金した。また、銀行口座に預けたお金に対して生じた利息については、1931年年末に以下のような報告が掲載された。「12月22日から1932年1月4日にかけて集められた支援金合計12,879元3角8分について、12月31日付の中国銀行貯金の利息49元5角8分を

得た。銀行手数料2元7角2分を除くと、実際の利息収入は46元8角6分である。これで、合計12,926元2角4分となった。[12]」

4-2 献金者について

資料5-2が示すのは、献金者名の一部である。ここからわかるように、主に五種類の人／団体から支援金が集められた。まず、もっとも多いのは一般個人からの献金であるが、この種の献金はおおむね小口献金である。「粤東女子」という名前の女性から2万5千元の献金があったという珍しい例[13]もあるが、ほとんどは数角単位から数十元のものである。なかには、小学生からのものもあった。第二に、民間企業からの献金である。様々な業種の企業から献金があり、その額についても数十元単位から数千元単位と幅広い。第三に、数は多くないが、地方政府及びその所属機関からの献金が見られた。理由はいまだ不明であるが、なかでも、とくに目立つのは湖南省政府及びその管下の機関である。第四に、多くの民間団体からも献金があった。各種学校の抗日救国組織や各業界の組合組織が中心である。第五に、小学校から大学までの各種学校からの献金である。

この五種類の人／団体については、上海及びその周辺地域が全体の中心を占めているが、全国各地から寄せられた。北は北京、山東、南は貴州、湖南など広い地域に及んでいることがわかる。

4-3 馬占山「変節」及び「反正」をめぐる生活書店の対応

1932年2月に「変節」した馬占山は、4月3日に管下軍隊を巡視すると称して、ひそかにチチハルを出発して、4月7日に黒河に出現し、再び抗日の態度を表明した。馬占山寝返りの理由については、様々な推測がなされた。島田俊彦は次の四つを挙げている。すなわち、第一に、中国民衆から「軍神」と絶賛された彼が、「変節」後「売国奴」と呼ばれることとなったこと、第二に、全国から98万元にも達する陣中見舞金が彼のもとに殺到したが、その返却を迫られたり、部下から分配を求められたりしたこと、第三に、無学文盲の彼にとって軍政部

長という地位は負担が重過ぎたうえ、日本人文官に閣僚の席上で馬鹿にされたこと、第四に、省の公金800万元を使い込み、その点を日本軍部に糾弾されるのを恐れたことである(14)。馬占山の「変節」の真意やその経緯については、ここでは深入りはしないが、その際の生活書店の対応については明らかにする必要があるだろう(15)。

　馬占山が「変節」したと噂された1932年2月中旬、生活書店は馬占山へ電報を送り、その究明を求めた。電報には「もし噂が本当なら、馬将軍が生きていても死んだのと同様であろう。将軍一個人の生死は小さいことだが、中華民族にとっては大きな侮辱となる。非常に遺憾である。」(16) そして、3月12日の『生活』には瀋陽からの報告記事『馬占山の究竟』が掲載されたが、当時はおそらくまだ真相が明らかになっていなかったため、主に馬占山が困難な局面にあると論じられた。その後、馬占山は再び抗日活動を開始し、いわゆる「反正」した。それを受け鄒韜奮は、1932年4月23日の『生活』に「馬占山『反正』」と題する記事を掲載した。記事では、馬占山が一度「変節」したことについて批判されたが、「反正」した以上、彼を支援すべきであると述べ、また馬占山の「反正」が日本軍には大きな衝撃を与えたと論じている(17)。

4-4　募金の終了とその後：十九路軍支援へ

　1932年1月16日、生活書店は『生活』誌面に募金終了の通告を掲載した。それは、馬占山が海倫からの電報を受けて下した決断である。馬占山からの電報には、「目下のところ自給可能であるため、こちらへの送金を停止して（長江水害の）被害者を救済するよう」と書かれている(18)。そして、生活書店はすでに送られてきた支援金については引き続き馬占山へ送金するが、新規の支援金の受付を終了するとした。

　しかし、雑誌の発行期間によって、時間差が生じたため、募金終了の通告を掲載した後も地方から続々と支援金が生活書店に届けられた。1月23日の『援馬捐款結束後之余聞』という記事に「1月16日終了の予定だったが、地方からの支援金は依然として届いている。1月18日までに合計126,015元5角7分となっ

た。⁽¹⁹⁾」と記している。

　1月中旬に馬占山をめぐる噂が広がったことで、生活書店は『関於援馬捐款的建議』を掲載して、集められた支援金の残金（すでに馬占山へ送金した部分を除いた金額）を東北義勇軍への支援に回すという提案を出した⁽²⁰⁾。その折に、第一次上海事変が勃発した。当時上海付近に配置されていた第十九路軍は、日本軍との激しい戦いを約1ヶ月の間続けていた。この状況を受け、生活書店は、支援金の残金を十九路軍の支援に使うことにした。3月5日の『援馬捐款結束方法』には、次のように述べられている。

　　この度上海での戦事については、幸いにも十九路軍の勇敢な抵抗があった。弊社がこれまでに募った馬占山支援金は、もともと抗日軍事活動のための支援金である。現在、十九路軍が緊急の支援を必要としているため、残金9,897元6角5分を彼らへ送ることとする。献金してくださった皆さんのご理解と同情を得たい⁽²¹⁾。

　このように、最終的に、馬占山支援金の未送金分は、第一次上海事変の発生によって、十九路軍への支援に回ることとなった。

4-5　募金状況の公表について

　生活書店は、募金開始以来、常にその状況の公表に注意を払っていた。献金者や団体の名前をすべて『生活』（最初は『申報』にも掲載した）の誌面に掲載し、公開した。のちにあまりにも膨大であったため、『生活』誌面の代わりに献金者リストを別刷の形で献金者へ郵送した。また、馬占山へ送金した後の受け取り状況についても定期的に報告した。たとえば、銀行からの領収書（資料5-3参照）を写真付きで掲載した⁽²²⁾。『援助黒省衛国健児捐款結束報告』と題した最終報告は、1932年7月23日の『生活』誌面に掲載され、同時に立信会計士事務所の証明書も合わせて掲載された（資料5-4参照）。それによると、1931年11月14日から1932年2月28日にかけて集められた献金は129,865元9分であり、銀行に預け

て得た利息の49元5角8分と合わせて、合計129,914元6角7分となった。そして、銀行を通して馬占山へ送金したのはそのうちの120,007元であった。一方、支出については、「電報費」が7元3角、「票力」[23]が2元7角2分であり、支出総額は120,017元2分であった。そして、残りの9,897元6角5分はすべて十九路軍支援に使われた。献金者名については、これまで『生活』誌面に掲載してきた。これまでの掲載には、生活書店がすでに2,000元の印刷出費がかかった。また、未掲載の献金者名については、別途郵送することにした[24]。生活書店に集められた支援金のほとんどは「国幣」であるが、資料5-1で示したように、わずかではあるが、「外幣」（12月3日）もあった。香港ドル（12月17日）の献金については、「国幣」相当の額として計上されたが、「外幣」についての記述はなかった。12月3日の「外幣1元外角14枚」について、どのように扱われたのかは不明である。

　生活書店を通して集められた支援金は総額約12万元に及んだ。前述したように、全国から約98万元の支援金が馬占山に送られた[25]。つまり、生活書店単独で1割以上の支援金を集め、馬占山へ送金したことになる。

5　募金活動と生活書店の経営特色との関連性

　当時、一つのメディア機関が単独でこれほど大規模な募金活動を行うことができたことは非常に稀なケースであると思われる。実際1931年から1932年にかけて、中国各地において様々な募金活動が行われたが、その多くは各種産業界団体組織によるものであった。当時の新聞や雑誌メディアはその募金活動を大いに報道し、ときには読者からの献金を転送することもあったが、生活書店のように自ら献金を呼びかけ、長期間にわたり組織的に行われた例は見られない。なぜ生活書店がこのような大規模の募金活動を成し得たのか。その要因は、生活書店の経営特色にあったと考えられる。

　生活書店の前身は、生活週刊社時代にあった読者からの便りによって誕生した「書報代辦部」である。雑誌『生活』の投書欄「読者信箱」には読者から各

種の相談の便りが寄せられた。そのなかには、地方では入手しにくい新聞や雑誌、或いは新刊書籍などを代わりに購入して郵送してきてほしいという読者の依頼も多く見られた。当時の生活週刊社は、このような依頼にできるだけ応えるように、「書報代辦部」を設立させ、読者への「代辦」サービスを行った。その後、新聞や雑誌、書籍だけでなく、一般生活用品も対象となった。とりわけ、海外にいる華僑から様々な中国商品の「代辦」依頼が多く寄せられた。この「書報代辦部」時代に得たノウハウは生活書店の経営にも継承され、活用され続けた。1931年の長江大洪水の発生後、姜昌後という読者から、次のような提案の便りが寄せられた。

> 私は一つ募金の方法を考えた。ただし先生（編集者）にはご迷惑とお手数をおかけしてしまうことになる。貴刊の「読者信箱」欄に献金の受付を設けて、読者からの自発的献金を集めることである。すべての読者が参与してくれないかもしれないが、貴刊の膨大な発行部数と広い読者層なら、相当な献金を集められるではないかと思う[26]。

この読者は、さらに具体的な実施方法として、郵便切手での献金や現金振込献金、受け付けた献金について「読者信箱」欄で公表することなどを提案した。その後、生活書店の募金活動にはこのような提案が多く採用されることとなった。生活書店は、このような読者からの信頼を、事業発展の基本として認識している。鄒韜奮は以下のように述べている。

> 当店の発展は、広大な社会的信頼と同情を基礎にして構築されたものである。（中略）このような基礎があってはじめて、のちに数回にわたる呼びかけに大きな反応を得たわけである。一例を挙げる。馬占山将軍の抗日活動を支援するため、当店は募金活動を呼びかけ、大きな反応を得た。（中略）当時、上海市商会も募金活動を行ったが、献金者数や献金金額は我々を下回った[27]。

第五章　生活書店の募金活動　145

　そして、もう一点重要な特徴は、生活書店の会計士制度である。すでに前節で述べたように、生活書店は募金活動における献金の取り扱いについて非常に慎重であり、必ずすべての金額詳細を公表するようにしている。公表にあたって、会計士の役割は大きい。この特徴について、鄒韜奮は以下のように述べている。

> 当店には一つの特徴がある。すなわち、資金に関しては必ず会計士による帳簿の管理、証明書の開示を行うことである。『生活日報』[28]の出資金とその利息の返還の時も、馬占山将軍支援の募金の時も、十九路軍支援の募金の時も、すべて上海の潘序倫会計士によって帳簿を管理し、間違いや不正がないことを証明している。また、会計士による証明を誌面にも掲載するようにしている。我々は、このような手続きが非常に重要で不可欠だと認識している。これは、読者からの信頼を得るため欠かせない手続きであるだけでなく、私個人もその恩恵を受けている。なぜなら、その後私の名誉を害する目的で、私が馬占山支援の献金を着服して書店の経営や外国での旅費に充てたというデマを流した人が現れた。しかし、私はまったく恐れなかった。すべての献金について、会計士による証明書を誌面に掲載したからだ[29]。

　このように、読者との強い絆によって築き上げた連携型の経営方式、そして会計士による明白な資金管理システムは、生活書店の募金活動に大いに貢献し、一つのメディア企業による巨額の献金集めを成功させた理由であると言えよう。

6　小　括

　以上、満州事変勃発後の東北義勇軍（馬占山）支援のための募金活動を具体例として取り上げ、1931年から1932年にかけての生活書店による募金活動を考

察した。支援金は、主に一般個人、民間企業、地方政府及び所属機関、民間団体、各種学校から約12万元が集められた。生活書店は、募金の詳細の公表について、常に注意を払っており、献金者や団体の名前をすべて『申報』や『生活』の誌面に掲載し、公開した。また、銀行からの領収書や会計士事務所の証明書なども写真付きで掲載した。その背景には、生活書店の前身である「書報代辦部」時代のノウハウを活用した経営特色があった。このメディア企業の経営方式上の特色が、募金活動の成功に結びついたのである。生活書店の募金活動に関しては、まだ細部に至るまで検証すべき点が多く残されている。たとえば、本章で触れた献金者について、民間企業による献金の具体的分析（個別の献金金額、献金目的など）、地方政府／機関の献金の状況と背景（資金の由来、地方財政との関連）などを明らかにする必要がある。さらに、生活書店単独で全体の1割以上を占める支援金を集め、馬占山へ送金したが、ほかの約8割の支援金がどのようなルートで集められたかを明らかにすることは、生活書店の募金活動の意味を裏付ける重要な課題となるだろう。

資料

【資料5-1】 生活書店に寄せられた支援金詳細

年	月・日	金額	注	出所
1931年	11月14日	1,685元	11月14日〜17日、合計44,666元4角4分	『生活』第6巻第48号（1931年11月21日）
	11月15日	2,218元9角4分		
	11月16日	3,875元7角1分		
	11月17日	36,886元7角9分		
	11月18日	8,716元9角7分	11月18日〜23日、合計26,383元5角3分 これまでの合計：71,049元9角7分	『生活』第6巻第49号（1931年11月28日）
	11月19日	16,666元3角8分		
	11月20日	958元2角		
	11月21日	2,534元3角8分		
	11月22日	1,767元8角		
	11月23日	739元8角5分		

11月24日	3,053元7分	11月24日～29日、合計9,546元7角3分 これまでの合計：80,596元7角	『生活』第6巻第50号（1931年12月5日）
11月25日	3,111元1角1分		
11月26日	660元9角		
11月27日	1,092元5角9分		
11月28日	1,896元3角4分		
11月29日	14元9角5分		
11月30日	727元4角4分	11月30日～12月5日、合計12,141元4角5分 これまでの合計：92,738元1角5分	『生活』第6巻第51号（1931年12月12日）
12月1日	2,566元7角3分		
12月2日	3,569元8分		
12月3日	3,478元4角3分、外幣1元外角14枚		
12月4日	1,165元2角5分		
12月5日	627元6角3分		
12月6日	0	12月7日～12月13日、合計7,309元1角1分 これまでの合計：100,046元4角6分	『生活』第6巻第52号（1931年12月19日）
12月7日	2,018元6角6分		
12月8日	1,076元1角7分		
12月9日	1,649元2角1分		
12月10日	34元3角		
12月11日	471元1角5分		
12月12日	1,663元1角2分		
12月13日	395元7角		
12月14日	322元2角3分	12月14日～12月22日、合計7,057元3角2分 これまでの合計：10,7103元7角8分	『生活』第6巻年末臨時増刊号（1931年12月26日）
12月15日	2,046元9角9分		
12月16日	683元8角9分		
12月17日	1,118元5角6分、うち国幣183元2角5分相当の香港ドルを含む		
12月18日	1,716元3角2分		
12月19日	645元3角7分		
12月20日	0		
12月21日	181元9分		
12月22日	342元8角7分		

	日付	金額	期間合計	掲載号
追加	12月22日	2,949元4角2分	12月22日〜1932年1月4日、合計12,879元3角8分 また、12月31日付の中国銀行貯金利息49元5角8分、手数料2元7角2分、実際利息収入46元8角6分、これで合計12,926元2角4分 これまでの合計：120,030元2分	『生活』第7巻第1号（1932年1月9日）
	12月23日	1,223元5角2分		
	12月24日	2,788元2角5分		
	12月25日	249元2角8分		
	12月26日	581元3角5分		
	12月27日	0		
	12月28日	437元		
	12月29日	419元6角9分		
	12月30日	3,521元9角4分		
	12月31日	68元1角3分		
1932年	1月1日	0		
	1月2日	1元8角7分		
	1月3日	13元5角		
	1月4日	625元4角3分		
	1月5日	841元7角3分	1月5日〜1月11日、合計3,016元5角7分 これまでの合計：123,046元5角9分	『生活』第7巻第2号（1932年1月16日）
	1月6日	640元6角1分		
	1月7日	294元4角		
	1月8日	334元1角9分		
	1月9日	20元		
	1月10日	0		
	1月11日	886元		
追加	1月11日	26元2角6分	1月11日〜1月20日、合計5,144元6角2分 これまでの合計：128,191元2角1分	『生活』第7巻第4号（1932年1月30日）
	1月12日	391元5角		
	1月13日	668元1角5分		
	1月14日	504元6角3分		
	1月15日	817元4角		
	1月16日	25元9角4分		
	1月17日	0		
	1月18日	535元1角		
	1月19日	1,339元2角4分		
	1月20日	836元4角		

（出所：『生活』に基づき、筆者作成）

第五章　生活書店の募金活動　149

【資料5-2】献金者の一部

一般人	粤東女子2万5千元
企　業	五洲大薬房、三友実業社、天厨味精廠、天原電化廠、上海書局、上海無線電総台、万興国貨公司、康元花鉄印刷製缶廠、華成制帽公司、永安紡織廠、天章造紙公司、新華銀行、浦東電気公司、美亜保険公司、立信会計士事務所、南京大江百貨商店、公益染織廠、大業印刷公司、生生美術公司、香港西門子電機廠、新世界飯店、奥迪安電影公司、長沙新中華大旅社、鄭州豫豊紗廠、青島永泰和汽車行、中華煤球有限公司
地方政府機関	南京市政府自来水工程処、湖南建設庁地質調査所、湖南省公安局、広州中山記念堂馥記工程処、湖南省政府
民間団体	大同大学抗日救国会、出版業工会、維昌洋行華員抗日会、上海美専学生抗日救国会、愛羣女中抗日会、蓮花市民救国儲金会、嘉定県立初級中学学生自治会、南通学院紡織科反日会、閔行婦女抗日救国会、首都工界抗日救国会、杭州女師同学会、中西餅業工会、中央大学商学院学生抗日救国会、浙江省水産科職業学校反日救国会、交通大学抗日会、九江光華中学抗日会
学　校	上海工部局東区小学、南洋高商、上海中学実験小学、江蘇省立南京中学実験小学、同済大学医学院、浙江省立民衆教育実験学校、上海市立暉橋小学、人和助産学校、安徽省立第四女子中学、蘇州東呉大学、湖南私立建国中学、広東梅県溪南学校、国民革命軍遺族学校、南洋中学

（出所：『生活』に基づき、筆者作成）

【資料 5-3】領収書の一例

（出所：『生活』第6巻第50号（1931年12月5日））

150　第三部　書店篇：近代出版メディアの一つのあり方

【資料5-4】立信会計士事務所証明書

(出所：『生活』第7巻第29号（1932年7月23日））

注
(1)　生活書店に集められた馬占山支援金の金額については、1932年1月20日分までが確認されているが、張洪軍（2007）には1932年1月12日から1月20日までの分が計上されていない。
(2)　菊池一隆、2002、121頁。
(3)　傷兵医院は、生活書店が第一次上海事変勃発後に設立した臨時的な医療施設である。『生活』第7巻9号（1932年3月5日）の「生活週刊社附設傷兵医院啓事」及び、『生活』第7巻16号（1932年4月23日）の「生活週刊社傷兵医院留影」を参照。
(4)　今井清一、1971、286頁。
(5)　『生活』第6巻47号、1931年11月14日。
(6)　『生活』第6巻48号、1931年11月21日。
(7)　『生活』第6巻48号、1931年11月21日。
(8)　『申報』、1931年11月15日。

(9) 『申報』、1931年11月16日、11月17日、11月18日、11月19日。
(10) 『生活』第6巻48号、1931年11月21日。
(11) 『生活』第6巻49号、1931年11月28日。
(12) 『生活』第7巻1号、1932年1月9日。
(13) 「粤東女子」という名前の女性は生活書店を訪れ、鄒韜奮とも面会したが、実名や出身地などを明かさなかった。
(14) 島田俊彦、1966、383頁。
(15) 馬占山の評価問題について多くの研究があるが、一例として太田勝洪（2001）、関捷（2009）を参照。
(16) 『生活』第7巻10号、1932年3月12日。
(17) 『生活』第7巻16号、1932年4月23日。
(18) 『生活』第7巻2号、1932年1月16日。
(19) 『生活』第7巻3号、1932年1月23日。
(20) 『生活』第7巻第4号、1932年1月30日。
(21) 『生活』第7巻第9号、1932年3月5日。
(22) 資料3参照。写真付きの領収書は、以下の誌面に掲載されている。『生活』第6巻第50号（1931年12月5日）、『生活』第6巻第52号（1931年12月19日）、『生活』第7巻第1号（1932年1月9日）、『生活』第7巻第2号（1932年1月16日）。
(23) 「票力」とは、旧時「銭荘」が支払請求者から徴収した引換現銀運送手数料である。
(24) 『生活』第7巻第29号、1932年7月23日。
(25) 島田俊彦、1966、383頁。
(26) 『生活』第6巻第37号、1931年9月5日。
(27) 『韜奮全集』第9巻、691頁。初出は『店務通訊』第51号、1939年6月10日。
(28) 『生活日報』は、生活書店が1932年に創刊予定だった新聞である。一般読者から出資金を集める方式で、15万元の資金を集めた。しかし、当局に発行が認められなかったため、のちに集まった出資金及び銀行利息を全出資者へ返還した経緯がある。
(29) 『韜奮全集』第9巻、738-739頁。初出は『店務通訊』第96号、1940年6月30日。

第六章　戦時下の経営管理

1　はじめに

　第六章では、主に生活書店の内部機関誌である『店務通訊』を手がかりに、これまでの先行研究ではあまり触れられなかった1937年以降の戦時下における経営管理に関する当時の状況及び生活書店側の対応を中心に考察する。1937年以降、上海・広州・武漢・香港など主要都市の陥落は、新聞社や書店などの言論出版業界に深刻な影響を及ぼした。流通（交通・郵便・金融）網の崩壊により、出版にかかわる原材料（とりわけ印刷用紙）の供給が不安定に陥った。また、物価・人件費の上昇に加え、空襲／空爆など戦時下特有の損失も発生した。さらに、（生活書店の場合は）国民党政府による検閲強化や支店閉鎖へ追い込まれるような迫害も日常化していた。この時期における状況及び生活書店側の対応の詳細は、抗日戦争時の中国（とくに「大後方」地域において）の社会状況を反映する一側面であると考えられる。とりわけ、その対応に関するものは、当時の文化活動（出版・話劇・映画など各分野にわたる文化宣伝活動）にかかわった諸団体や個々人までも見通せる共通性をもつものだと思われる。

　第五章で述べたとおり、生活書店の経営管理に関する先行研究の多くは1937年の上海事変の勃発までの時期を扱っている。このようなことを踏まえ、本章では、主に1938年以降の状況を中心に、以下の五つの側面から整理・考察し、その詳細を明らかにしたい。(1) 戦時下の生産コスト（書物の出版及び新聞や雑誌などの定期刊行物の発行にかかるコスト）、とりわけ出版業にとって最も大事な物資である印刷用紙の供給及び調達について考察する。(2) 戦時下において流通・運輸・郵送・為替などの状況及び対応について整理する。(3) 極めて困難な状況への生活書店の対応策としての支店開設や移動供給所／移動供給隊の立ち上げと実際の活動について調べる。(4) 戦時期に特有な問題として、空襲／

空爆によってどのような困難や損失が生じたのか、また生活書店はどのように対処したのかを分析する。(5) 長引いた戦争期において、生活書店社内でも不正事件があったが、二つの事例を取り上げ、その詳細を明らかにする。

本論へ入る前に、ここで用いる一次資料である生活書店内部機関誌『店務通訊』について紹介しておく。『店務通訊』は1938年1月22日漢口で創刊され、1941年1月31日重慶で停刊になった生活書店の機関同人誌である。総108号まで発行された。現在、第5、6、7、8、10、15、16、17、18号以外、韜奮紀念館・北京印刷学院編『『店務通訊』配印本（上・中・下）』（学林出版社、2007）に収録されている。そのなかには、1938年以前の生活書店に関する記述もある。『店務通訊』の誌面内容は主に、社内重要会議の会議録の掲載、出版機関の経営管理方法、各地の支店からの報告、文化／文芸界の最新動向、印刷出版に関する専門知識などである。

【表6-1】生活書店組織図（1939年）

総管理処（重慶）	総経理	
	経理	
	秘書処	
	総務部	
	事務部	人事科
		会計科
		稽核科
	生産部	編校科
		出版科
	営業部	分店科
		推広科
	服務部	服務科
		代弁科
	編審委員会	
	東南区管理処（香港）	生産科
		営業科
	西南区管理処（桂林）	生産科
		営業科

（出所：1939年2月11日『店務通訊』第37号に基づき、筆者作成）

2　戦時下における生活書店の組織

生活書店の組織としては、主に三つの系統が見られる。一つ目は、生活書店の管理決定権をもつ理事会・人事委員会・監査委員会である。二つ目は、主に

生産・流通・広報に関わる実務機関である総管理処である。三つ目は、従業員が構成員となる社内同人自治会である。総管理処の具体像について表6-1に示す。なお、1939年1月以降には、編審委員会と編校科が増設された。また、東南区管理処と西南区管理処は戦時下新たに設けられた管理機関であり、それぞれ香港と桂林を拠点としていた。東南区管理処は主に浙江省・福建省・広東省の業務を担当し、西南区管理処は主に湖南省・四川省・雲南省の業務を担当していた。

3 戦時下における経営管理：その状況と対応

3-1 生産コストについて

まず、生産コスト（書物の出版及び新聞や雑誌などの定期刊行物の発行にかかるコスト）のなかで最も重要なものとなる印刷用紙の価格変動について見てみよう。1938年初め頃、武漢での普通印刷用紙の価格はそれまでの1令（500枚）あたり9元（法幣、以下同）から9.5元まで値上げされた。同時期の重慶では、普通印刷用紙が1令あたり17.5元で、表紙に使われる印刷用紙が1令あたり80元の高値となっていた[1]。およそ半年後の8月の時点で、武漢での価格は14.8元だった。同時期の広州ではおよそ8元であり、上海では7.3元までに上昇した。一方、1938年8月の香港では、1令あたり香港幣3.4元、当時のレートで換算すると約6.02元となる[2]。その後、重慶における印刷用紙の相場が急騰し、生活書店も対応に追われた模様である。

> 重慶の印刷用紙価格は1令あたり20数元までに急騰した。我が社では、一部の印刷物を除いて、各種雑誌や再版単行本の印刷はすべて「土紙」へと変更した。「土紙」のサイズは普通の新聞紙の大きさに近く、1令あたりの市販価格は12元（最近では17元前後）となっている。我が社は龍門製紙工場と契約を交わし、1令あたり10.4元の価格で一日5令を購入している（龍門製紙工場が一日6〜7令しか生産できない）。龍門製紙工場の製品は需要が多く、

たとえば、新華日報社でも使われている。我が社も先方とのさらなる交渉を進めている。なお、近日武漢の相場は少々下落があったが、依然1令あたり16.2元以上の高値となっている。我が社としては、損失回避のため、その都度必要な量だけを購入するようにしている。なお、上海の相場は1令あたり7.1元前後である[3]。

しかし、その後、安値で購入できた「土紙」の価格も上がり、重慶では1令あたり16元となった。重慶に近い成都では、普通印刷用紙1令あたり37.5元に対して、8元／9元／16元の三種類の「土紙」が売り出された[4]。当時の印刷用紙の相場の特徴として、どこから調達するかによって仕入れ価格が大きく変わることが挙げられる。その背景には、上海は日本軍に占領されたが、租界においては従来どおりの経済活動が続けられていたことがある。そのため、外国から安値で印刷用紙を輸入することが可能であった。同様の状況は、当時イギリス植民地だった香港でも見られた。それと対照的となったのは、重慶や成都などいわゆる「大後方」地域で、そこでは、交通網の断絶によって物資の輸送が困難なため、物資の調達ができず仕入価格が急騰した。

当然、印刷出版コストの内訳は、印刷用紙だけではなく、人件費や輸送費なども相当な割合を占める。各地の生産コストを知るため、生活書店の総経理である徐伯昕は1939年夏頃に調査を行い、その結果を次のように報告した。仮に一冊の書物を上海で生産するコストを100元とすれば、香港での生産コストは168元、桂林では330元、重慶では448元である[5]。各地の生産コストの細目を、表6-2にまとめた。

表6-2から分かるように、1939年の時点では、沿岸部の上海や香港と内陸部の桂林や重慶の間には、明白な生産コストの格差があった。生活書店では、このような状況を把握のうえ以下の対策が講じられた。各地の生産コスト調査を常に行い、その比較調査の結果に基づき、随時生産規模や生産内容を調整するというものである。生産内容の調整とは、需要旺盛な書物（再版本）と定期刊行物を選定し、需要度の高いものを優先して出版することである。この対策を

【表6-2】各地での生産コストの比較（単位：元）

地名	植字	組版	紙型	挿絵	表紙	装丁	製版	印刷用紙	表紙用紙	合計
上海	0.55	1.60	0.06	0.70	0.80	0.50	0.06	8.40	0.07	12.74
香港	0.50	1.70	0.06	0.80	0.90	0.70	0.05	4.00	0.03	8.74
桂林	1.20	9.00	0.40	3.00	3.50	1.80	0.40	24.00	0.07	43.37
重慶	2.50	10.00	0.60	3.00	3.00	2.00	0.60	22.00	0.14	43.85

（出所：『店務通訊』第61号（1939年8月19日）に基づき、筆者作成。比較時の香港幣と法幣の変換レート：1元香港幣＝2.35元法幣。）

通して、売れ筋である商品の在庫を確保する。当時、生活書店は昆明を新しい生産拠点として位置づけ、その建設にかかわる計画を立て、実施に力を入れていた。実際の作業方法にも様々な試みがあった。たとえば、文字フォントの変更によって一頁あたりの文字数を増やし、印刷用紙コストを減らすという工夫がなされた。ほかに、生活書店内部において社内節約運動も呼びかけられた。1938年以降、多くの工場や政府機関が内地へ移転したのに伴い、労働者の需要が著しく高まり、生活書店でも人手不足問題が徐々に浮上してきた。それに加えて、「壮丁」徴集も生活書店の店舗営業に支障が出る要因の一つであった[6]。しかし、以上のようなコスト削減の徹底によって、出版物の販売価格が最大限に抑えられ、読者の負担の軽減がある程度実現した。

3-2 流通・運輸・郵送・為替について

次は、生産コストにも影響する流通や運輸などの側面を見てみよう。1938年夏頃、すでに深刻な運輸難問題によって、経営に様々な支障が出はじめていた。たとえば、次のようなことが報告されている。広東省と湖北省の間の貨物輸送が停止され、浙江省と江西省の間の貨物輸送も一旦武漢まで運ばれ、さらに湖南省を経由しなければならないため、到着は異常に遅い[7]。また、雲南省の状況に関しては、自動車輸送の会社は「西南運輸局」、「華通公司」、「雲南汽車公司」の三社があるが、民間企業は基本的には利用できなかった。「西南運輸局」

第六章　戦時下の経営管理　157

は政府中央機関のものしか受けず、「華通公司」は軍事物資のみを輸送し、「雲南汽車公司」は一般顧客が対象で、貨物の輸送を行わないうえ、雲南省内の輸送に留まっているからである(8)。一方、水路の状況も深刻だった。1938年11月、宜昌から湖南省への船便が停止され、水路による貨物輸送も不可能となった(9)。

　当時、生活書店出版物の主要な運輸には以下の六つのルートがあった。「赤桂線（赤坎➡桂林）」、「滬滇線（上海➡昆明）」、「港滇線（香港➡昆明）」、「港曲線（香港➡曲江・梅県）」、「浙桂線（温州➡桂林）」、「衡渝線（衡陽➡重慶）」である。この六つのルートも時局（戦局）の変化によって不通となることが多かった。そのため、どのようにして効率的に輸送を行うのかが生活書店の重要課題となった。1940年3月頃に、以下の七つの方針が定められた。(1) 沿岸部（上海・香港）から西南地域各支店（玉林・柳州・桂林）への発送は、まず赤坎（現在の湛江）まで運び、その後玉林を経由して、桂平・石龍・柳州などの各地へ輸送する。桂林支店宛のものは柳州支店を経由する。(2) 上海から雲南への発送は、大口の場合、水路でサイゴン（現在のホーチミン）を経由して昆明へ輸送する。コストは高いが、時間と手続きの面では速い。小口の場合、香港から郵送する。(3) 上海から貴陽への発送は、香港経由で郵送する。(4) 上海から重慶・成都・蘭州への発送は、大口の場合、水路でサイゴンを経由して昆明まで運び、昆明支店から各地へ郵送する。小口の場合、香港と昆明経由で郵送する。(5) 沿岸部から梅県や曲江への発送は、「港曲線」ルートで護送する。(6) 現時点では「浙桂線」ルートは条件が厳しいため一時停止とする。(7)「衡渝線」ルートは、残品処理を中心に行い、必要に応じて再開を検討する(10)。

　しかし、上述した「郵送」という輸送方法も、実際には不通となることが多く、とりわけ広州と武漢の陥落以降は利用できないことが常態化した。生活書店の「批発科」従業員は次のような苦悩を訴えていた。「最近、郵送ルートが不通になったことによって、大打撃を受けた。雲南・福建・広西・広東の四省を除いて、ほかの地域への小包がすべて郵便局に拒否された。鉄道の輸送も、列車が定刻運行を実施せず、駅には貨物が山のように溜まり、いつ発送されるかも全く知らされない。(11)」また、空爆によって交通が遮断され、郵送サービ

スが停止することも多かった。さらに、1939年以降、郵送料金の上昇も輸送に大きな影響を与え始めた。このような状況に対して、生活書店は郵送物を出す際、梱包でそのサイズや重量を工夫し、郵便物としての種類（普通印刷品類か新聞紙類かによって郵送料金が異なる）、さらに郵送の経由ルートをも考慮し、郵送料金の節約に励んだ(12)。

当時、「陪都（臨時首都）」の重慶と外部との間に、いくつかの航空ルートもあった。重慶➡濾州➡叙府➡嘉定（毎週火曜日1往復）、重慶➡成都（毎日1往復）、重慶➡万県（毎週火曜日・金曜日1往復）、重慶➡昆明（毎週月・火・木・土曜日1往復）、重慶➡柳州➡梧州➡香港（不定期便）である。しかし、航空ルートは政府関係者の利用が中心であり、民間の物資を輸送するようなものではなかった。

輸送と並んで重要で無視できないのは、為替である。生活書店の場合、個別購読の読者から関係業者に至るまで、日常的に為替送金が欠かせない。まず、当時の為替をめぐる困難を見てみよう。

> 内陸部の各省において、政府管轄下の相互為替送金は可能であるため、現時点では問題はない。しかし、内陸部と沿岸部の間では、非常に厳しい制限が強いられており、まったくできない時もある。たとえば、重慶から上海や浙江省・福建省へ送金する場合、最小限の生活費は中国銀行・中央銀行・交通銀行の「儲匯局」の毎日定額為替送金サービスを利用できるが、これ以外の送金はすべて拒否される。また、手数料が高く、我が社にとって非常に大きな負担となる(13)。

このような状況には、当時国民政府による金融中央集権化の強化という背景がある。「四聯総処」、すなわち「中央・中国・交通・中国農民」四大銀行聯合辦事処が最高金融機関として改組され、理事会主席に蒋介石、常務理事に孔祥熙・宋子文・銭永銘の三名が就任し、主席に国家四銀行の職権を代行する権利が与えられた(14)。1938年、「四聯総処」は次のような為替送金に関する規定を定めた。まず、四銀行を通して行う内陸部から沿岸部への為替送金は、「四聯

総処」が査定した総額枠以内で処理されなければならない。それから、香港への送金については、個人名義か機関名義かにかかわらず、国防緊急要件或いは財政部批准された要件を除いて、すべての申請が却下される[15]。

このような厳しい状況に対して、生活書店は臨機応変な方針で臨んだ。たとえば、1940年初め頃、為替送金に関して次のような提言があった。

> 戦時につき、為替送金が困難な局面に陥っている。しばしば銀行甲では可だが銀行乙では不可となり、銀行甲より銀行乙の方が手数料が高い。したがって、我々は一銀行だけに頼って送金すべきではない。その時期、その場所の状況を見て送金方法を決めなければならない[16]。

提言ではこのような指針が明白に打ち出され、さらに梅県の中国銀行と広東省銀行の手数料変動という具体例を挙げながらの説明で、手数料節約のためには事前の地道な調査確認が欠かせないことが強調された。

3-3　支店開設や移動供給所／移動供給隊について

以上の様々な輸送・金融などの困難を乗り越えるため、生活書店は営業活動のなかで多様な試みを行った。そのうちの一つに、多くの支店を開設し、全国に散在する支店のネットワークを作り上げ、そのネットワークを活かした営業方式があった。ほかに、海外支店（香港・シンガポール）の設立は、当時イギリス統治下という利点を最大限に発揮し、生産や物資の調達の役割を果たした。

各地に支店を開設した背景として、大量の人口移動（都市住民の疎開）に伴い、農村地域での文化需要が高まり、それに応じる文化商品の供給や文化活動の展開も活発となったことが挙げられる。しかし、後で言及する空襲や空爆の影響で損壊した支店が多かった。このような状況では、安全を確保しながら継続できるような流動性に富んだ営業方式が求められる。移動供給所の設立及び移動供給隊の活動展開である。その状況について、具体的な事例を取り上げて見てみよう。

まず、1939年6月「生活書店四川区流動供給隊」の活動について。「生活書店四川区流動供給隊」はこのとき、十日間以上にわたり四川省の江北県・弾子石・南泉などの各地を転々として活動を展開していた。供給隊は供給地点に着くと、大きな白い布で作った看板を出し、販売を行った。交通状況が深刻な場合は、臨時に荷担ぎ人夫を雇い、書物を運ばせた。活動地点には、工場や学校が複数あるため、この活動は多くの顧客に歓迎された。とりわけ、夕方になると、書物を求める多くの読者に囲まれた。供給隊の仕事も早朝から夜まで続いた。その間の販売実績は、最も多かった日の売り上げは62.75元にのぼり、少ない日は11.55元だった。一日の平均売上は30元前後で、一日の平均支出は7元だった（隊員の一日の食費は一人当たり0.9元である）[17]。次に、「生活書店浙江区流動供給所」の活動について。「生活書店浙江区流動供給所」は浙江省の金華に設置された近隣地域を管轄する「総部」であり、その下に余姚・麗水・海門などの各「支部」がある。「生活書店浙江区流動供給所」の供給範囲は隣接の江西省まで広げられた[18]。

3-4　空襲/空爆の被害状況及び対応について

1938年10月武漢陥落以降、日本軍による四川などの「大後方」地域への空襲や空爆が頻繁になった。重慶をはじめ中国の奥地の都市に対する日本軍機の無差別爆撃はすでに1939年春に始まっていた。1940年5月から8月までにかけての重慶大空襲によって、重慶市の中心部は完全に破壊され、一般市民に多くの犠牲者が出た[19]。生活書店も空襲／空爆の被害を受けた。生活書店の従業員に対して、総経理の徐伯昕は、空爆への対策として次のように提言した。各地の倉庫はできるだけ郊外へ分散させ、前線に近い地域の支店の在庫も可能な限りほかの安全で輸送便利な支店に預ける。一時的に売れない商品は奥地の最も安全なところで保管する。また、各支店はそれぞれの地域の市内防空施設を確認し、重要な書類と帳簿をハンドバッグやスーツケースに入れ、随時携行できるように準備しておく。一部普段使わない（監査に出す必要のない）重要帳簿と書類は近郊の倉庫で保管する[20]。

第六章　戦時下の経営管理　161

　1938年1月、生活書店万県支店は、大空爆を受け建物が全壊した。それにより、従業員の何中五が犠牲となった。このような教訓から、生活書店は新たに空襲／空爆の対策を策定・強化した。空爆時の優先順位としては、まず従業員の安全確保が第一であり、その次は紙型、さらに在庫の確保である。また、宿舎は日頃から安全性の高い家屋を探し、安全地域内のものを使用する。警報が頻繁に出される間は、数時間営業を停止し、待機の一人を除いて、ほかの従業員は全員避難する。警報が出された場合、閉店し、従業員は全員防空壕に入る。安全地域で倉庫を新たに設け、書類や紙型を保管する。在庫は、店頭にあるものを除いて、できる限り安全地域の倉庫に保管する[21]。

　1939年5月、浙江省の金華市は激しい空爆を受けた。この空爆で同業種の上海雑誌公司・光明書局・新知書店・中華書局・商務印書館などが大きな損害を被ったが、生活書店金華支店と同じ通りにあった正中書局は無事だった。空爆後、市内各所で火災が起こったため、生活書店の従業員は同業他社の救助に乗り出した。一部の従業員は上海雑誌公司の在庫商品を火の中から運び出し、また、ほかの従業員は新知書店の店舗の後片付け作業を手伝った。その後、生活書店金華支店は空爆への対応として次のような規定を定めた。店舗の営業時間を変更し、午後2時から夜9時までの営業とする。一部の在庫を麗水へ移して保管する。新たに郊外で倉庫を設け、店頭で販売する商品以外のものをすべて移動させる。重要な帳簿と書類は各従業員が携行して保管し、午前中に従業員全員郊外へ避難する[22]。

　重慶空襲の際、生活書店は自社の店舗の保護や同業他社への協力・支援だけでなく、地元住民への援助活動も行った。重慶の読者167人宛に慰労の手紙を送付した。また、服務隊を組織し、被害者（児童）を救助し、手紙の代筆や質問への解答なども行った。救助を受けた人々より届けられた便りからは、生活書店の救助活動を通して、生活書店と読者・顧客の絆が強められたことがわかる[23]。

3-5 戦時下の社内不正事件について

『店務通訊』は、社内の各部署から出された通達、各地の支店からの報告も多く掲載されている。そのなかには、少数だが、戦時下において社内で発生した不正事件もいくつかあったことがわかる。二つの事例を取り上げる。

まず一つは、1938年の広州支店における従業員の陸鳳祥・孟漢臣・蘇錫麟・許三新による不正事件である。この事件の発覚後、生活書店本店と広州支店の両店は一年近く調査を行った後、臨時委員会を開き、事件の詳細に関する報告と処分に関する決議を行った。1938年春、上述の四人は「遠東出版社」という名義の私営機関を設立し、生活書店の出版物の十数種類以上を不法に複製・販売した。その後、広州が陥落し、人事の変動が多かったため不正行為を立証することは困難だったが、調査を経てその事実が突き止められた。最終的には、陸鳳祥・蘇錫麟・許三新の三人が停職処分、孟漢臣が警告処分となった[24]。

もう一つは、1938年の上海支店において、従業員の張洪涛による不正事件である。張は自らの職権を利用して、申報館出版の『中国分省地図』の仕入れの際、その贈呈品にあたるような一部商品を不法転売し、利益を得ていた。事件の発覚後、総経理の徐伯昕は報告を受け、張に事実関係を確認し、事実であれば依願退職するように求めた。この求めに応じて、張は退職した。しかし、一年後、張から事実を覆すような申し立てが出された。生活書店側は、張が言及した当事者らに再度調査を行い、不正を立証する証拠を集めた。最終的には、退職処分のままとした[25]。

他にも公金横領や無断離職などの不正事件[26]があったが、とりわけ陸鳳祥らによる事件は影響が大きく、(同業種である) 生活書店の信用も損なった。

4 小 括

以上の考察を通して、戦時下における困難な状況、そして生活書店が必死に努力してその状況に対応した様子を垣間見ることができた。そこには、読者への負担を可能な限り軽減するため、様々な方法を考え、生産コストを抑え、輸

送・郵送・為替のルートを確保する工夫があった。また、空襲などによる被害にも迅速に対応し、同業他社や一般民衆に対する救助活動も懸命に行った。一つの出版機構の状況から、戦時下の文化活動における困難と、それを乗り越えようとする努力を実感できた。ただし、本章では、当時の状況をすべて網羅して把握したわけではない。たとえば、生活書店の会計監査に大きくかかわった立信会計士事務所の状況、そしてその両者の関係など不明なところも多く残っている。また、商務印書館などの同業他社が置かれた状況との比較も必要である。さらに、当時の時局全体（経済状況、人口移動、物資調達など）を踏まえた考察も不可欠だと考える。

注
（1）『店務通訊』第2号、1938年1月29日。
（2）『店務通訊』第22号、1938年8月20日。
（3）『店務通訊』第27号、1938年9月24日。
（4）『店務通訊』第31号、1938年11月19日。
（5）『店務通訊』第60号、1939年8月12日。
（6）『店務通訊』第49号、1939年5月27日。
（7）『店務通訊』第23号、1938年8月27日。
（8）『店務通訊』第26号、1938年9月17日。
（9）『店務通訊』第31号、1938年11月19日。
（10）『店務通訊』第89号、1940年3月9日。
（11）『店務通訊』第3号、1938年2月20日。
（12）『店務通訊』第78号、1939年12月16日。
（13）『店務通訊』第49号、1939年5月27日。
（14）菊池一隆、2009、319頁。
（15）中国銀行行史編輯委員会、1995、518頁。
（16）『店務通訊』第82号、1940年1月20日。
（17）『店務通訊』第55号、1939年7月8日。
（18）『店務通訊』第82号、1940年1月20日。
（19）石島紀之、1984、128頁。

164　第三部　書店篇：近代出版メディアの一つのあり方

（20）『店務通訊』第31号、1938年11月19日。
（21）『店務通訊』第36号、1939年2月4日。
（22）『店務通訊』第48号、1939年5月20日。
（23）『店務通訊』第50号、1939年6月3日。
（24）『店務通訊』第44号、1939年4月15日。
（25）『店務通訊』第69号、1939年10月14日。
（26）『店務通訊』第84号、1940年2月3日。

第 四 部

言 説 篇

メディアとナショナリズムの交錯

第七章　メディア化された共同体：
生活書店出版物の投書欄

1　はじめに

　第七章では、主に生活書店の出版物（雑誌）に設けられた投書欄[1]を、一種の誌上コミュニティーとして捉え、その歴史をたどった後に、メディア論の視点からその具体像を考察する。

　先行研究として、Yeh, Wen-Hsin（1992）、Mitter, Rana（2004）、呉文（2005）などによるものが挙げられる。これらの先行研究は、『生活』の投書欄を中心対象として、主に若い読者の恋愛・婚姻をめぐる投書内容を考察している。Yeh, Wen-Hsin（1992）の考察は長期間にわたるが、その他の研究者の考察は、生活書店の初期から中期までという比較的短い期間に限られる。生活書店による雑誌などの出版物（資料7-1参照）は、創刊・廃刊を繰り返しながらも継続的に長期間にわたり刊行された。また、これらの雑誌は、投書欄を設け続けたことが一つの特徴である。『生活』を含む、生活書店が出版した雑誌全体における投書欄はどのような内容をもっていたか、時代の推移に伴い、そこにどのような変化があったのかなどについて全体的な検討が必要である。さらに、先行研究は主に中国近代史研究の視点から、『生活』の投書欄の内容を考察しているのに対し、本論は歴史的事実をメディア論の視点（主にオーディエンスやコミュニティー性という二つの側面）から考察する。すなわち、投書欄の読者・投稿者・編集者の間にどのようなコミュニケーションが行われたのか、そして三者の相互作用によって生まれた誌上コミュニティーはどのようなものであったのか。

　本章で取り扱う史料は、以下のものである。①『生活』全412号（1925年10月11日～1933年12月16日）、②『新生』全72号（1934年2月10日～1935年6月22日）、③『生活星期刊』第1巻第22～28号（1936年11月1日～1936年12月13日）、④『抗戦』全86号（1937年8月19日～1938年7月3日）、⑤『大衆生活（新1～30号）』（1941年5月17

日～1941年12月6日)。他に『韜奮全集』全14巻（上海人民出版社、1995）も用いる。以下ではまず、これらの雑誌における投書欄の内容の変遷を確認したい。

2　生活書店出版物の投書欄

2-1　投書欄の誕生

　生活書店出版物が最初に刊行した『生活』から、『新生』、『大衆生活』、『抗戦』、『全民抗戦』に至るまで、各雑誌の内容、性格および分量などに差異があるとはいえ、「読者通信」、「読者通訊」、「読者信箱」、「新生之友」、「信箱」、「大衆之声」などの投書欄が存在し続けた。長期間にわたって継続して投書欄が設けられていたことは、生活書店の中心的人物である鄒韜奮が示した投書欄に対するこだわりと大きな関係がある。この投書欄とは、どのようなものであるかを明らかにするため、第二章で見た記事「誤った購入を避けるために」から再び引用してみよう。

> 本誌は読者のよい友人という立場に立とうとしている。だから、すべての相談のお手紙に対し、読者の信頼をありがたく思い、我々の知る限りのお答えをする（誌上の読者ポスト欄に発表したのはわずか一部に過ぎない）。時には、読者のために専門家を訪ねて、ご意見を頂く。我々が出した意見は、参考のため、読者の多くの友人の一人の意見として全力で提供したものである[2]。

　以上の引用文から、投書欄の形式が分かる。すなわち、読者からの手紙に対して編集者が解決方法などを書いた返事を読者に送る。その一部を、『生活』誌上に掲載する。掲載された内容を読んだ他の読者も、賛成或いは反対の意見を読者ポストに送り、その一部はまた誌上に掲載され、議論される。

　実は、「読者信箱」欄は読者からの手紙によって誕生した。『生活』第2巻第1期（1926年10月24日）に、「『生活』に対する管見」という読者からの手紙が寄せ

第七章　メディア化された共同体：生活書店出版物の投書欄　169

られ、それに対し鄒韜奮の回答が誌上でなされた。この読者は『生活』が創刊されて以来、雑誌を読み続けてきた。彼は、創刊から一年経ったとき、「誌面に通信欄を新設してほしい」という希望を述べた。それに対して、鄒韜奮は「大賛成だ。本号はその始まりとする。礼弘様（読者の名前）の厚意に謝意を表する」と答え、その号の『生活』誌から「読者信箱」という投書欄が設けられた。

2-2　『生活』の投書欄

こうして始まった投書欄へは、『生活』の発行部数の増加とともに、読者からの手紙も増えていった。最初はすべて鄒韜奮一人が投書欄を担当していた。彼は、1939年12月2日の生活書店内部誌『店務通訊』第76号で、次のように回想している。

> 一人で封筒を開け、一人で手紙を読む、一人で返信を書く、一人で返信の記録をとる。とても忙しかったが、大変楽しかった。なぜなら編集者として、一番楽しいのは、読者からの手紙を読んで、自分のできるかぎり、読者の様々な問題を解決し相談してあげることである。読者のことを自分のことと思い、読者の悲喜離合、艱難辛苦を共に感じることである[3]。

当時の『生活』週刊社はまだ中華職業教育社の付属部門であったため、編集部の正式スタッフは二人しかいなかった。日常的な編集の仕事以外に、読者からの手紙の処理をも手がける鄒韜奮は、何よりも読者との交流を喜んでいた。投書欄が、たくさんの読者に愛されたことは、『生活』の発行部数の増加に伴い、投書欄への手紙が増え続けた事実から察することができる。「読者からの手紙は年々増えて、1930年の一年間に約3万通が届いた」[4]。この大量の手紙を処理するため、鄒韜奮は二人の専門スタッフを配置した。しかし、『生活』誌上に掲載できる返信の数はほんの一部であったので、1930年5月に鄒韜奮は精選した投書と返信を編集し、『読者信箱外集――どんな道を歩むのか』と題する単行本を出版した。これは、初期における投書欄の結晶とも言えよう。

『生活』における投書欄の内容は、資料7-2の分類のとおりである。投書の本数を見てみると、なかには、分類が困難な「その他」を除けば、最も多かったのは「国家・外交」（112本）であり、続いて多かったのは「恋愛」（105本）である。第三位は、「婚姻」（80本）である。ほかには、「社会」（70本）、「学業・教育」（43本）、「家庭・家族制度」（37本）、「職業」（23本）があった。実際の誌面分析からはもちろん、前述した投書欄から生まれた単行本からもその特徴を概観できる。『読者信箱外集――どんな道を歩むのか』と題する単行本を出版した後、鄒韜奮は二度にわたって『生活』の「読者信箱」に寄せられた投書の中から重要と思われる文章をまとめ、単行本として出版した。その一つは1932年4月に出版された『最難解決的一個問題――信箱匯集之一（もっとも解決しにくい問題――読者信箱欄匯集之一）』という書物である。この単行本は、読者信箱で行った往来書簡（117篇）を8項目（学業・職業・家庭・社交・恋愛・婚姻・法律・その他）に分けている。そして、もう一つは1933年6月に出版された『懸想――読者信箱欄匯集之二』である。これは「読者信箱」欄で行った往復書簡（71篇）を、教育・職業・家庭・婚姻・出路（人生の分かれ道、岐路）・その他の6種類に分けて編集している。これらの本から『生活』の投書欄で扱われた話題は、職業、家庭、婚姻に関するものが多いとわかる。また、資料7-2で注目すべきは、『生活』第8巻の「恋愛」に関する投書が52本もあったという事実である。これは、1933年に『生活』誌上で展開された「恋愛と貞操論争」と関係がある。「恋愛と貞操」という評論は『生活』第8巻第15期（1933年4月15日）に掲載され、評論者の署名は克士である。克士は、女性や倫理問題研究で知られる学者周建人の筆名である。その後の第8巻第35期（9月2日）までの4ヶ月にわたり、この記事をめぐる論争が投書欄で展開された。掲載された関係の投書は50本以上に及んだ。これについて、第八章で再び論じることにしたい。

2-3 『新生』、『生活星期刊』の投書欄

鄒韜奮は1933年7月に出国し、ヨーロッパ諸国、ソ連、アメリカを歴訪し、1935年8月に帰国した。この二年間は、生活書店の経営や雑誌の編集などは、

主に杜重遠や胡愈之などが代行した。『新生』はこの二年間に発行された雑誌である。『新生』では、「新生の友」と題する投書欄が設けられたが、資料7-3が示すように、掲載された投書は少ない、合計して26本しかない。これは、鄒韜奮の不在と関連があると推測できる。『新生』で掲載された投書の内容は、依然として『生活』時代の学業、職業、家庭、婚姻などに関するものがあったが、抗日運動など国家の存亡に関する投書も見られる。そして、『新生』は1935年の「新生事件」[5]をきっかけに発行が禁止される。

　1936年6月からの半年間、『生活星期刊』が発行された。『生活星期刊』で掲載された投書も多くはないが、この時から投書欄の新たな形式として「短簡」という読者への回答欄が現れ始めた。「短簡」とこれまでの投書欄との違いは、前者が読者からの手紙の内容を掲載せず、編集者の回答やコメントのみ掲載するところにある。『生活星期刊』第1巻第24号（1936年11月15日）に、「短簡」についての「規約」が載っている。それによると、「短簡」欄で扱う問題は「比較的簡単な問題に限定し、大いに議論する必要のある問題は「信箱」欄へ」と書かれ、「毎回一つの具体的な問題を取り上げ、最大三つまで」と規定している。当時の投書欄に掲載された投書の数は多くないが、「短簡」で扱った回答文は少なくない。『生活星期刊』第1巻第22号から28号までの計7号には、全体として24本の投書が掲載されたのに対して、「短簡」は157本であった。実際の誌面を見ると、ほとんどの「短簡」は100文字前後の回答文であった。「短簡」を含む『生活星期刊』の投書内容は、これまでにあった個人生活に関するものはほとんど見当たらない。中心的な話題は、社会問題や抗日救国へと移っていた。

2-4　『抗戦』の投書欄

　1937年8月、『抗戦』の発行が始まった。『抗戦』の投書欄では、「短簡」を除いて合計147本の投書が掲載された。その内容は、すべて戦争期の内政、軍事両政策に対する意見や主張であるが、大きく8種類に分けることができる（資料7-4を参照）。そのなかでは、青年の救国行動、徴兵や壮丁問題[6]をめぐる議論がとくに目立つ。ここでいくつかの投書を見てみよう。

まず、青年の救国行動についての投書である。抗日戦争期間、数多くの中学校や高校は農村地域に疎開した。学生からは、安定した生活に満足せず、前線での戦いに参加したいという気持ちのこもった手紙が多く届いた。未成年である学生のこのような希望に対し、編集者は「敬服する精神」として讃えたが、同時に勉強や日常の訓練そのものは、救国行為の一部であると教え導いた。また、当時は数多くの青年が、共産党の根拠地（特に延安地域を指す）へ行くことが顕著な社会現象の一つとなっていた。『抗戦』には、その現象をめぐって、青年やその親からの手紙が多く掲載されている。『抗戦』第61号に掲載された一人の父親からの「一人っ子の息子は陝西省へ行った」という手紙は、その代表的な一例である。この現象に対して、『抗戦』の姿勢はどういうものであったか。その父親への返答には、次のように書かれている。

> われわれはこれまでも全国の青年がすべて陝北（延安）へ行くことに賛成していない。理由は簡単である。まずは、愛国青年は全国各地に分布し、直接或いは間接に抗戦救国活動に参加すべきであり、一箇所に集中すべきではない。また、陝北（延安）の財力や物質も限られているから、大量の人々を受け入れることができないのだ[7]。

返答で、このように表明した後、新たな解決法を提起した。つまり、全国各地にある既存の青年訓練所の数をさらに増やし、さらに、訓練方法なども積極的に改善する。そうすることによって、愛国青年が一箇所に集中することも自然になくなるとの考えである。井上久士によれば、西安事件の解決を経て、1937年になると国民党と共産党は本格的な国共合作交渉を開始した。その結果として、「陝甘寧辺区行政長官の人事を行政院が発令したことによって辺区は合法性を獲得することになった」[8]。日本軍の全面的な侵攻に直面した国民党は、華北を中心に共産党の戦力を活用するため、辺区および共産党の武装部隊である紅軍を制度上そのまま温存した。それによって辺区は、名目上国民政府統治地域の一つになった。また辺区は、中国共産党根拠地政権という特性や抗

第七章　メディア化された共同体：生活書店出版物の投書欄　173

日戦争の前線への地理的な近さによって、抗戦へ参加したい多くの青年たちにとって憧れの地域となった。

　次に徴兵問題である。戦争の長期化によって、兵士の不足という問題が深刻になるとともに、徴兵の際の不正も増えてきた。読者からの手紙の中でしばしば、強制的な徴兵や地方政府の役人の収賄事件などが伝えられた。特に徴兵の場面について、読者が「まるで死刑を執行される犯人が刑場へ運ばれるように縄で縛られ、民衆に徴兵が恐ろしいことだという感じを与えてしまい、みんな怖がって逃げてしまう。結局、抗戦に対してまったく関心がない」[9]と書いた。このような徴兵中の問題や脱走兵問題に対して、『抗戦』の編集者は次の三つの対策を提言した。

> 第一には、地元を守る義勇軍或いは保衛隊から着手すること。中国の一般民衆にとっては、国を守ることより、自分の故郷を守る意識が強いからだ。（中略）第二には、このような地元を守る義勇軍を造ったら、短期間で積極的な政治教育を行うべきだ。（中略）第三には、精神的武装だけでは不十分で、同時に、物質生活の面においてできる限り苦痛を解消し、最低水準の生活を維持させる[10]。

　徴兵問題は、一般民衆、とりわけ農村の多くの人々が国の危機に対して無知であるという事実と関係がある。編集者は、「信箱」で書いた文章の中で、同僚の体験に触れた。同僚が、壮丁として警察に強制的に連れてこられた農民に、何のために連れてこられたかを聞いたところ、農民たちは首を横に振るだけであった。また、中国と日本が戦争をしていることは知っているかと聞いても、知らないという返事だった。このような事実を編集者は悲しんだが、中国人民が国を愛していないと断定することはできない、普段から彼らにどうやって国を愛するかということを教えていないからだと考えた。また、何のために犠牲になるのかを知らないなら誰でも死を怖がるだろう、中国人民は単に死に怯えているのではないのだ、と編集者は思った。そして、抗戦のために徴兵制は擁

護するが、徴兵の方法を根本的に変えなければならないと主張した。以上、『抗戦』の投書欄に見られた主要なトピックに関する投書の実例と、なぜそのトピックが人々の関心を集めたのかについて、当時の社会背景から説明を加えた。

2-5 『大衆生活』の投書欄

1935年11月16日に、『大衆生活』が創刊された。一週間後の『大衆生活』第1巻第2期（1935年11月23日）には、読者からの手紙が早速掲載された。『大衆生活』の誕生を喜ぶ読者は、次のように期待を語った。

> 『大衆生活』にも、やはり「読者信箱」欄を設けてほしい。なぜなら、「読者信箱」の内容は、極めて価値がある人生問題、社会問題までカバーすることができる。また、先生（鄒韜奮）の各質問への回答は、多くの人にも参考になる。生活書店が出版した『もっとも解決しにくい問題——読者信箱欄匯集之一』や『遅疑不決』などの本は国内外に好評を得たことから、大衆は「読者信箱」を重視していることが分かる[11]。

この要望に対して、編集者は「ご意見を受けとめなければならない。ただし、掲載できる手紙は十分な価値があるものに限定するため、毎号載るとは限らない」[12]と答えた。『大衆生活』は一旦廃刊に追い込まれたが、1941年5月17日に香港で復刊された。同年10月4日の『大衆生活』新21号に、新たに「大衆之声」欄が設けられ、以下のような記述があった。

> われわれはつねに投書をできるかぎり掲載するように心掛けている。しかし、時々取り残しの感を抱かないわけにはいかない。実際、掲載されなかった投書は掲載価値がないわけではない。「読者信箱」欄はスペースが限られている。この問題をなくすために、これから「大衆の声」欄で、できるだけ投書を掲載する。（中略）われわれは、この新しい欄の増設によって本誌がもっともっと大衆発言の場になることが可能であると深く信じてい

る[13]。

　これを読むと、投書欄に寄せた読者からの手紙を全部掲載できないことに対する『大衆生活』の悔しさと悩みがうかがわれる。そして、その解決を目指して、いままでの投書欄とは違う新しい欄を作ることにした。つまり、より多くの大衆が発言できるように、投書欄のスペースを拡大したのである。『大衆生活（新1〜30号）』は、1941年5月からおよそ半年間にわたって発行された。『生活星期刊』で始まった「短簡」は「簡覆」に名前を変えながら存続した。そして、全30号では合計24本の投書と169本の「簡覆」が掲載された。その内容は、ほとんど抗日救国に関するものであった。

　『生活』、『新生』、『生活星期刊』、『抗戦』、『大衆生活（新1〜30号）』各誌の投書欄の記事を分析すると、月平均の記事数は1937年以降の方が断然に多い。これは、1937年以降生活書店が発行した雑誌の形式と関係がある。抗日戦争の情勢の深刻化とともに、最新の戦場情報を求める読者の希望に応えて、『抗戦』の発行回数が増やされ、週2回の発行となった。また、毎号の雑誌で、複数の読者からの手紙を掲載し、手紙の内容に関係する問題について論じた。『生活』の投書欄においては、読者の日常生活や一般的な社会問題に関する記事がほとんどであった。その内容は主に家庭生活、男女関係、恋愛と婚姻である。それに対し、『新生』、『生活星期刊』、『抗戦』、『大衆生活（新1〜30号）』などの投書欄は、戦争期の内政、軍事政策に対する意見や主張、および国民大衆の戦争に関する個人的感情を取り扱った。特に1937年の盧溝橋事件以降、読者からの投書はさらに増え続けた。この現象は、当時の中国における国家的危機に対して国民大衆が示したメディアへの言論表現意欲の表われと考えてよいだろう。

3　投書欄における読者層とコミュニティー性

　以上、1920年代半ばから1940年代初めにかけて、生活書店が発行した雑誌の

投書欄を、時代を追ってその形式や内容の変化などを見てきた。投書欄は、読者・投書者・編集者という三つの中心的主体によって構築される。次に、この三者の相互関係を検討せねばならない。

3-1 生活書店出版物投書欄の読者層

『生活』の最高発行部数は15.5万部に達し、「当時の雑誌としては桁違いの売り上げを記録した雑誌である」[14]。同時期のほかのメディアに比べると、『生活』は誌面内容よりも、とくに投書欄を重視した編集で注目を集めた。投書欄の投稿者はまず、雑誌『生活』の読者であると想定される。投書欄への手紙は読者たちの意見や主張を含んでいる。各読者からの手紙は個々の視点から提起された多種多様個人的問題であるかもしれないが、これら具体的な問題は同時期の社会において発生したために、それなりの共通性をもっている。それは、その時期の社会背景がもつ共通性から由来するものだと言えよう。このような投書欄には、読者（その中には、目が不自由な「間接的」読者をも含む）・投稿者・編集者たち相互の積極的な交流と参加によって活気が溢れた。女性雑誌における読者欄を考察した木村涼子は、読者欄は基本的に編集者によるバイアスが加えられていることが予想されるため、読者の姿を読みとるための資料としては限界があると認めながらも、「読者欄は、一般の人々がマス・メディアについての価値観や感想を表明した数少ない記録の一つである。（中略）そこには、メディアからの一方的なメッセージでもなく単なる受け手の状況でもない、メディアと受け手の相互作用が映し出されているという点で、メディアと読者が取り結んだ関係を考察するためには積極的な意味をもつ資料であるといえよう」[15] と、投書欄のもつ資料的価値を指摘した。投書欄のこの価値こそ、本章で『生活』に焦点を当てた理由である。『生活』が当時の中国社会へ与えた影響について李頻は、「『生活』が創刊される前に、人々に深い影響を与えたのは『新民叢報』と『新青年』と言えよう。しかし、この二つの雑誌は「思想刊物（学術雑誌）」であり、影響を受けるのは主に青年知識人である。一方、『生活』は大衆雑誌であり、影響を及ぼす社会階級が異なる」[16] と指摘する。では、『生活』の投

第七章　メディア化された共同体：生活書店出版物の投書欄　177

書欄に、どのような人々が投稿してきたのか、読者層から見てみたい。

　生活書店の代表的な出版物である『生活』の読者層は、Yeh, Wen-Hsinによると「上海などの都市に一時的に住む若者たち（the urban sojourning youth of Shanghai and other cities）」[17] であり、Mitter, Ranaは「中流階級のなかの庶民層（lower middle-class）」[18] であると述べている。筆者が知る限り『生活』の読者層に関する統計的な資料は存在しないため、その全体像を明らかにすることは容易ではない。山本武利は近代日本の新聞読者層の研究方法について、「新聞にでた投書者の階級から読者層を推測する方法が考えられる」[19] と指摘している。

　しかし、『生活』のような近代中国のメディアを研究する際には、日本と異なる難しい一面がある。つまり、近代中国の新聞や雑誌などの活字メディアの投書欄では、日本と違って投書者自身が投稿文で表明しない限り、紙（誌）面から直接、その投書者の年齢・職業・住所などの情報を得ることができない。したがって、投書欄の投書者だけでなく、『生活』の読者層全体の状況を把握することは難しい。しかし、高橋俊はこの研究上の困難を乗り越える一つのアプローチ方法を発見した。高橋は『生活』第7巻第33号（1932年8月20日）に掲載された「二千戸生活日報股東的統計」を用いて『生活』の読者層を探った。この資料は、鄒韜奮が新しく『生活日報』を創刊するために出資者を募った時、2,000人に達した時点での出資者の職業・年齢・性別・住所を記したものである。高橋は言う、「もちろん、この数字は読者の中でもとくに出資者となるほどの者たちであるから、これを元に「一般の読者像」をイメージするのには注意が必要であろうが、しかしこれはこれで一つの「読者層」であることもまた確かではある」[20]。このように「二千戸生活日報股東的統計」から、当時の『生活』の読者層が推測された。まず、読者層の年齢については、20代が全体の半分以上に占めている、30代も全体の二割を占めている。職業に関しては、商業がおよそ50パーセントで、続いて教育、政界、工業、軍事業、農業の順になっている。そして所在地（出身地）は中国全土及び海外の20ヶ所に分布しており、江蘇省の人が圧倒的に多い。これは、生活書店が上海を本拠地としていることとも関係があるだろう。この「二千戸生活日報股東的統計」から見た出資者の性

別は男性が全体の三分の二以上を占めているが、当時の経済的支配権は男性にある状況を考慮すれば、あまり意味ある読者層の性別状況を提示しているとは思われない。なぜなら、実際に掲載された投書の文面では、投稿者が自分のことを「女学生」や「女子」などと名乗るケースはよく見かける。また、編集者の回答の初めのところで「女史」などの呼び方を使う投書も少なくない。したがって、女性は読者全体に一定の割合を占めることが分かる。すでに前節で論じたように、投書欄の内容は個人的、日常生活的話題から政治、戦争をめぐる議論へと転換しつつあり、それと共に、読者層も拡大した。

次に、読者層拡大の地理的要因について検討する。

生活書店は本店を上海に設けた。雑誌『生活』や『大衆生活』を上海で出版し、上海を中心地域として発行してきた。しかし、1937年以降、生活書店本店が武漢、重慶へ移転するとともに、『抗戦』、『大衆生活』などの出版も各地で行うようになった。生活書店の体制や状況の変化は雑誌や読者の変化にもつながる。1937～1938年の投書欄文面から分かる限り、手紙を出した読者の所在地は、上海や香港、広州などの沿岸部大都市より、内陸の都市や農村の方がはるかに多い。例を挙げるなら、中国北部の河南省開封、偃師、杞県、中部の湖北省武漢、大冶、藕池県や安徽省六安、南部は湖南省長沙、晃県、津市や広西省桂林、貴県、そして西部は陝西省西安、四川省彭県などである。ほぼ中国全土の半分以上の範囲を占めていた。この地域的な拡大について、Yeh, Wen-Hsin も「戦局の影響で、鄒韜奮が経営する生活書店も揚子江上流の内陸地域へ移転せざるを得なかった」と述べる[21]。『生活』時期には、「読者信箱」欄の主要な読者層は上海を中心にした大都市の人々であったが、1937年以降の読者層は地域的・社会階層的に拡大した。

3-2 投書者の間におけるコミュニケーション

前に触れた『読者信箱外集——どんな道を歩むのか』という単行本を出版する際に、鄒韜奮はその「弁言（前書き）」のなかで、編集のいくつかの原則を述べた。そこに日頃の投書の編集ぶりを連想させる部分がある。たとえば、編集

する時に、「なるべく重複や雷同する手紙を掲載するのを避ける、そのため本集のそれぞれ一通の手紙は特定の情況を代表するものとして取り上げる」[22]。また、読者からの多くの手紙は、様々な疑問を述べ、その解決方法を求めている。これに対して、鄒韜奮は次のように述べていた。

> われわれは、自分で問題を解決すること、或いは友人を助けて難題を克服することによって、われわれの思考力を訓練することができた。これらの手紙の内容はすべての読者に共有されるものではないかもしれないが、各手紙の訴えをこれから解決しなければならない問題と考えてほしい。たとえ自分自身にはこういう問題がないとしても、友人に頼まれてどうやって解決できるかを考えたらどうだろう。こうすると、皆さんの思考力の訓練にも役立つかもしれない[23]。

これを読むと、鄒韜奮は一種の「呼びかけ」をしている。すなわち、一人の読者からの手紙による問題は、普遍的な社会現象の一つであり、同じ問題をもつ人は他にもたくさんいるかもしれない。そして、他人の問題は自分にも関係があるかもしれないから、一緒にその解決方法を考え出すこと、その姿勢自体が個人の成長である。これは、読者の個人的問題をきっかけに、読者全員に参加してもらおうとする呼びかけである。

もう一つの側面から考えれば、鄒韜奮は雑誌と読者の間だけではなく、読者と読者の間でのコミュニケーションにおいてもそれを実現してほしいと考えたことだろう。鄒韜奮にとって、投書欄は読者と編集者の間のコミュニケーションの場であり、読者と雑誌の深い友情の表現媒体でもある。この友好的コミュニケーションを読者同士、投書者同士の間にも拡大することは、鄒韜奮の願いであったろう。実際に投書欄の手紙を読むと、読者らの間では共通の問題を議論していたことが分かる。例えば、『生活』には、朱逸民という読者からの手紙が掲載されている。この手紙のなかには、「私は、貴誌第4巻第8期の「読者信箱」の涂小甫の『大学卒業生』を読んだ。これはとても現実的かつ重要な問

題だと思う。世間にはこの［低学歴による就職難］のような苦痛を感じている人は当然少なくない、私もそのなかの一人である」[24]と書かれていた。そして、この読者の主張を含んだ全文を載せた他に、編集者の意見も加えている。また、『生活』第5巻第37期（1930年8月24日）では、厳冷馨という女性読者からの手紙を載せた。この読者は手紙の最初に「私は去年『生活』を読み始めてから、とくに「読者信箱」欄に注目している」[25]と書いている。これらの読者の手紙を見ると、共通しているのは「読者信箱」という投書欄において紹介される投稿者の問題を、他の人々にも共有している点である。或いは共有されない場合でも、投稿者の問題に対し助言しようとする態度がある。このように、鄒韜奮の「呼びかけ」は効を奏したと思われる。

投書欄を読んでみると、失明した読者からの手紙もあった。これは、『生活』第6巻第18期（1931年4月25日）に掲載された「盲同志」という記事である。雑誌や新聞に載せられている問題とそれに関する読者の意見は、会話の中でさらに多くの人に伝えられる。そして、文字が読めない人々も、そのようにして、他人の考えを知ることができる。実際に、生活書店が発行した雑誌や新聞の読者のなかには、このような読み書きの不得手な人々が多くいたはずである。『生活』第4巻第40期の「読者信箱」欄では、鄒韜奮は余同英という女性読者への返事のなかで「封筒に書かれた字から見ると女性の筆跡であるが、便箋に書かれた文字は男性らしい筆跡である。おそらく余女史は自分で書いた文は意思を伝えきれないと心配したので、その甥に頼んで代わりに書いてもらったのであろう」[26]と推測したことがあった。活字メディアが中心的位置を占めた20世紀30年代、特に全国民の文盲率は80％といわれた当時の中国[27]においては、口伝えの有効性は言うまでもないだろう。生活書店の雑誌は、こういう口伝えを促す媒体として多数の民衆に「誌上コミュニティー」への参加を呼びかける一方、その口伝えで得られた「共有する経験」を文字で再現することで誌上へと還元した。

3-3 編集者による投書選択

　ここで論じる投書欄の形式は、すでに言及した「短簡」を除けば、大体読者からの手紙の紹介と編集者の回答の二つの部分からなっている。このような投書は多くの人たちによって書かれ、読まれた。しかし、読まれた投書は、編集者による選択の作業と切り離せない。その投書選択の基準をも考えなくてはならない。

　生活書店の出版物における投書欄では、読者に対してどのような手紙を採用するか明確な規定や基準はなかったようだ。読者からの手紙は内容もさまざまであり、字数もそれぞれ違う。また、選択や編集の基準などについても語られていない。唯一の言及と見られるのは、1936年6月8日の『生活日報』第2号に掲載された「編集者の話（継）」という記事である。鄒韜奮は『生活日報』の第1、2号において2回に分けて『生活日報』の出版計画、編集方針、誌面構成などを紹介した。そして投書欄宛の手紙について、「簡明な言葉を用いて、一通の手紙は1,200字以内であり、個人に対する攻撃的な内容や感情的な表現を極力避けなさい」と書いた。こうしてみると、鄒韜奮においては、投書の選択基準がないようである。そもそも投書は、各々の執筆者の独自の考えや価値観が自由に表明されている。執筆者のアイデアは雑誌や新聞の投書として多くの人々に日々伝えられる。仮に条文化した選択基準を作ってしまうと、投書そのものの価値が損なわれるかもしれないし、読者にその雑誌や新聞に対する不安を与えることにもなるだろう。

　「選択」についての鄒韜奮の考えには、もう一つの意図が潜んでいた。『生活日報』第2号で、鄒韜奮は次のように書いている。

　　海外の新聞には、よく「編集者への手紙」という欄がある。この欄では、多くの出来事に対する読者の意見が反映されている、また読者のリポートによって、多くの記者が得られない「ニュース」を知ることができる。われわれもこれを真似して、「読者信箱」欄を設けた[28]。

つまり、鄒韜奮は読者からの手紙を一種の「情報」と考えていた。取材網やニュースソースが不足していた時代に、読者の手紙を掲載することは記事を補う手立てであると当時に、読者の手紙という貴重な情報源から取材のきっかけを見つけるための絶好のルートでもあった。鄒韜奮はこのように、読者とともに雑誌や新聞を作り上げ、成長させるという意識を持ち続けた。

3-4　投書欄のコミュニティー性

生活書店が発行した数多くの雑誌における投書欄が時代とともに変容していったことはすでに触れたが、一連の投書欄という言説空間のコミュニティー性についても考えて見たい。『生活日報』第55号（1936年7月31日）において、鄒韜奮は『生活日報』の創刊と発展の計画を論じ、次のように述べている。

> われわれはもっとも後進である大衆に注意しなければならない。少しの文字しか読めない女性、子供、工場労働者、農民らにも『生活日報』が読めなければ、われわれの目的が達成したとは言えない[29]。

鄒韜奮の読者状況の分析は、読者層を拡大し、雑誌の購読者を増やそうとの編集者・発行者という職業的立場から出発したかもしれないが、同時に読者層の分析は、彼を社会問題の研究へと導いた。投書欄の読者は、生活書店が発行した雑誌や新聞の読者である。投書欄への手紙は読者たちの意見や主張を含んでいる。各読者からの手紙は一見異なる視点から提起されたさまざまな個人的問題であるかもしれないが、これら具体的な問題は同時期の社会において発生したのだから、それなりの共通性をもっている。投書欄の手紙に返答する際に、その時代の歴史背景や社会的共通性と関連づけながら、一つ一つの問題を考えて返事を書いたであろう。この読者と経験を分け合うことは、投書者だけでなく編集者の成長にも大きな意味があったに違いない。これについては、鄒韜奮の親友である畢雲程が鄒韜奮死去五周年の際に「（韜奮）先生は政治を専門とする研究者ではないが、四方八方からのさまざまな青年読者からの情熱的な手

紙は、彼が政治を研究しなくてはすまないように迫った」[30]と述べた言葉が想起される。

投書欄の参加者は、性別に関係なく、学生、教員、会社員、工場労働者などさまざまな職業の人々を含んでいる。投書欄の参加者のなかには、まず鄒韜奮が発行した雑誌や新聞の読者である人、そして前に論じたように「口伝え」に触発されて参加した人もいる。また、必ずしもその雑誌や新聞を購読する経済力が、雑誌読者となるための決定的な条件であるとは言えない。「経済的に苦しく、『生活』を購読していないが、図書室からの貸し出しに頼る『生活』の読者の一人である」[31]というような投書もあった。このように、投書欄という「場」に集まる様々な人々は、それぞれの積極的な参加行為を通して、誌上コミュニティーの形成に貢献した。

4　小　括

本章では、1920年代半ばから1940年代初めまで生活書店が発行した『生活』、『新生』、『生活星期刊』、『抗戦』、『大衆生活（新1〜30号）』各誌の投書欄を分析し、その記事内容の変化などを辿った上、その読者・投書者・編集者相互のやり取りについて考察した。

投書欄に活気をもたらしたのは、雑誌と読者、編集者と読者、読者と読者（その中には、目が不自由な「間接的」読者をも含む）など、関係者相互の積極的な交流と参加であった。投書欄は、読者・投稿者・編集者の間のコミュニケーションを通して、互いの活発な議論を興し共有する経験をつくり上げると共に、問題解決へ向かう深い友情を育もうとした表現媒体である。そして、鄒韜奮を中心とする編集者たちは、雑誌の誌面を一般の人々が「集まる場」として読者に呼びかけ、相互に結びつけようとしただけでなく、投稿者からのメッセージを自らのためのインスピレーションとして、一般大衆の関心やニュースソースを掴もうとした。

ベネディクト・アンダーソンは、19世紀において新聞を読む行為によって、

人々が「想像の共同体」(Imagined Community) を形成するのだと述べる。アンダーソンの関心は、類似性と差異性――共同体の構成員どうしの類似性と他の共同体の構成員との差異性――の「象徴的」構築にあった[32]。彼は、その象徴性を新聞記事の内容ではなく、新聞を読む行為に見出そうとする。アンダーソンによると、新聞は、「一日だけのベストセラー」であり、「異常なマス・セレモニー」として「同時に」(即ち、朝刊は朝に、夕刊は夕べに) 大量消費される儀式的なものである[33]。この儀式が近代の国民国家を形成する力となったというのである。

しかし、日本語で「想像の共同体」と訳される概念は、元の英語では「想像される共同体」(Imagined Community) であり、いったい誰がその共同体を想像するのかという疑念が起きる。共同体を意識せずに新聞を読む個人が多くいても何ら不思議ではない。そのような新聞を読むという行為とは対照的に、これまでに考察してきた投書欄においては、年齢も職業もそれぞれ違う様々な個人が掲載された投書を読む、投稿するという個人的行為によって、互いに情報を提供したり、相互に議論をしたりする誌上の「コミュニティー」が生まれた。投書を読む、投稿するという行為はアンダーソンが新聞を読む行為について指摘した同時性をもつものではない。しかし、そのような行為についての自覚は投書（を読む、する）の方がはるかに強かったことが想像できる。投書という行為自体、あるいは投書に対する編集者からの返信、あるいは自分の投書が幸運にも雑誌に掲載されることなど、投書者にとっては投書や返書の内容に収束できない快楽があり、一般読者も、「誌上のコミュニティー」を通して、ある程度はそのようなやり取りを擬似体験することができただろう。投書欄への参加というのは、アンダーソンが言う「新聞を読む」行為より、さらに個人の能動性が要求されるものである。投書欄をめぐる関係者によって形成される共同体とは、「想像される共同体」ではなく、関係者全体が想像力をもち能動的に参加するものであったといえよう。

資料

【資料7-1】 生活書店出版物（雑誌）一覧表（★は本章で取り上げたもの）

雑誌名	発行形式	発行期間
『生活』★	週刊	1925年10月～1933年12月
『文学』	月刊	1933年7月～1937年11月
『新生』★	週刊	1934年2月～1935年6月
『生活教育』	半月刊	1934年2月～1936年8月
『訳文』	月刊	1934年9月～1936年3月
『世界知識』	半月刊	1934年9月～1941年12月
『太白』	半月刊	1934年9月～1935年9月
『読書与出版』	月刊	1935年5月～1948年9月
『婦女生活』	月刊	1935年7月～1940年12月
『生活知識』	半月刊	1935年10月～1936年10月
『大衆生活』★	週刊	1935年11月～1936年2月
		1941年5月～1941年12月（新1～30号）
『永生』	週刊	1936年3月～1936年6月
『生活星期刊』★	週刊	1936年6月～1936年12月
『光明』	半月刊	1936年6月～1937年8月
『新知識』	半月刊	1936年12月～1937年1月
『新学識』	半月刊	1937年2月～1938年7月
『国民』	週刊	1937年5月～1937年11月
『中華公論』	月刊	1937年7月～1937年8月
『抗戦』★	三日刊	1937年8月～1938年7月
『戦時教育』	半月刊	1937年9月～1945年5月
『集納』	週報	1937年12月～1938年2月
『文芸陣地』	半月刊	1938年4月～1944年3月
『全民抗戦』	三日刊・五日刊・週刊	1938年7月～1941年2月
『国民公論』	旬刊・半月刊	1938年？月～1941年2月
『読書月報』	月刊	1939年2月～1941年2月
『文芸戦線』	月刊	1939年2月～？

186 第四部 言説篇：メディアとナショナリズムの交錯

『理論与現実』	季刊	1939年4月〜1941年1月
		1946年5月〜1947年3月
『筆談』	半月刊	1941年9月〜1941年12月
『民主』	週刊	1945年10月〜1946年10月
『大衆文芸従刊』	双月刊	1948年3月〜1949年3月

（出所：『生活書店史稿』に基づき、筆者作成）

【資料7-2】『生活』における掲載投書トピックと本数（巻別）一覧表

	学業・教育	職業	家庭・家族制度	社会	恋愛	婚姻	国家・外交	その他	合計
第1巻	0	0	0	0	0	0	0	0	0
第2巻	5	5	4	15	1	0	0	19	49
第3巻	2	3	6	5	6	23	2	9	56
第4巻	9	5	11	8	16	31	9	27	116
第5巻	12	7	8	10	12	7	9	27	92
第6巻	9	2	4	15	13	13	46	18	120
第7巻	3	0	4	7	5	5	30	13	67
第8巻	3	1	0	10	52	1	16	15	98
合計	43	23	37	70	105	80	112	128	598

（出所：『生活』影印本に基づき、筆者作成）

【資料7-3】『新生』における投書トピックと本数一覧表

	トピック	投書本数
1	勉学、教育、学校	5
2	家庭、婚姻、女性	4
3	抗日、日中両国関係	5
4	哲学、思想	6
5	中国各地域	3
6	その他	3
	合計	26

（出所：『新生』影印本に基づき、筆者作成）

【資料7-4】『抗戦』における投書トピックと本数一覧表

	トピック	投書本数
1	青年の救国行動	34
2	徴兵や壮丁問題	10
3	軍隊、兵士	16
4	官僚や政府幹部の不正問題	7
5	戦争期の文化事業	8
6	工場労働者問題	6
7	海外中国人の愛国意識	3
8	その他	63
	合計	147

(出所：『抗戦』影印本に基づき、筆者作成)

注
(1) 『生活』の投書欄は、「読者信箱」、「読者通訊」、「信箱」など、いくつかのコラム名を付けられたが、最も長い期間にわたって使われたのは「信箱」である。なお、一般に「投書」をLetters to the Editor（Wahl-Jorgensen, karin（2007）を参照）と呼ぶ英語圏で、『生活』（あるいは鄒韜奮）を研究しているMitter, RanaとYeh, Wen-Hsinは、Readers' Mailboxと直訳している。
(2) 『生活』第4巻第51期、1929年11月17日。
(3) 『韜奮全集』第9巻、721頁。
(4) 宗志文、1997、679頁。
(5) 新生事件：1935年5月4日発行された雑誌『新生』は日本の天皇を論じた記事「閑話皇帝」を掲載した。この記事は6月、大津の『大報』という小型新聞に転載された。天津の総領事館がこれに目をつけ、総領事館と天津市政府の折衝により、『大報』を廃刊にさせた。その後、事件が上海へ飛び火する。上海の日本総領事が「天皇への不敬」として、上海市政府に『新生』の廃刊や責任者の処罰などを要求した。上海市側は日本側の要求を受け入れ、『新生』を廃刊にした。新生事件については、第九章を参照。

(6) 中国語での「強行徴兵と強拉壮丁」のことである。笹川祐史によると、適齢の壮丁とは、「兵役法の規定によれば、一八歳から四十五歳までの男子」(笹川祐史、2007、86頁) である。

(7) 『抗戦』第61号、1938年4月9日。

(8) 井上久士、2004、87頁。

(9) 『抗戦』第32号、1937年12月29日。

(10) 『抗戦』第32号、1937年12月29日。

(11) 『大衆生活』第1巻第2期、1935年11月23日。

(12) 『大衆生活』第1巻第2期、1935年11月23日。

(13) 『大衆生活』新21号、1941年10月4日。

(14) 高橋俊、2009、64頁。

(15) 木村涼子、1992、234頁。

(16) 李頻、2004、196頁。

(17) Yeh, Wen-Hsin、1992、189頁。

(18) Mitter, Rana、2004、56頁。

(19) 山本武利、1981、51頁。

(20) 高橋俊、2005、22頁。

(21) Yeh, Wen-Hsin、1992、189頁。

(22) 『韜奮全集』第3巻、93頁。

(23) 『韜奮全集』第3巻、93頁。

(24) 『生活』第4巻第27期、1929年6月2日。

(25) 『生活』第5巻第37期、1930年8月24日。

(26) 『生活』第4巻第40期、1929年9月1日。

(27) 小林善文、1985、12頁。

(28) 『生活日報』第2号、1936年6月8日。

(29) 『韜奮全集』第6巻、683頁。

(30) 畢雲程、1985、194頁。

(31) 『生活』第8巻第5期、1933年2月4日。

(32) Moores, Shaun、2005、165頁。

(33) アンダーソン、1997、61頁。

第八章　事例分析：
投書欄における「恋愛と貞操」をめぐる論争

1　はじめに

　1920、1930年代の中国において、恋愛結婚・女性解放・貞操及び性道徳などは、若者の「悩み」としてだけでなく、中国近代化にもつながる重要な問題として、マスメディアによって大いに語られていた。このようなセクシュアリティをめぐる言説は、一体どのようなものであったか。当時の若者にとって、性関係に関してどのような悩みがあったのか。マスメディアはどのようにこの問題を取り上げたのか。そして、語られたセクシュアリティ言説は近代中国の人々に、どのような影響を及ぼしたのか。本章では、1933年の雑誌『生活』の投書欄で繰り広げられた「恋愛と貞操」をめぐる論争を具体的な事例として取り上げ、セクシュアリティをめぐる言説を考察する。

　近代中国におけるセクシュアリティをめぐる言説、とりわけ「恋愛」や「貞操」などに関する研究はこれまで盛んに行われてきた。主な先行研究としては、小野和子（1978）、中山義弘（1983）、張競（1993）、清水賢一郎（1995）、白水紀子（1995）、彭小妍（1995）、坂元ひろ子（2004）などが挙げられる。これらの研究では、様々な角度から近代中国におけるセクシュアリティやジェンダーの事象に焦点が当てられている。筆者は、これまであまり注目されてこなかった「投書欄言説」という視点から検証を試みたい。1933年に『生活』誌上で展開された「恋愛と貞操」論争によって、『生活』第8巻の「恋愛」に関する投書は52本にのぼった。また、1926年の第2巻から1933年の第8巻にかけての『生活』投書欄全体でも、「恋愛」や「婚姻」に関する投書数は多かった（表8-1参照）。したがって、セクシュアリティに関する投書は、投書欄の主役の一人であり、当時の人々の関心を知るための重要なトピックである。

　本章の構成としては、まず1910年代、1920年代における知識人によるセクシュ

【表8-1】『生活』のおける掲載投書トピックと本数（巻別）

	学業	職業	家庭	社会	恋愛	婚姻	国家	その他	合計
第1巻	0	0	0	0	0	0	0	0	0
第2巻	5	5	4	15	1	0	0	19	49
第3巻	2	3	6	5	6	23	2	9	56
第4巻	9	5	11	8	16	31	9	27	116
第5巻	12	7	8	10	12	7	9	27	92
第6巻	9	2	4	15	13	13	46	18	120
第7巻	3	0	4	7	5	5	30	13	67
第8巻	3	1	0	10	52	1	16	15	98
合計	43	23	37	70	105	80	112	128	598

（出所：『生活』影印本に基づき、筆者作成）

アリティをめぐる言説を概説し、その歴史と特徴を考察する。次に、1930年代における雑誌『生活』投書欄の「恋愛と貞操」をめぐる論争に注目する。論争の具体的内容を分析したうえで、さらに1910年代と1920年代に起きた二つの論争と1930年代の論争との比較から見える特徴や、『生活』編集者である鄒韜奮がこの論争で果たした役割などについて若干の考察を試みたい。

2　近代中国におけるセクシュアリティ言説の歴史と特徴

　1910年代以降の中国において、恋愛と貞操及び性道徳などをめぐる論争はたびたびメディアに登場した。ここでは、まずいくつかの代表的な論争を時系列に確認しておきたい。

　まず、1918年雑誌『新青年』[1]における「貞操」をめぐる論争を見てみよう。1918年5月、周作人[2]が与謝野晶子の「貞操は道徳以上に尊貴である」を「貞操論」と題して翻訳した。これを契機として、貞操論争が『新青年』誌上で展開され、胡適[3]、魯迅[4]、藍志先[5]らが次々に議論に参加した。そこでの主要

第八章　事例分析：投書欄における「恋愛と貞操」をめぐる論争　191

な論点は、女性だけに貞操が要求される古い貞操観念は、男女不平等の思想であるため否定すべきであるというものである。また、貞操は愛情のある男女の間で同等に求められるべきとし、自由恋愛に基づく結婚制度や一夫一妻制が主張された。この時の論争の発生は、当時の中国における「イプセン主義」という大きな流れとも関係している。1918年6月、胡適と羅家倫によってイプセン劇『人形の家』が翻訳され、『新青年』にて自立した人間として古い家を出た女性像が紹介された。1918年の論争に関わった各発言者とその記事を以下の表8-2で示す。

【表8-2】1918年『新青年』における「貞操論争」

発言者	掲載日、掲載号	タイトル
周作人	1918年5月、第4巻第5期	貞操論
胡適	1918年7月、第5巻第1期	貞操問題
魯迅	1918年8月、第5巻第2期	我之節烈観
周作人	1919年4月、第6巻第4期	討論
胡適	同上	討論
藍志先	同上	討論

（出所：『新青年』に基づき、筆者作成）

　次に、1925年雑誌『婦女雑誌』[6]や『現代評論』[7]における「新性道徳」をめぐる論争について見る。1925年1月、『婦女雑誌』の編集者である章錫琛[8]によって「新性道徳特集号」が組まれた。この特集号のなかで新たな性道徳を提唱した章錫琛と周建人[9]の主張を、陳百年[10]が批判し、その後三人による論争が続いた。章錫琛と周建人は、性的関係において男女は平等であり、性的関係自体は私的なものだが、生殖は公的なものであると主張した。また、章錫琛と周建人は、自分と他人を害さない恋愛や性関係は不道徳ではないと論じた。陳百年の批判は、とくにこの点に集中している。陳百年は、複数を対象とする恋愛

に反対し、一夫多妻が性欲のおもむくままに行動した結果だとして、性欲の節制を説き、厳格な一夫一妻制の小家族がもっとも理想的であると主張した。これに対して、章錫琛と周建人は、「性の自由・性の解放」と「従欲・放縦」とは違うと反論した。これらの論争を以下の表8-3で示す。

【表8-3】1925年「新性道徳論争」発表記事

発言者	掲載日、掲載号	タイトル
章錫琛	1925年1月、『婦女雑誌』第11巻第1期	新性道徳とは何か
周建人	同上	性道徳の科学的基準
陳百年	1925年3月、『現代評論』第1巻第14期	一夫多妻の新しい保護符
章錫琛	1925年5月、『現代評論』第1巻第22期	新性道徳と多妻
周建人	同上	恋愛自由と一夫多妻
陳百年	同上	章周二先生の一夫多妻論への回答
章錫琛	『莽原』第4期	陳百年教授の「一夫多妻の新しい保護符」への反論
周建人	同上	「一夫多妻の新しい保護符」への回答

(出所：『婦女雑誌』、『現代評論』、『莽原』に基づき、筆者作成)

以上の二つの論争の参加者は、いずれも周作人、魯迅、章錫琛、周建人などの著名知識人が中心であるため、このような一部の著名知識人による論争がどれほど一般の人々の意見を代表しているのか、という疑問が残る。この疑問を少しでも解消する方策の一つとして、一般読者の投稿が多い雑誌『生活』の投書欄の記事を検証することが考えられる。一般人という立場での発言が多く寄せられているからである。次に、『生活』の投書欄における論争へ移る。

3　投書欄における「恋愛と貞操」をめぐる論争

3-1　雑誌『生活』及びその投書欄について

　同時期のほかのメディアに比べると、『生活』は誌面内容よりも、とくに投書欄を重視した編集で注目を集めた。投書欄の投稿者はまず、雑誌『生活』の読者であると想定される。投書欄への手紙は読者たちの意見や主張を含んでいる。各読者からの手紙は個々の視点から提起された多種多様な個人的問題であるかもしれないが、これら具体的な問題は同時期の社会において発生したために、それなりの共通性をもっている。それは、その時期の社会背景がもつ共通性から由来するものだと言えよう。

3-2　「恋愛と貞操」をめぐる論争

　1933年4月15日の『生活』第8巻第15期に「恋愛と貞操」という署名克士の評論が掲載され、その後の9月2日の第8巻第35期までの4ヶ月間にわたって、この記事をめぐる論争が投書欄において展開された。掲載された関係投書は50本以上（資料8-1参照）に及んだ。その主な争点は、以下の二つである。①恋愛の基本条件は「性的欲望」のみであるのか、それとも思想や感情などの「人格的接合」も必要なのか。②恋愛において、貞操という要素はどう捉えられるのか。
　この論争の発端となった記事「恋愛と貞操」の作者は、克士＝周建人である。周建人はこれまでも恋愛や貞操及び性道徳などをめぐって数多くの論評を発表してきた人物である。今回の論争も知識人の発言によって始まったが、その後の投書欄での参加者は一般読者が中心であった。また、『生活』の編集者である鄒韜奮による論争の誘導あるいはコントロールも見られる。これは、これまでの知識人に限られた論争と大きく異なると言えよう。以下、少し具体的に見ていきたい。
　周建人は、1933年4月15日の『生活』に「恋愛と貞操」と題した評論記事を発表し、以下のように述べている。

「恋愛」とは何か。これに対する解釈は多く存在するが、非常に抽象的かつ複雑である。俗な言い方をすれば、異性を求めることは猫が魚を求めることに例えることができる。この例えは非常に的を得ている。性的要求は食欲に大変似ている。身体全体の細胞には食物による栄養が必要であり、なければ飢餓状態に陥る。性欲はこのような栄養は必要としないが、食欲亢進の際の消化腺の分泌作用と同様に、性欲も性腺の分泌によるものである。(中略) 性欲と食欲は、本質は類似しているが、満足の手段が異なる。(中略) 貞操については、いずれにせよその本質は女性に対する束縛であり、恋愛の本質によるものではない[11]。

この記事が掲載された誌面において、『生活』の編集者である鄒韜奮は、議論が予想されるとして、次のような「付記」を書いた。

克士先生のこの評論については、おそらく激しい反論が起こるだろう。皆さんのご意見は大歓迎で、この投書欄での議論を期待する。編集者個人の意見は、現時点では保留とする。まず皆さんと克士先生のご意見を聴きたい[12]。

そして、周建人の評論記事が発表された二週間後の4月29日の『生活』に、周萍子という読者からの投書が掲載された。そこでの反論は、恋愛と性欲の関係に集中した。具体的な内容は以下の通りである。

克士先生が主張する「性欲と食欲は、本質が類似しているが、満足の手段が異なる」という意見に賛同する。しかし、食欲の満足はお腹を満たすことであるが、性欲の満足は性そのものを満たすことではない。もっと露骨に言うと、つまり性交という行為で済むことではないということである。ほかにも克士先生が認めていない「思想・感情・趣味」などの人格的要素

がある[13]。

　この反論に対して、周建人は動物の例を挙げて生物学の視点から解釈した。さらに、宦官という中国封建社会にあった現象も言及し、以下のように述べている。

　　以前、「宦官」のような人間が存在した。宦官は思想と喜怒哀楽などの感情をもつ人間である。しかし、去勢された宦官は、睾丸がないため内分泌作用もなくなり、恋愛の熱情もない（成年してから去勢された場合は例外）。宦官を愛する女性は稀で、半陰陽（間性）の女性を愛する男性も珍しいように、恋愛は性欲に基づくわけである。私は、恋愛における思想や感情に反対しているわけではない、ただそれらが恋愛の発生と持続の基本条件ではないと言っているだけである[14]。

　周建人と周萍子の両者の意見分岐、すなわち、恋愛の基本条件は「性的欲望」のみであるのか、それとも思想や感情などの「人格的接合」も必要であるのかに関しては、この後、論争の中心争点となった。周萍子と同じ意見をもつ読者からの投書はほかにも多くみられた。その一部を挙げておこう。呉蠻人という読者から、次のような意見が寄せられた。

　　真の恋愛は、性欲に思想や感情などの人格的接合を加えて成立するものである。貞操については、個々の人々の判断に委ねるべきである[15]。

　この意見に対して、周建人は「「人格的接合」とは何か。思想には階級制が含まれるが、恋愛には含まれない」[16]と疑問を投げかけたが、彼が生物学の理論を根拠として提起した「人間―動物」の例えに対しても、多くの反論が寄せられた。いくつかの例を挙げてみよう。丁慶生という読者からは、次のような意見が寄せられた。

人間と動物は異なる生物である。動物と違って、人間には理性がある。克士氏の例えは妥当ではない[17]。

錫斌という読者からも、次のような意見が寄せられた。

恋愛については、性欲のほかに、性格・学識・年齢・思想などの条件もあり、「猫が魚を求む」というような単純なものではない[18]。

さらに、翼之という読者が「克士氏の観点は強引である。人間は単純な生物ではなく、社会に生きる生物である。人類社会や階級的生存関係をなしにして人間の行動を解釈することは不可能」[19]と述べるなど、周建人の生物学理論に基づく発想を根本的に否定するような発言もあった。
そして、論争の後半になると、周建人に対し、彼の考えが生物学の理論に偏り、唯物論的であるという意見も現れた。心病という名前の読者から、次のような意見が寄せられた。

恋愛と貞操は、歴史的・階級的・物質的生活によって決定されている。生物学的解釈は付属的な条件に過ぎない[20]。

また、黄養愚という読者から、次のような意見が寄せられた。

克士氏の主張は、生理学に偏重しており、性欲と食欲を同列に論じている。性欲だけを満たすことは、恋愛ではなく、肉体的欲望による衝動的行為である[21]。

さらに、楊芷庭という読者から、次のような意見が寄せられた。

第八章　事例分析：投書欄における「恋愛と貞操」をめぐる論争　197

恋愛において、性欲は必須条件であるが、十分な条件ではない。克士氏は、唯物論の悪影響を受けている[22]。

これらの意見に対して、周建人は次のように反論した。

ここ数十年以来、物理や化学の用語を用いて心理的、精神的現象を説明することは、極めて一般的なこととなっている。唯物論の悪影響を受けているとは思わない[23]。

その後も、周建人はいく度となく自分の観点と立場を繰り返し強調している。その理由を「時代の変化によって、科学に対する偏見は少なくなったが、依然として宗教や道徳などの影響で受け入れられ難い状況にある」[24]とし、「私に対する「唯物論」に関する批判については、依然として納得できない」[25]、「私は「新唯物論者」ではない」[26]と述べている。

しかし、このような活発な論戦が続くなかで、議論そのものに対する反対の意見もあった。1933年5月27日の投書欄に、朱光という読者から「「恋愛」と「抗日救国」の機会」と題した投書が寄せられた。そこでは、編集者に対し、以下のような不満が述べられた。

韜奮先生、私は貴誌から多くの知識を得た。しかし最近、国難緊急の時期に貴誌においては抗日救国の言論は少ないにもかかわらず、「恋愛」に関する議論は三分の一のスペースを占めている。（中略）このような緊急でない「恋愛」問題については少し触れる程度で十分であり、抗日救国の話題に移してほしい[27]。

この読者と同じような意見が寄せられたことに対して、鄒韜奮は「朱光氏と同じ意見はほかの読者からもあった。しかし、本誌の投書欄は公開の場であり、読者の関心のあるトピックなら特に制限することがない。克士が提起した問題

は、民族社会意識を高める方法の一つである」[28] と回答し、「恋愛と貞操」問題の重要性を訴えた。

　この「恋愛と貞操」論争は、1933年4月から9月までの4ヶ月間にわたって『生活』誌上で展開された。最後に1933年9月2日の第8巻第35期で編集者の意見が述べられた。次の三点である。まず、恋愛は性欲に基づいている。生物学を超える唯心的恋愛観は、存在する可能性がない。次に、恋愛は社会関係から独立することができない。合理的社会関係において、恋愛と貞操は一致している。最後に、現時点では貞操は片方の束縛であり、打倒すべきである。編集者である鄒韜奮のこの発言をもって一連の論争の終止符が打たれた。

4　若干の考察

　以上見てきたように、1918年の「貞操」論争から、1925年の「新性道徳」論争を経て、1933年の「恋愛と貞操」論争に至るまで、いくつかのセクシュアリティ認識をめぐる論争が繰り広げられた。1918年、1925年における二回の論争と、1933年の論争を比較し、以下のいくつかの側面から若干の考察を試みたい。

4-1　論争の「場」と参加者の変化について

　まずは、論争が起きた「場」の変化である。三回の論争は、それぞれ約七年間の隔たりがあった。その間、論争の場は、雑誌『新青年』から『婦女雑誌』や『現代評論』へ移転し、さらに『生活』に移った。『新青年』は新文化運動[29] における知識人言論発表の主要なメディアである。『婦女雑誌』は近代中国でもっとも影響力をもつ女性誌であるが、多くの男性知識人にも注目され、女性解放運動に関する言論を次々に発表した。しかし、これらの雑誌で繰り広げられた議論は、周作人、魯迅、胡適、周建人などのエリート知識人（学者）によるものであると言えるのに対して、1933年の「恋愛と貞操」論争は、大衆雑誌『生活』で展開された。李頻は、次のように分析している。「『生活』が創刊される前に、人々に深い影響を与えたのは『新民叢報』と『新青年』と言えよう。

しかし、この二つの雑誌は「思想刊物（学術雑誌）」であり、影響を受けるのは主に青年知識人である。一方、『生活』は大衆雑誌であり、影響を及ぼす社会階級が異なる」[30]。1933年の「恋愛と貞操」論争は、知識人（学者）に限られた議論から脱却し、より多くの一般読者が参加することができた。

4-2　論争の内容の変化について

次は、論争の内容（中心争点）の変化である。1918年の「貞操」論争においては、「貞操」をめぐる男女平等や自由恋愛、結婚制度などの概念に関する議論が中心であるイメージがあり、いわゆる「イデオロギー論」的論争だと思われる。それに対して、1925年の「新性道徳」論争においては、依然「新性道徳」とは何かのような概念をめぐる議論が見られるが、「性欲」や「性関係」などが論争のキーワードとなっていた。また、「一夫多妻」対「一夫一妻」というまったく対立する二つの婚姻制度に関する議論が盛んに行われた。

一方、1933年の「恋愛と貞操」論争においては、「性行為」や「生殖」が中心的な争点となった。また、1933年の論争では、「生物学理論」を引立てた議論が目立ったことも注目すべきだろう。論争の発端となった記事は生物学者である周建人によるものであったことも大きな原因であろう。周建人は、以前から自分の主張を「生物学」理論に基づく傾向があった。「生物学を専門にし、すでに『新青年』等に「生物之起源」（6=4）、「生存競争與互助」（8=2）などを書いて進化論に関心をもっていた彼は、『婦女雑誌』でも女性の社会的地位や母性を生物学的心理学的にとらえたものが多い」[31]。1933年の論争のなかでも、周建人が主張する「人間―動物」という生物学理論による分析モデルそのものの妥当性に関する異議も続出した。1933年の論争は、1918年と1925年の二回より、参加者の拡大（増加）に伴う争点の多様化と話題の広汎性が顕著に見られたと言えよう。

4-3　鄒韜奮の役割について

1933年の「恋愛と貞操」論争では、重要な役割を果たしたのは投書欄という

議論の場である。当然のことだが、投書欄に掲載される投書は、編集者によって選択されたものである。したがって、編集者による取捨選択という問題点について考慮しなければならない。ここでは、『生活』の編集者である鄒韜奮の役割について見てみよう。

論争のなかで、読者の投書に対する周建人の反論が数回掲載された。成純という読者から、「編集者は克士氏の意見に肩入れしている。読者に対して不公平である」[32]という不満の声が寄せられた。これに対して、鄒韜奮は、次のように回答した。

> 編集者は、克士氏がこの問題について精通していると考えてはいるが、彼を「権威」として暗示することはしていない。投書欄のスペースは限られているため、読者の便りは到着順に掲載している[33]。

> 「恋愛と貞操」の討論については、まだ多くの便りが寄せられているため、次号からさらに二回を継続して終えたい[34]。

このような回答文において、鄒韜奮は自分が周建人を（学者だからといって）特別扱いにしていないことを強調している。そして、自分のもっとも重要な役割は、読者の声を投書欄へ最大限に反映させることであると弁明した。

アメリカの中国近代史研究者Yeh, Wen-Hsinは、鄒韜奮と当時のほかの知識人の違いを次のように述べている。

> 20世紀のより早い時期に、中国の知識人サークルで一種の文化革命が起き、親孝行や女性の貞操などの伝統的な倫理規範に異議申し立てが行われた。それらの過激派の知識人と比べると、鄒韜奮は一般的弾劾や規範的な非難を行うことを避けた。その代わりに、彼は日常生活における具体的かつ実際的な出来事に注目した。彼は、親密な家族関係の構築における一種の言語的変化を擁護した[35]。

この「言語的変化を擁護した」とは何か。Yeh, Wen-Hsinは、「当時の中国において、少女が「金にもならない商品（賠銭貨）」と呼ばれ、娘の結婚が「花嫁の売り出し」と言われる地域が多く存在した」[36]にもかかわらず、鄒韜奮が「愛情の甘さ」や「幸福の追求」などの言葉を小市民の日常会話の一部に採り入れ、お互いに「私の愛する人」と呼び合った蒋介石と宋美齢のようなカップルを賞賛したことに注目している。すなわち、鄒韜奮の姿勢は、「言語の上品さは精神的な進歩の印」[37]と考えたなかにあるというのである。Yeh, Wen-Hsinのこの分析は、ある意味では鄒韜奮が直接論争に「参戦」せず、あくまでも「傍観者」として見守る姿勢を取り続けた理由の一つになるかもしれない。1933年『生活』投書欄における「恋愛と貞操」論争では、鄒韜奮が編集者として個人の意見を表明したのは最後の一回のみであった。彼がほかに発言する際には、いつも編集者という立場を表明し、周建人と読者、そして読者と読者の間における議論の調整役を務めた。

5　小　括

　以上、1933年の雑誌『生活』投書欄で繰り広げられた「恋愛と貞操」論争を、1910年代の「貞操」論争、そして1920年代の「新性道徳」論争と比較しながら、その具体的な内容と特徴を考察した。投書欄という読者、投稿者、編集者によって構築された言説空間では、当時の中国社会におけるダブル・スタンダードな性規範意識、男女における性道徳意識などの問題が提起された。これは、当時の中国における女性解放運動、国民のセクシュアリティ認識の構築に関係したものである。1930年代におけるこのようなセクシュアリティ言説をめぐっては、それと産出する媒体、さらに論争に参加した発言者の層についても、1910年代と1920年代のそれとは大きく異なっている。論戦の「場」は、主に著名知識人（学者）らが発言する陣地である『新青年』、『婦女雑誌』、『現代評論』から大衆雑誌である『生活』へ移った。また、投書欄という広範囲の読者をもつ「誌

上コミュニティ」において、より多くの一般人の発言、また高名な学者との「交鋒（意見の交戦）」が目立つようになった。このような変化は、まず近代中国における言説空間の成熟を前提として生じた現象であるが、一般民衆におけるセクシュアリティ／ジェンダー観念の浸透の表れとも言えよう。

　1910年代以降の中国において、女性解放運動をめぐる言説が大量生産されたことは事実であろう。しかし、1920年代以降の国民革命、さらに1930年代以降の日中戦争の時代へ突入するにつれ、セクシュアリティ言説という盛んに取り上げられたトピックは次第に「救国」や「抗日」に取って代わられる。本章で考察した1933年の「恋愛と貞操」論争においても、「恋愛論争不要」のような意見はあった。また、鄒韜奮が言った「克士が提起した問題は、民族社会意識を高める方法の一つである」という主張それ自体は、1930年代の中国においていささか無力であり、あるいは理解し難い発言として感じざるを得ない。なぜ『生活』の投書欄で、中国社会の共通的世論関心が抗日へ移りつつある1933年という時期に「恋愛と貞操」論争が起きたのか。また、鄒韜奮が言う「民族社会意識を高める方法」の真の理由は何であろうか。これらのような問題をさらに追及する必要があるだろう。

資料

【資料8-1】『生活』の投書欄における「恋愛と貞操」論争の関係記事一覧表

番号	発言者	掲載日、掲載号	要　点
1	克士 （周建人）	第8巻第15期、 1933年4月15日	性欲と食欲は、本質は類似しているが、満足の手段が異なる。恋愛においては、双方の欲望が一致することが前提である。貞操の本質は、女性に対する束縛である。封建時代の貞操には、男性権威を保全する意味を含む。

第八章　事例分析：投書欄における「恋愛と貞操」をめぐる論争　203

2	鄒韜奮 （編集者）	第8巻第15期、 1933年4月15日	この問題に対する編集者個人の意見は、現時点では保留とした。読者の議論を歓迎するとともに関係書籍4点を紹介。
3	周萍子	第8巻第17期、 1933年4月29日	恋愛には、性欲のほかに思想、感情及び趣味などの条件も存在する。恋愛の維持には、貞操意識が必要。
4	克士 （周建人）	第8巻第15期、 1933年4月29日	宦官を愛する女性は稀で、半陰陽（間性）の女性を愛する男性も珍しいように、恋愛は性欲に基づく。
5	呉蠻人	第8巻第19期、 1933年5月13日	真の恋愛は、性欲に思想や感情などの人格的接合を加えて成立するものである。貞操については、個々の人々の判断に委ねるべき。
6	鄒韜奮 （編集者）	第8巻第19期、 1933年5月13日	編集者の意見は現時点で保留とし、読者に対して克士氏の意見の要点をきちんと確認したうえでの議論を求めた。
7	克士 （周建人）	第8巻第19期、 1933年5月13日	「人格的接合」とは何か。思想には階級性が含まれるが、恋愛には含まれない。
8	丁慶生	第8巻第20期、 1933年5月20日	人間と動物は異なる生物である。動物と違って、人間には理性がある。克士氏の例えは妥当ではない。
9	銭阜虞	第8巻第20期、 1933年5月20日	恋愛は、貞操意識によって維持され、性欲のほかに思想などの要素は不可欠である。
10	克士 （周建人）	第8巻第20期、 1933年5月20日	性欲を軽視し、精神を重視するという過去の観念は間違っている。貞操については、排除すべきである。
11	朱光	第8巻第21期、 1933年5月27日	国難の時期に、恋愛に関する問題をこれほど大きなスペースを割いて論じるのはおかしい。もっと抗日救国について考えるべきである。
12	鄒韜奮 （編集者）	第8巻第21期、 1933年5月27日	朱光氏と同じ意見はほかの読者からもあった。しかし、本誌の投書欄は公開の場であり、読者の関心のあるトピックであるならば、特に制限はしない。克士氏が提起した問題は、民族社会意識を高める方法の一つである。

13	唐新根	第8巻第22期、1933年6月3日	周萍子氏が言う売春婦と貞操の関係は間違っている。生きていくため、仕方なく売春婦になった人も多い。
14	錫斌	第8巻第22期、1933年6月3日	恋愛については、性欲のほかに、性格・学識・年齢・思想などの条件もあり、「猫が魚を求む」のような単純なものではない。「貞操」より、「忠実」を提唱する。
15	克士（周建人）	第8巻第22期、1933年6月3日	思想や学識などは、性欲とは直接に関係のないことであるため、恋愛の根本的な要素ではない。
16	心病	第8巻第23期、1933年6月10日	恋愛と貞操は、歴史的・階級的・物質的生活によって決定されている。生物学的解釈は付属的な条件に過ぎない。
17	克士（周建人）	第8巻第23期、1933年6月10日	私の恋愛に関する主張は、生理作用によるものである。心病氏の意見とは方向性が異なるが、対立衝突するものではない。
18	蔡慕暉	第8巻第24期、1933年6月17日	性欲は恋愛の必須条件であるが、ほかの条件も決して無関係ではない。
19	黄養愚	第8巻第24期、1933年6月17日	克士氏の主張は、生理学に偏重しており、性欲と食欲を同列に論じている。性欲だけを満たすことは、恋愛ではなく、肉体的欲望による衝動行為である。
20	克士（周建人）	第8巻第24期、1933年6月17日	思想や知識などの程度が違っても、恋愛関係となることもある。そういった要素の程度が違う人たちの恋愛は、肉体的行為と判断されがちである。
21	楊芷庭	第8巻第25期、1933年6月24日	恋愛において、性欲は必須条件であるが、十分な条件ではない。克士氏は、唯物論の悪影響を受けている。
22	克士（周建人）	第8巻第25期、1933年6月24日	ここ数十年来、物理や化学の用語を用いて心理的・精神的現象を説明することは、極めて一般的なこととなっている。唯物論の悪影響を受けているとは思わない。
23	馮覚非	第8巻第26期、1933年7月1日	恋愛の基本条件には、性欲のほかに思想・感情・行為などもある。貞操は、恋愛の現象のみであり、構成要素ではない。

第八章　事例分析：投書欄における「恋愛と貞操」をめぐる論争　205

24	克士 (周建人)	第8巻第26期、 1933年7月1日	思想などの条件が性欲より重要だという観点については、個別的な事例による論証が足りない。
25	馮覚非	第8巻第26期、 1933年7月1日	恋愛は、衝突しない共同生活を基本原則とするべきである。この基本原則があれば、恋愛問題に対する批判は可能である。
26	克士 (周建人)	第8巻第26期、 1933年7月1日	生活状況から恋愛を説明することはできるが、生活における異同は恋愛発生の最も根本的な原因ではない。
27	詹詹	第8巻第27期、 1933年7月8日	婚姻関係の維持の原動力は愛情や子供であれ、或いは利害関係や世論であれ、貞操という観念の価値がある。恋愛の発生は、内分泌による単純なものではない。
28	蔡慕暉	第8巻第27期、 1933年7月8日	「貞操」の代わりに「専一」という表現を使用すべきである。
29	克士 (周建人)	第8巻第27期、 1933年7月8日	現在の社会世論は、大抵「貞操」や「専一」の責任を女性に押し付けているため、男女平等ではない。
30	成純	第8巻第28期、 1933年7月15日	『生活』(編集者)は克士氏の意見に肩入れしている。読者に対して不公平である。
31	鄒韜奮 (編集者)	第8巻第28期、 1933年7月15日	編集者は、克士氏がこの問題について精通していると考えてはいるが、彼を「権威」として暗示することはしていない。投書欄のスペースは限られているため、読者の便りは到着順に掲載している。
32	胡實聲	第8巻第28期、 1933年7月15日	今後われわれの配偶者選択はどうすればよいのか？という疑問がある。
33	克士 (周建人)	第8巻第28期、 1933年7月15日	人間は礼儀や道徳などの観念に束縛されていた期間があまりにも長いため、「性欲」などの話について敏感に反応する。
34	恒容	第8巻第28期、 1933年7月15日	貞操については、個々の人々がどのような恋愛を求めているのかに依存している。貞操は、無理に維持することもなく、また故意に破壊することもない。
35	克士 (周建人)	第8巻第28期、 1933年7月15日	時代の変化によって科学に対する偏見は少なくなったが、依然として宗教や道徳などの影響で受け入れられ難い状況にある。

36	潘育三	第8巻第28期、1933年7月15日	架空の事例から、全く異なる考え方をもつ男女は恋愛に陥るだろうかという問題について考える。
37	克士（周建人）	第8巻第28期、1933年7月15日	架空の事例から、二人の女性と一人の男性の三人の間における恋愛選択の状況について考える。
38	克士（周建人）	第8巻第29期、1933年7月22日	私が言う「恋愛の基本は性欲である」というのが、どうして唯物論になるのか。
39	呉卓傑	第8巻第29期、1933年7月22日	恋愛というものは、明確なものではない。現代資本主義社会においては、恋愛は商品化されている。恋愛とは、性腺の内分泌作用に「同情」と「互助」を加えたものである。
40	克士（周建人）	第8巻第29期、1933年7月22日	「同情や互助」は普遍的な人類感情であるため、恋愛によって増減するものではない。
41	成純	第8巻第30期、1933年7月29日	恋愛は「上下」のように判断するものではない。どうしてもそうしたいなら、具体的な事例から検討するしかない。
42	翼之	第8巻第30期、1933年7月29日	克士氏の観点は強引である。人間は単純な生物ではなく、社会に生きる生物である。人類社会や階級的生存関係をなしにして人間の行動を解釈することは不可能。
43	丁慶生	第8巻第30期、1933年7月29日	貞操は恋愛を維持するための重要な条件ではない。しかし、真の恋愛では貞操が必ず守られているものと考える。
44	克士（周建人）	第8巻第30期、1933年7月29日	紙上における恋愛の討論は、付属的な問題に過ぎない。根本的な問題は、社会制度の改革にある。
45	克士（周建人）	第8巻第31期、1933年8月5日	私に対する「唯物論」に関する批判については、依然として納得できない点がある。
46	呉景超	第8巻第31期、1933年8月5日	現代社会において、恋愛は自由ではない。また、恋愛は過程であり、目的ではない。
47	克士（周建人）	第8巻第31期、1933年8月5日	私の意見は客観的な観察に基づいており、主観的な見解ではない。婚姻制度の立場から見る恋愛は、私が分析している恋愛の本質とはまったく別のことである。

第八章　事例分析：投書欄における「恋愛と貞操」をめぐる論争　207

48	成純	第8巻第32期、1933年8月12日	恋愛の基礎とは何かを考える際に、唯物弁証法が社会現象における拡張的応用に関する書物を読むべきである。
49	葉秀	第8巻第32期、1933年8月12日	克士氏の意見に賛同する。
50	克士(周建人)	第8巻第33期、1933年8月19日	私は「新唯物論者」ではない。
51	秀戈	第8巻第33期、1933年8月19日	克士氏の「恋愛唯性欲論」は、恋愛について説明ではなく、抹殺である。恋愛は人類の生活であり、社会の現象であり、その本質は極めて複雑である。
52	鄒韜奮(編集者)	第8巻第33期、1933年8月19日	「恋愛と貞操」の討論については、まだ多くの便りが寄せられているため、次号からさらに二回継続して終える。
53	澤民	第8巻第34期、1933年8月26日	恋愛の基礎は性欲であるという意見には賛同する。しかし、恋愛は人によって理解が異なるため、細かい分析が必要である。
54	克士(周建人)	第8巻第34期、1933年8月26日	澤民氏の要望は理解できる。
55	心病	第8巻第35期、1933年9月2日	恋愛の形式は社会状況によって変化する。恋愛の基本条件を性欲に依拠するとすると、社会に対して悪影響を及ぼす。
56	克士(周建人)	第8巻第35期、1933年9月2日	肉体的欲望に溺れるというようなことについては、禁欲キ義社会においてもあり得る。
57	克士(周建人)	第8巻第35期、1933年9月2日	成純氏と秀戈氏に対する反論。
58	鄒韜奮(編集者)	第8巻第35期、1933年9月2日	最後に、編集者の意見を述べる。生物学から言えば恋愛は性欲に基づいている。生物学を超える唯心的恋愛観が、存在する可能性はない。恋愛は社会関係から独立することができない。合理的な社会関係において、恋愛と貞操は一致している。しかし、現時点では貞操は片方の束縛であり、打倒すべきである。

（出所：『生活』影印本に基づき、筆者作成）

注

(1) 『新青年』：1915年9月、陳独秀が上海で『青年雑誌』として創刊、のちに『新青年』と改題された。近代中国における新文化運動の中心的な啓蒙誌として、当時の青年知識層に大きな影響を与えた。

(2) 周作人：(1885年1月16日～1967年5月6日) 本名槐寿。中国浙江省生まれ。近代中国の作家、文学史家である。日本留学後、北京大学教授となった。新文化運動においては、ヒューマニズムの普遍的な理想を唱えた論文「人の文学」などを発表、青年に大きな影響を与えた。

(3) 胡適：(1891年12月17日～1962年2月24日) 本名胡嗣穈、のちに改名して、胡適となった。中国上海生まれ。近代中国の著名な学者、教育者、政治家である。アメリカ留学後、北京大学教授となった。1938年に駐米大使となり、親米派として抗日戦争期の民国外交を担った。

(4) 魯迅：(1881年9月25日～1936年10月19日) 本名周樹人。中国浙江省生まれ。日本留学後、北京大学、北京女子師範大学、厦門大学、中山大学などで教鞭をとった。近代中国のもっとも著名な作家であり、評論家、翻訳家、文学史研究者でもある。

(5) 藍志先：(1887年～1957年9月12日) 本名藍公武。中国江蘇省生まれ。日本とドイツ留学後、参議院議員を務めた。のちに上海『時事新報』編集長、北京『国民公報』社社長、『晨報』主筆、北京大学教授を歴任した。

(6) 『婦女雑誌』：1915年から1931年にかけて上海の商務印書館から発行された月刊雑誌。近代中国における代表的な女性誌である。

(7) 『現代評論』：1924年に北京で創刊された総合雑誌である。1927年3月から上海で発行し、1928年に廃刊された。

(8) 章錫琛：(1889年4月24日～1969年6月6日) 中国浙江省生まれ。『東方雑誌』、『婦女雑誌』、『新女性』など複数の雑誌の編集に携わった。1926年、開明書店の社長を務めた。

(9) 周建人：(1888年11月12日～1984年7月29日) 中国浙江省生まれ。近代中国の生物学者である。日本留学後、上海商務印書館編集者となり、雑誌『東方』、『婦女』、『自然科学』の編集を担当した。

(10) 陳百年：(1887年9月14日～1983年1月8日) 本名陳大斎。中国浙江省生まれ。1904年に日本留学、東京大学卒業後、北京大学教授となった。1921年にドイツ留学、帰国後北京大学哲学学部主任を務めた。

第八章　事例分析：投書欄における「恋愛と貞操」をめぐる論争　209

（11）　『生活』第8巻第15期、1933年4月15日。
（12）　『生活』第8巻第15期、1933年4月15日。
（13）　『生活』第8巻第17期、1933年4月29日。
（14）　『生活』第8巻第17期、1933年4月29日。
（15）　『生活』第8巻第19期、1933年5月13日。
（16）　『生活』第8巻第19期、1933年5月13日。
（17）　『生活』第8巻第20期、1933年5月20日。
（18）　『生活』第8巻第22期、1933年6月3日。
（19）　『生活』第8巻第30期、1933年7月29日。
（20）　『生活』第8巻第23期、1933年6月10日。
（21）　『生活』第8巻第24期、1933年6月17日。
（22）　『生活』第8巻第25期、1933年6月24日。
（23）　『生活』第8巻第25期、1933年6月24日。
（24）　『生活』第8巻第28期、1933年7月15日。
（25）　『生活』第8巻第31期、1933年8月5日。
（26）　『生活』第8巻第33期、1933年8月19日。
（27）　『生活』第8巻第21期、1933年5月27日。
（28）　『生活』第8巻第21期、1933年5月27日。
（29）　新文化運動：1910年代後半に起こった反封建・新文化提唱の運動である。雑誌『新青年』は主要な陣地であり、初め上海が拠点であったが、のちに北京に中心が移った。
（30）　李頻、2004、196頁。
（31）　白水紀子、1995、8頁。
（32）　『生活』第8巻第28期、1933年7月15日。
（33）　『生活』第8巻第28期、1933年7月15日。
（34）　『生活』第8巻第33期、1933年8月19日。
（35）　Yeh, Wen-Hsin、2007、112頁。
（36）　Yeh, Wen-Hsin、2007、112頁。
（37）　Yeh, Wen-Hsin、2007、112頁。

第九章　新生事件から見る日中メディア間の対抗

1　はじめに

　1935年上海で発行された週刊雑誌『新生』（以下、『新生』とする）は天皇を論じた記事「閑話皇帝」[1]を掲載した。本章はその記事が発端となって起きた「新生事件」と、その事件に関する当時の日本と中国の報道の差異について考察する。さらに、事件発生の原因、事件直後の日中両国における影響についても明らかにする。

　「新生事件」について、中国では近代史研究、とりわけ出版史やジャーナリズム史研究で取りあげられることが多いのに対して、日本の歴史研究ではほとんど扱われていない。筆者が調べた限りでは、島田俊彦・宇野重昭（1962）、今村与志雄（1972）、菊池貴晴（1987）だけである。とくに今村与志雄の自由の系譜に関する研究のなかで、比較的に多く紹介されている。しかし、「新生事件」の発生は当時の日本と中国の政治体制、言論統治状態、さらに（帝政に対する）国民意識と深いかかわりをもっており、また、その後に事件が及ぼした影響も両国において大きい。したがって、事件の歴史的な紹介にとどまらず、関係する報道を分析することによって、事件の背景とそれがもたらした影響について具体的に考察する必要があると思われる。本章は、日本ではこれまで大して注目されてこなかった「新生事件」を、1930年代の新聞記事に基づき、ジャーナリズム論と歴史学の視点から行う考察である。「新生事件」は、近代日本と中国の時空間を跨る共通の事件であり、この事件発生以降、日中両国、とりわけ中国における言論政策に大きな変化が見られ、その後のメディア産業及び反独裁の言論自由主張運動の方向性に対し相当の影響を与えたと考えられる。ゆえに、「新生事件」を単に近代中国の政治外交史の問題としてのみではなく、当時の国民全体とかかわる輿論の形成及びそれに関する公共性をめぐる代表的歴

史事件の一つとして注目する意義があると思われる。

　本章の構成として、はじめに記事「閑話皇帝」が掲載された『新生』とその責任者である杜重遠、記事の具体的な内容、「新生事件」をめぐる裁判所の判決などを紹介する。次に、新聞記事を手がかりとして、事件に関する当時の日本と中国のメディア報道のあり方を考察する。最後に、考察から得た結果を踏まえて、「新生事件」の発生原因とその影響を探る。

2　新生事件の経緯

2-1　杜重遠と『新生』

　新生事件の発生は、雑誌『新生』、そして『新生』責任者である杜重遠と大きな関係がある。事件の経緯をたどる前に、杜重遠と『新生』について簡単に紹介する。

　杜重遠は、1898年に中国吉林省懐徳県に生まれ、1917年に公費による日本留学生として東京高等工業学校（現東京工業大学）に入学し、1923年に帰国した。杜重遠は、日本で学んだ窯業の知識をもとに、帰国後瀋陽で窯業会社を設立した。1927年、杜重遠は奉天（現在の瀋陽）総商会会長に選ばれた。1929年、奉天総商会が工会、商会、農会の三つに再編成された後、彼は工会会長になり、同時に張学良[2]の秘書を兼任した。1931年以後、上海を中心に抗日救亡（日本の侵略に抗し、亡国の危機から救う）宣伝活動に力を入れると同時に、九江に陶業会社を創業した。1933年からは、週刊雑誌『生活』を発行していた鄒韜奮と交わり、1934年『新生』を発行した。1935年7月、「新生事件」で懲役1年2ヶ月の判決を言い渡され、上海の漕河涇監獄に入り、1936年9月に刑期を終え出獄した。1938年には国民参政会参政員に選ばれたが、1939年初め、抗日根拠地を作るために新疆に入った。当時新疆当局の任命で新疆学院院長に就いた杜重遠は、積極的に抗日教育を実施した。1944年6月に盛世才に毒殺されたといわれている。鄒韜奮と杜重遠は年齢も近く、共に抗日救亡活動の先端に立つ戦友

だった。また、杜重遠にとっての鄒韜奮は、彼に大きな影響を与え、彼が実業家からジャーナリストへ変身するきっかけを与えた重要な人物でもある[3]。

『新生』は、鄒韜奮が発行した『生活』の続編とも言うべきものである。鄒韜奮が主宰する『生活』は、1933年12月に国民政府当局に発行禁止された。翌年2月10日、杜重遠が『新生』を創刊したが、このことについて鄒韜奮は次のように述べている。

> 私が出国後『生活』は廃刊に追い込まれた。誠実な友杜重遠は直ちに『新生』を創刊した。精神や理念上においては『生活』とは変わりがない。私がもっていた松明を、一人の友人が引き続いてもってくれ、引き続き暗黒のなかを前進しているのである。私は海外でこの消息を得て、眠れないほど喜んだし、心から杜重遠に感謝している[4]。

鄒韜奮は、ロンドンで『生活』が廃刊に追い込まれたことを知った。それからわずか2ヶ月後、『生活』の編集方針を受けついだ『新生』が誕生したわけである。これに対して、鄒韜奮がとても喜んだ様子は上記の引用文から分かる。二人に共通する理念は、それぞれの雑誌上にも表明されている。今村与志雄は、『新生』について、「同誌は、その前身である鄒韜奮の『生活』誌の理想を受けついで、屈折した形をとりつつ、世論を誌上に反映させていたのであった」[5]と述べている。

『新生』の創刊号（1934年2月10日）で、杜重遠は雑誌創刊の動機をこう語っている。「大多数の民衆に中国の民族地位、帝国主義の侵略を深刻に認識させなければならない。民衆が自身の任務や前途に対して切実な認識がなければ、民族の勇気と決心を奮発することはできない。これこそは、記者と友人らが本誌を創刊する動機である」[6]。すなわち、杜重遠は1931年の満州事変以来、中国の深刻な民族危機に危惧を抱き、民衆意識の喚起に使命感を抱き、中国の民族再生を望んでいた。故に、雑誌名を「新生」にしたのである。ところが、この新しい雑誌も「新生事件」により、1935年6月に発行が禁止される。

2-2　記事「閑話皇帝」の内容

「新生事件」では、記事の内容が（日本の天皇に対する）不敬とされた。いったい記事の何が不敬と判断されたのか、この問題の検討に入る前に、記事の内容を紹介する。記事は、漢代の劉邦から清朝末の袁世凱に到る中国の歴史上の指導者を取りあげ、彼らの野心や不幸な結末について述べる。そして、中国の皇帝が歴史上から姿を消したのに対し、イギリスやイタリア、ユーゴスラビアやシャム[7]には皇帝が依然として存在していると指摘する。

記事のなかで、それらの皇帝は「傀儡」として論じている。その「傀儡」の実例として、日本の天皇が取り上げられる。

> 我々の知るところでは、日本の天皇は一人の生物学者である。皇帝になったのは世襲によるためで、彼はならないわけにはいかない。天皇の名義を奉じて一切の事を行うとはいうものの、その実、その指揮者たるをえない。天皇は、ただ外賓接見のときに、閲兵のときに、なにか大典礼のときに、用いられるに過ぎない。それ以外の天皇は、人民からまったく忘却されている[8]。

記事は、もし皇帝とならず雑事に煩わされることもなければ、天皇の生物学上の成果は現在よりもっと多くなるはずだと推測する。さらに重要な指摘として、「天皇を用いて、いっさいの内部各層の衝突を緩和し、一部の人間の罪悪を粉飾しようとしているのである」[9]と述べ、日

【図版 7-1】「閑話皇帝」記事の紙面
（出所：『新生』）

本の真の統治者は軍部と資産階級であるとする。記事はさらに傀儡皇帝の例として、11歳のユーゴスラビア皇帝と9歳のシャム皇帝（記事には写真も掲載されている）を挙げ、これらの年若い皇帝にはとても統治能力があると思われないと述べる。そして記事は最後に次のように結論を下す。

　　現在の皇帝のなかでいちばん哀れなのは、おそらく偽満州国の皇帝溥儀であろう。現在、皇帝になることは傀儡になるにひとしい。溥儀が傀儡中の傀儡であることはいうまでもないから、無論、過去のあらゆる末期の皇帝と同じく、ますます皇帝の悲哀を感ずるだろう[10]。

　以上が不敬とされた記事「閑話皇帝」の主な内容である。この記事の一体どこが「不敬」であるのか、そしてなぜ当時、このような内容が非難を受けたかについての分析は、後に事件原因の部分で行う。

2-3 「新生事件」の経緯

　次に「新生事件」の経緯を、その発端、展開、終局の三段階に分けて説明したい。「閑話皇帝」は、1935年5月4日発行の『新生』に掲載された。記事の作者易水というのは、艾寒松[11]の筆名である。「閑話皇帝」が最初に問題となったのは上海ではない。記事は5月に上海で掲載された後、6月に天津のフランス租界で発行された『大報』という小型新聞に転載されたが、天津の日本総領事館がこれに目をつけ、総領事館と天津市政府の折衝により『大報』が廃刊されたことが事件の発端となった。

　そして事件は上海地域に飛び火する。6月に上海の日本総領事が上海市政府に『新生』の廃刊や責任者の処罰などを要求したことを受け、上海市長は陳謝の意を表明し、日本側の要求を全面的に受け入れた。6月28日、7月1日の二回にわたって、上海共同租界内の江蘇省高等法院（高等裁判所）第二分院で事件審理が行われた。執筆者である易水は『新生』への投稿者であったが、住所や本名などはまったく不明のため、杜重遠だけに懲役1年2ヶ月の判決が下った。

裁判が終わって退廷する際に、杜重遠が傍聴席に向かい、「私は中国の法律を認めず」と叫び、傍聴人もこれに応じて「打倒帝国主義」、「反対不当判決」とわめき、「反帝国抗日新生万歳」、「打倒日本帝国主義」、「打倒売国政府」などと書かれた宣伝ビラが撒かれて、一時法廷は混乱状態に陥った。

その後事件の終局として、杜重遠の夫人の侯御之が行なった上訴は却下された。ところが、『新生』の記事の掲載と雑誌の発行は、すべて国民政府の検閲を通過しているはずであることから、「新生事件」の波紋は南京の国民政府にも及び、日中両国政府間の緊張も高まることになった。また、事件後、国民政府は検閲組織や「出版法」の見直しに乗り出し、言論統制をさらに強化させた。これについては、後に事件の影響を考察する部分でさらに触れたい。

3　新生事件をめぐる日中両国の報道とその分析

以上、「新生事件」の経緯をたどってきた。この事件は当時、裁判を契機に震源地となった上海だけではなく、中国各地で民衆に注目されることになった。国民政府の首都南京では、政府関係者は事件の対応に追われ、上海や北京の法律関係者やジャーナリストも高い関心を寄せる一方で、日本国内でも「新生事件」は大きく報じられた。先行研究に関して今村与志雄は、「『新生』事件そのものは、当初から、中国での波紋の大きさとは対照的に、日本ではこれまでほとんど取り上げられず、島田俊彦の外交文書による研究（中略）があるぐらいで、現在、一般にはほとんど知られていないといってよい」[12]と述べている。しかし、今村与志雄が指摘している「取り上げられず」というのは、おそらく歴史あるいは外交の専門研究分野に限ったことであろう。というのも1935年には、日本の一般新聞は「新生事件」に関して連日報道し、それは2ヶ月以上に及んだからである[13]。

これらの動きについて、中国と日本のメディアはどのように報道したか。ここでは、両国のそれぞれの代表的な新聞の報道記事から、その内容と特徴を考察したい。中国側の考察対象は『申報』であり、日本側は『東京朝日新聞』[14]

である。ここでは、主に記事の見出しと内容、とくに記事のなかで言及された人物（事件当事者、政府関係者、一般民間人）や組織（政府機関、民間組織）などの報道範囲に関する要素から分析する（ここで引用する見出しや記事内容の日本語訳は、すべて筆者によるものである）。

　まず、1935年6〜7月の『申報』と『東京朝日新聞』で掲載された関係記事の見出しと掲載日は、資料9-1のとおりである。歴史的参照対象として『中国近代現代出版通史』における「新生事件」に関する記述（筆者による訳）を併記する。『申報』と『東京朝日新聞』の記事から、日中両国の「新生事件」に関する報道とその差異を以下のとおり読み取ることができる（資料9-2および資料9-3を参照）。

　第一に、両国の記事の焦点は何だったか。『東京朝日新聞』の記事は、日本政府とその関係者が行った事件に対する抗議と責任追求をめぐる交渉が中心である。そのため、各記事の見出しと本文のなかで「抗議」や「追及」のような表現が頻出する。例えば、「我が総領事館では直にその真相を調査の上、上海市長に対し：支那側の正式謝罪、新生編集者の処罰、を要求し厳重にその責任を追及する事になった」（6月23日）、「「新生」不敬事件につき有吉大使の抗議を受けた支那側は事の重大性に鑑み事態の紛糾を惧れ至急解決を計らんとし唐有壬外交部次長が衝に當つて」（7月6日夕刊）などの言葉が見える。それに対して、『申報』の記事は、「新生事件」に関する裁判および判決、そして杜重遠夫人侯御之の上訴について焦点を当てている点が特徴的である。

　第二に、それらの報道の範囲はどのようであったか。前記の『東京朝日新聞』の「抗議」に関する記事は、日本政府が在中国大使、総領事などを通し中国外交部及び上海市へ行った抗議を繰り返し報じたが、「新生事件」に対する日本国内の一般民衆や各界の反応について、ほとんど報道していない。それに対して、『申報』の報道の範囲はさらに広い。上海市や南京政府の対応のほか、事件に対する中国国内の民衆の反応、とくに法曹界、新聞界の反発（日本と中国政府の両方へ）も多く報じられた。たとえば、「新生事件」の裁判判決をめぐって、律師公會（弁護士公会）は判決の不当な箇所を指摘し再審を呼びかけたが、7月

24日の記事はその詳細を次のように報じている。「『新生』誌杜重遠の判決について、上海律師公會が行った長時間の討論の結果を司法院へ提出することになった。(中略) 杜重遠に対する判決には、違法と考えられる箇所、及び人情に沿わない箇所があり、判決に対する修正を主張し、その結果を公示するように要求した」。また、「新生事件」を発端として始まった「出版法」の改定をめぐって、上海や北京の新聞界組織は反対意見を表明した。『東京朝日新聞』に見られる日本中央政府（閣僚や外交官などの政府関係者）を中心とした報道と違い、『申報』は中国の民間人の動きも取り上げ、より広い視野をもつことが分かる。

　第三に、国際ニュースとしての扱われ方はどのようであったか。「新生事件」は「閑話皇帝」に対する日本の抗議によって拡大した事件である。当然、両紙は日本と中国の双方の動きを伝えている。『東京朝日新聞』が、「新生事件」を完全に国際事件として報じたのに対し、『申報』は国内ニュースと国際ニュースの両方として扱った。『申報』は、通常では国際情勢を扱う第八面、第九面と中国国内情勢を扱う第十面、第十一面の両方において、しばしば「新生事件」を取り上げた。とくに、新生事件の判決に関する記事のほとんどが国内ニュースの紙面にあった。そのほかに、『申報』は英国の新聞『ザ・タイムズ』に載った社説を要約して報道した。要約記事は、「上海新生事件がすでに解決され、中国と関係ある各界は、やっとほっとした気持ちになっただろう」と「新生事件」に触れ、さらに「日中両国の衝突現象が継続することは、日本が他の隣国との関係改善を促進することにならない」と日本の外交政策（主に対モンゴルやソ連）に関連づけている。

　第四に、何がそもそも「不敬」とされたのか。『東京朝日新聞』は、概して「不敬事件」として報じたが、「閑話皇帝」の内容には触れることなく、その文章のどこに「不敬」な発言があったのかについてはまったく報じなかった。それに対して、『申報』は、「文章は日本の政治体制を詳しく記述、日本皇室に言及した箇所があり、日本総領事が不敬と主張」(7月1日の記事) したと書いている。また、「新生事件」の裁判判決について、『東京朝日新聞』は杜重遠の懲役刑1年2ヶ月だけを報じたが、その後杜重遠夫人侯御之の上訴についてほとんど報

じなかった。それに対して、『申報』は、二回に分けて長文記事「杜侯御之上訴及抗告文」を載せ、刑事上訴状、上訴理由書、刑事抗告状を掲載することで、被告側の判決不服理由も明らかにした。事件の発生地である上海では、「閑話皇帝」を読んだ人は少なくないため、事件の経緯を知っている人も多いはずである。他方、日本国内では、問題となった「閑話皇帝」を読んだ人は少数だと推測され、事件に対する判断は『東京朝日新聞』のような日本国内メディアに頼るしかない状況である。にもかかわらず、『東京朝日新聞』の記事内容は事件の経緯および裁判の詳細について避けていた。したがって、この両紙の比較から当時の日本のジャーナリズムが本来の機能を十分に果たしていない様子が読み取れる。

　「新生事件」に関する報道においては、『東京朝日新聞』と『申報』は、選んだニュース素材は同じだったが、「加工」のプロセスにおいて「偏向」があった。『東京朝日新聞』は、日本政府の抗議と要求、そして中国政府および上海市がそれを全面的に飲み込む一面を中心に報じた。一方、『申報』は、「不敬」の理由の究明及び不当判決に対する中国国内の批判の動きを重点的に報道した。両紙において、新聞読者の理解を得ようとする姿勢は同じだが、その目的は異なる。『東京朝日新聞』の報道目的は、天皇の尊厳を守り、「強い」日本政府を日本国民に印象づける点にあったのに対し、『申報』の報道目的は、中国国民の反日感情に沿った路線を取り、その感情を維持・高揚させようとする点にあったと結論付けられる。もともと国が違う以上、新聞の報道における差異が存在するのが当然であると予想されるが、「新生事件」をめぐる日中両国の報道を比較する試みは今まで行われておらず、近代ジャーナリズム論においては有意義であろう。そして、さらに重要なのは、こうした差異を生じさせた背景である。両紙のこのような偏向する報道姿勢は、どうしてジャーナリズム本来の精神に反してまで形成されたのか。この背景については、以下の「新生事件」の発生原因に関する考察によって解明する。

4 新生事件の発生原因と歴史背景

4-1 事件発生と1930年代中国の社会状況との関係

　ここまでは、『申報』と『東京朝日新聞』の記事内容を比較しながら、それぞれの「偏向」を明らかにした。ここからは、このような「偏向」が生まれた歴史的な背景を考える。「新生事件」は、日本の「閑話皇帝」への抗議から発生・発展したが、「新生事件」をめぐる裁判、特に法廷でのビラ撒きなどの混乱は、事件による社会的影響の拡大と直接につながった。その背景をたどる際に、まず「閑話皇帝」のような文章が執筆され、そして雑誌に掲載された背景を考える必要があると思われる。吉澤誠一郎は、梁啓超のアメリカ紀行を取り上げ近代中国の愛国主義を論じた文脈で、「中国の愛国主義（または、民族主義、国家主義、国民主義）は、まさにこの梁啓超の指摘のように、国家と国家が厳しい競争を繰り広げている時代に成立してくる。それゆえ、この状況を前にした問題意識は、中国の存亡ということにかかってくる」[15]と述べている。1931年の満州事変、その翌年1932年の満州国[16]樹立を経て、日本の勢力は中国東北部から、中国華北部へ伸び始めた。「閑話皇帝」のなかに登場する溥儀は、1934年日本軍部の擁立で満州国の皇帝となり、1935年4月に満州国皇帝として日本を訪問した。この一連の動きは、中国の民衆に国家の存亡危機を痛感させ、全国規模でのナショナリズムをまき起こした。当然ながら、溥儀は中国国民の批判の的となった。「閑話皇帝」はこのような時期に執筆され、掲載された文章であった。

　「新生事件」発生の背景として、第一に、1930年代初期日本の中国侵略とそれがもたらした中国のナショナリズムの高揚を考えねばならない。また、中国全土という広範囲から上海という地域に目を向けると、上海の地域性も無視できない。Lee, Leo Ou-fanは、上海世界主義（Shanghai Cosmopolitanism）を論じた際に、世界主義が普及した1930年代半ばの上海では、左翼主義的知識層が成長したと述べている[17]。そして、左翼主義が強化された原因として、（欧州ファシズ

ムに対する抵抗と同時に）中国における反日感情・愛国感情の高揚を指摘する[18]。
「閑話皇帝」の筆者である艾寒松、『新生』の責任者である杜重遠が当時の左翼主義的知識人であったかどうかについては、本章の考察範囲を超えるが、彼らが当時の上海における思想風土から影響を受けた可能性を否定することはできないだろう。

　「閑話皇帝」に関する日本側の抗議を受け、上海市側は主に、(1) 雑誌『新生』の発行停止、(2) 雑誌責任者及び執筆者を法的に審問、(3) 雑誌の残品を没収し、店頭にある品を全部回収、(4) 上海以外の地に発送する雑誌を差し押さえる、(5) 記事の転載の禁止（『東亜』第8巻第9号、96頁）、等の措置を取った。しかし、問題となった「閑話皇帝」は、国民政府の「中央宣伝委員会図書雑誌審査委員会」の検閲を受け審査を通過したものであった。その裏には、国民政府が日本の圧力を利用して、事件後の言論統制を強化しようとする思惑があったと考えられる。「新生事件」後、国民政府は前記の「図書雑誌審査委員会」を解散し、「出版法」の改正に着手した。『申報』の報道にもあったように、『新生』に対する処分、及び「出版法」の改正などに対して、明らかな言論の自由への干渉と侵害である。これら一連の動きに対し、中国のジャーナリズム界は強く批判したが、「新生事件」後の国民政府による言論統制の強化に対する実質的な抵抗とはなり得なかった。それについて今村与志雄は、「事件そのものは、日中両国における皇帝観のちがいに根ざすものであろうが、検閲の点にかぎっていえば、これがきっかけで、同委員会は解散させられるのである。それからは、言論への弾圧は野放し状態になった」[19]と述べている。具体的な言論出版関係法制については、資料9-4で示したように、1935年の「新生事件」以降、数多くの法令が制定された（資料9-4を参照）。

　このように、一連の言論出版に関する法令の制定や改正の基本的な目的は、国民党の独裁統制を維持するためであった。無論、このような言論統制政策は、「新生事件」の発生前からすでに行われてきたのである。しかし、「新生事件」後、「言論弾圧は野放し状態になった」と今村与志雄が言うように、「新生事件」は1930年代中国ジャーナリズムのターニング・ポイントとなった。

4-2　1930年代日本の「国体明徴」及び「天皇機関説」

　一方、「新生事件」が日本政府、特に軍部に重大問題とされた原因には、当時の「国体明徴」[20]の推進運動があった。また、「新生事件」とほぼ同じ時期に起きた美濃部達吉の「天皇機関説事件」[21]とも緊密な関係があったと考えられる。そのことを示唆する印として、前述した1935年7月の『東京朝日新聞』には、「新生事件」の記事が載ったのと同じ紙面で、美濃部達吉の天皇機関説に関する報道が多数見られる。ゆえに、「新生事件」発生時の日本における背景を考える際に、「国体明徴」と「天皇機関説」にも触れないわけにはいかない。

　これらについて前坂俊之は、次のように指摘している。「天皇機関説は、『国体』についての近代的な解釈の一つにすぎず、もちろん天皇の存在を否定したものではない。それが突如、右翼勢力によって問題視され、天皇の神聖をタテにいっさい論ずることを禁じられ、ファッショ化に同調しないものは「国体」の名において強制的に排除された」[22]。ここで、注意したいのは、「天皇の存在を否定したものではない」という点である。実は、「新生事件」の「閑話皇帝」を繰り返し読むと、美濃部達吉の「天皇機関説」との類似点が浮かび上がってくる。すなわち、「閑話皇帝」は、天皇の存在を否定するものではなく、それどころか、天皇が軍部に利用されることを悲しみ、天皇の境遇に対する同情すらも含んでいる。島田・宇野両氏によると、「この文章は、その標題がしめすように、あくまでも閑話であって、正面切っての皇帝論でもないし、日本政界の内情をからかった面はあるが、とくに日本皇室を侮辱しようという政治的意図も見出されない。むしろ稚気愛すべき三文記事である」[23]。また、今村与志雄もこれと類似する見方を取っている。「記事の内容は、戦後の天皇の人間宣言や、日本国憲法施行などのあった今日から見ると、それほど問題視する必要はなかったように思われる。戦後の日本で一時さかんに行われた天皇制論議にくらべて、それほど急進的ではないように見える」[24]。

　このような意見はいずれも戦後のものである。言うまでもなく、日本では、戦前と戦後の天皇制に対する理解はまったく異なる。しかし、どうしてこれほ

ど大きな転換があったのだろうか。戦後、米軍の占領下で進められたデモクラシーの実現によって、日本はその政治体制から一般民衆の国民意識に到るまで大きく変わった。若槻泰雄は、世界各国に自民族の祖先に関する神話や観念があるが、日本だけが世界的に珍しいのは、相当程度の文明に達した国が、こんな幼稚な神話を信じる、あるいは国家が国民に信じることを強制した点であると指摘した(25)。しかし、戦前と戦後における天皇制理解の違いは、たんに民主主義制度の有無に帰せられるものだろうか。「こんな幼稚な神話を信じる」心性から、信じないようになった心性への変化の真の原因はなんであろう。これについて、加藤周一は、「ニヒリズムは、ナチ支配下のドイツでのようには、日本国民を毒さなかった。しかし、そのための準備は充分になされていたと見なければならない。天皇制と潜在的な虚無主義とを切り離すことはできない」からだと考えた(26)。

4-3 「新生事件」と「天皇機関説」との関係

　加藤周一が「社会的虚構」と呼んだ戦前の天皇制は、日本の国民にとって、とくに国民の意識にとって、実に大きな影響を与えた。この巨大な影響力を利用したのが、まさに日本の軍部だった。軍国主義によって作り上げられた「虚構」は、一つのフィクションに過ぎない。そのため、当然のように消滅することはありうる。そして、日本が「新生事件」を重要視した背景には、このフィクションの消滅、すなわち「社会的な虚構」の真相が明かされることに対する恐怖があったのではないか。今村与志雄によると、この事件は「日本国内の国体明徴運動を外国に投影させたものである」(27)という。しかし、これはただ外国に投影させた一方向的なものではなく、むしろ同時に外国での事件を借りた日本国内での国体明徴運動そのものの演出であったと言うべきではないか。日本国内において、天皇の万能無制限の統治権力を否定する「天皇機関説」は、軍部にとってはどうしても排除したい障害物であった。これと同じ時期に起きた「新生事件」は、この障害物を取り除くチャンス、あるいは絶好のタイミングで現われた助っ人にもなったと思われる。そして軍部の最終的な目的は、「新

生事件」の「解決」によって、日本国内の反軍部勢力を排除することであったというのが、筆者の見方である。

　「新生事件」が日本国内に及ぼした影響は、中国国内におけるほど大きくはなかったが、その後の日本国内の政治や世論の変化と無関係とは言えない。前坂俊之は「世論の主導権は完全に右翼、軍部の握るところとなった」と述べ、数年前の政党政治華やかなりし頃に活躍した自由主義的な新聞や雑誌は何かの影におびえたように、美濃部達吉の「天皇機関説」を擁護するものはなく、完全に回避的な態度を取り、かすかに残された言論の自由は跡形もなく消えていったと、その後の日本のジャーナリズムの変化を指摘している[28]。無論、当時日本のメディアのすべてが美濃部批判へ走ったわけではない。『他山の石』で論陣を張り続けた桐生悠々など、少数でありながら美濃部達吉を擁護する声もあった。しかし、やがて日中戦争の長期化や太平洋戦争への突入とともに、日本のジャーナリズムは完全に死に体の時期へと向かって行ったのである。

5　小　括

　本章は、1935年の「新生事件」に関して、日中両国の動き、とくに両国における報道という視点から考察を行った。中国紙『申報』と日本紙『東京朝日新聞』における記事を分析することにより、天皇の尊厳を守り、「強い」日本政府を日本国民に印象づけようとする『東京朝日新聞』と、中国国民の反日感情に沿った路線を取った『申報』の報道姿勢の違いを次の4点から明らかにした。すなわち、(1) 記事の焦点、(2) 報道範囲の違い、(3) 国際ニュースとしての「新生事件」の扱い方の違い、(4)「閑話皇帝」が「不敬」と判断された点についての取り扱いの違いの4点である。最後に、「新生事件」の発生及び日中両国の報道における違いの原因を問いかけ、当時の両国の政治情勢や社会状況からその真相を探った。

　「新生事件」が発生した原因は、中国の愛国主義の高揚、日本の国体明徴運動の拡大にあったと考えられる。「新生事件」という外国の事件と、ほぼ同じ

時期に起きた日本国内の美濃部達吉の「天皇機関説」事件とを一つの視野の中で見ると、それらが事件化されるメカニズムの点で、両者が表裏一体であるという関係が浮かび上って来る。中国政府は、国民党の独裁統制を維持するために日本の圧力を借り、国内の言論自由や報道出版に対する統制を強化させた。一方、日本政府は「新生事件」を利用し、「天皇機関説」事件と関連付け、国内での国体明徴運動を推進した。両国の政治状況の違いは、直接、両国の新聞紙面における報道姿勢の違いとして反映された。したがって、1935年の「新生事件」は、同時に中国と日本の双方のジャーナリズムのあり方を変質させたターニング・ポイントであった。勿論、これを立証することは、ここで行った分析だけは十分ではない。たとえば、1930年代中国と日本それぞれ国内の新聞同士による報道の比較分析、両国の言論出版政策と法規の変遷に関する長期的系統的分析などが必要であろう。「新生事件」は、言論出版の自由を侵害した重大かつ深刻な事件である。歴史を振り返ってみると、古代中国の秦の始皇帝による「焚書坑儒」から、中世欧州のキリスト教の異端審問、さらに近代日本の「白虹事件」[29]まで、様々な言論統制事件はあった。言論の自由と権力との闘争は、世界各国のジャーナリズム論における永遠の課題である。両国のメディア統制は日中戦争勃発以前から強化されるようになった。本章で取り上げた「新生事件」は、戦前日本の天皇制という特殊な問題と絡んでいるが、言論の自由が政治の動向のなかで容易に忘れ去られる典型例の一つとなった。言論は権力の番犬どころか走狗となってしまったのである。

資料

【資料9-1】『申報』と『東京朝日新聞』における「新生事件」に関する報道

『申報』（日本語訳）	『東京朝日新聞』	『中国近代現代出版通史』の記述
○「新生」記載信憑性欠く　市政府が日本側要求に従い　裁判所責任者及び作者召喚訊問【7月1日】 ○中宣會再編成の予定　上海図書審査會主任及び審査員摘発免職【7月5日】 ○日本外相　閣議で「新生事件」報告【7月6日】 ○新生案　九日に裁判所開廷【7月6日】 ○英国新聞　新生案を論じ【7月7日】 ○新生案判決　杜重遠一年二ヶ月懲役　上訴保釈禁止即入獄【7月10日】 ○唐有壬談話　新生案一段落【7月12日】 ○「新生」発禁処分　租界警察所声明　昨日高裁二分院裁定【7月20日】 ○新生案上訴却下され【7月21日】 ○新生案　杜重遠夫人侯御之上訴及び抗議文【7月23日】 ○北京上海各地新聞界　出版法再議を要求【7月24日】 ○新生案　杜重遠夫人侯御之上訴及び抗議文（続）【7月24日】	○上海の不敬事件　嚴重責任を追求　雑誌「新生」の本月號【6月23日】 ○上海の不敬事件　呉市長公文で陳謝表明【6月27日】 ○上海の不敬事件重大化　政府の訓令に基き　支那へ嚴重抗議　有吉大使が唐次長に【7月3日】 ○要人等上海へ　我が意向打診　近く蒋氏に建言　第三艦隊上海で待機【7月3日夕刊】 ○唐次長磯谷少将に軍部の意向聴取　不敬事件の成行重大【7月4日】 ○上海の不敬事件（社説）【7月4日】 ○日本側の要求に極力善處を回答　不敬事件を支那重視【7月4日夕刊】 ○我が積極的態度　嚴重に通告す　須磨総領事再び唐氏訪問【7月5日】 ○不敬事件の対策　国府緊急首脳會議　軍艦安宅待機【7月5日夕刊】 ○新生事件　我が抗議を容認　正式謝罪に決す　国民政府の解決策　地方黨部に取締訓令【7月6日夕刊】	○1935年5月4日の『新生』に「閑話皇帝」が掲載される。 ○1935年6月下旬、石射日本上海総領事は呉鉄城上海市長を訪ね、「閑話皇帝」の掲載へ抗議、雑誌の廃刊や関係者の処罰を要求。 ○1935年6月24日、上海公安局は『新生』の発行禁止令を出した。 ○1935年7月7日、国民政府中央宣伝委員会は各省市黨支部へ電報令、同じ事件再発を防止するよう注意。 ○1935年初旬、上海市公安局は杜重遠ら「新生事件」関係者を江蘇省高等法院第二分院へ公訴した。 ○1935年7月9日、杜重遠に懲役一年二ヶ月の判決を下した。

○新生案　弁護士公會討議が終え司法院にただすを申す【7月24日】 ○上海新聞公會　中政會へ電報　出版法原則改定について　立法院での再議を呼びかける【7月25日】 ○上海新聞公會　出版法難点を例証出版法原則改定について立法院での再議を呼びかける【7月26日】 ○北京新聞学會　出版法再議を要求　中政會へ原則改定を促す　全國へ電報　一致主張を呼びかける【7月29日】	○不敬事件の防止嚴達　各省市黨部へ【7月8日】 ○『新生』事件一段落　我大使館經過を発表【7月9日】 ○『新生』不敬事件　支那正式に陳謝　我要求全部を容認　黨部の態度改善　此上は實行を監視　我が大使館言明す【7月9日夕刊】 ○『新生』責任者　一年二月の判決【7月10日夕刊】	○1935年7月22日、杜重遠夫人侯御之は、判決結果に不服のため上訴したが、却下された。

　以上の記事の見出しと本文から、『申報』と『東京朝日新聞』の報道のキーワードを抽出し、資料9-2、資料9-3にまとめてみた。

【資料9-2】『申報』における「新生事件」報道の分析

	頻出表現	裁判、判決、上訴、
申報	主要政府機関	高等裁判所、上海図書審査会、中国中央政府宣伝委員会、日本大使館
	主要民間組織	上海弁護士公会、上海新聞公会、北京新聞学会
	主要人物名	杜重遠、杜重遠夫人侯御之、呉上海市長
	掲載面	3面1回、6面1回、8面2回、9面4回、10面2回、11面3回、12面1回、14面2回
備考		1935年7月時点、『申報』の8面と9面は、国際ニュースを中心に扱い、10面と11面は国内ニュースを中心に扱っている。

【資料9-3】『東京朝日新聞』における「新生事件」報道の分析

東京朝日新聞	頻出表現	不敬、追究、抗議、
	主要政府機関	日本大使館、上海総領事館、中国外交部、上海市政府、中国中央政府宣伝委員会、公共租界工部局
	主要民間組織	上海居留民団
	主要人物名	日本側：石射上海総領事、有吉大使、須磨南京総領事、百武第三艦隊司令長官 中国側：呉上海市長、唐外交部次長、孔行政院長代理
	掲載面	2面7回、3面1回（社説）、夕刊1面6回
備考	1935年7月時点、『東京朝日新聞』の2面は、国際ニュースを中心に扱っていることがわかる。	

【資料9-4】言論規制に関する法令

制定年	法令名（日本語訳）
1937	「修正出版法」（「出版法修正案」）
1937	「修正出版法施行細則」（「出版法修正案施行細則」）
1938	「修正抗戦期間図書雑誌審査標準」 （「抗日戦争期間図書雑誌審査基準修正案」）
1938	「戦時図書雑誌原稿審査辦法」（「戦争期図書雑誌原稿審査条令」）
1939	「戦時新聞違検懲罰辦法」（「戦争期報道違反審査及び処罰条令」）
1943	「戦時新聞禁載標準」（「戦争期掲載禁止基準」）
1944	「戦時出版品審査辦法及禁載標準」 （「戦争期出版物審査及び掲載禁止基準」）
1944	「修正著作権法」（「著作権法修正案」）

（出所：葉再生『中国近代現代出版通史』に基づき、筆者作成）

注

(1) 「閑話皇帝」は雑誌『新生』第2巻第15期（1935年5月4日号）に掲載された記事である。

(2) 張学良：(1901-2001)、遼寧省出身。中国の軍人、政治家。

(3) 日本では、杜重遠に関する研究は多くないが、菊池貴晴（1987）第4章を参照されたい。

(4) 『韜奮全集』第10巻、833頁。

(5) 今村与志雄、1982、193-94頁。

(6) 『新生』影印本第1巻、1頁。

(7) シャム：タイ王国の旧名。

(8) 『新生』影印本第2巻、313頁。

(9) 『新生』影印本第2巻、313頁。

(10) 『新生』影印本第2巻、313頁。

(11) 艾寒松：(1905-1975)、江西省出身。1930年上海復旦大学卒、1931年から『生活』週刊の総務主任となった。「新生事件」後ソ連に渡り、『救国時報』の編集に携わった。1938年に帰国し中国共産党に入党。新中国成立後、江西省教育庁要職などを歴任した。

(12) 今村与志雄、1972、188頁。

(13) 「新生事件」の経緯を具体的に報じた当時の日本語メディアとして、南満州鉄道株式会社東亜経済調査局の『東亜』や支那時報社の『支那時報』がある。また、上海日本商工会議所が中心となって結成された組織「金曜会」の機関誌である『金曜会パンフレット』も「新生事件」の詳細を報じた。それらは新聞の記事よりも詳しく事件を紹介したが、いずれも当時中国在住の日本人を対象とする専門雑誌であったため、その読者層と発行範囲から見れば、日本国内の一般民衆に対する影響は小さかったと思われる。

(14) 1930年代初頭の『報知新聞』について論じた佐藤卓巳は、「この時点で、『報知新聞』は、『東京朝日新聞』、『東京日日新聞』に続いて都下第三位の新聞であったが、『読売新聞』の猛追に晒されていた」（佐藤卓巳、2002、290頁）と述べている。筆者が各新聞社史を調べたところ、1935年『東京朝日新聞』の発行部数は913,342部、『東京日日新聞』は1,157,683部、『読売新聞』は667,790部である。ここでは、発行部数だけでなく、史料入手上の便宜から、『東京朝日新聞』を1935

年における日本の代表的な新聞の一つとして考察対象にした。
(15) 吉澤誠一郎、2003、5頁。
(16) 満州国：満州は中国東北一帯を指す呼び方であるが、中国では一般に「東北」あるいは「東北三省」と呼ぶ。満州国については、中国ではその傀儡性を示すために「偽満州国」と表現している。ここでは、特に傀儡性あるいは正当性のいずれかを強調しようとせず、「満州国」という表現をそのまま使う。
(17) Lee, Leo Ou-fan、1999、321-322頁。
(18) Lee, Leo Ou-fan、1999、322頁。
(19) 今村与志雄、1982、75頁。
(20) 前坂俊之によると、「国体明徴」とは、天孫降臨（皇室の祖先が地上に天降る）時の天照大神（皇室の祖先神、伊勢神宮の祭神）の神勅に基づき、万世一系の天皇が統治するという、世界に冠たる国家体制（天皇制）であることを明らかにし、これに少しでも疑念を持たせるような言論は一切禁止する、という思想である（前坂俊之、2007、186-87頁）。
(21) 1935年の天皇機関説事件は、京大滝川事件の延長線上に起きたことであった。松尾尊兊によると、美濃部達吉の「天皇機関説」は、その師である一木喜徳朗（東京帝国大学教授）の天皇機関説を発展させたものである。それはすなわち、国民の代表機関たる議会は、国家の最高機関たる天皇と立法権においては対等な権限をもち、行政で天皇を補佐する内閣の責任を問いうるものとし、国民・議会・内閣・天皇の拘束関係を法学的に設定し、天皇を立憲君主に位置づけたものである（松尾尊兊、1998、1547頁）。
(22) 前坂俊之、2007、188頁。
(23) 島田俊彦・宇野重昭、1962、95頁。
(24) 今村与志雄、1972、193頁。
(25) 若槻泰雄、2000、211-212頁。
(26) 加藤周一、1976、126頁。これについて加藤周一はさらに、ナチの大げさな宣伝は群衆を煽動し、陶酔させるためのものである一方、集会解散後家へ帰った国民は陶酔から醒めると、却って徹底した犬儒主義と虚無主義を生み出したはずだと指摘した（加藤、1976、126頁）。これは、昭和20年8月の「玉音放送」がもたらした影響を考えてもよいだろう。ずっと「現人神」として奉じられてきた天皇が生の声で日本の敗戦を告げることは、日本人に激しい衝撃を与えた。この衝撃

こそは、「徹底した虚無主義」を生み出した原因であろう。
(27)　今村与志雄、1972、193頁。
(28)　前坂俊之、2007、195頁。
(29)　白虹事件：1918年8月25日に起こった「大朝筆禍事件」を指す。大阪朝日新聞の記事のなかに、寺内正毅内閣批判と見られる「白虹、日を貫けり」という表現があったことを理由に大阪朝日新聞は処罰され、社長や編集幹部が退社を余儀なくされた事件。

第十章 「国貨」をめぐる言説の浸透性検証

1 はじめに

　「国貨」とは、中国語で国産品を意味する。「国貨」は、外国製品、いわゆる「洋貨」に対する呼称でもあり、近代中国の歴史において大変重要な意味をもっている。アメリカ人研究者のGreth, Karlは、「国貨」に関する訳語について詳しく論じた。彼によると、中国語の「国貨」はしばしば "native goods" あるいは "national goods" と英訳された。しかし、彼としては "national products" という訳語を好んだようだ。その理由は、この語が「運動の参加者たちが自分たちの製品と連想させたい特性、即ち、地方主義や手作業生産よりも、ナショナリズムや産業主義という特性を喚起するからである」[1]。ここで、漢字で表わされるこれらの用語の意味について整理をしておこう。日本と中国では、「国貨」や「洋貨」などの語がもつ意味は異なる。中国人にとって「洋貨」とは、欧米諸国の製品という意味だが、そこに日本の製品も含めている。一方、日本人にとって「洋貨」とは、「西洋の貨幣、西洋の貨物」の意味である（広辞苑）。本稿においては、「国貨」とは「中国製品」を意味し、「洋貨」は日本を含む「外国製品」を意味する。ただし資本や生産過程などの要素によって、「中国製品」であるとの判断基準が不明確である一面も存在した。この点については、後に触れる。

　では、この「国貨」が近代中国においてどのように語られてきたのか、そしてどのような形で人々の前に現れてきたのか。本章は、1925年から1933年にかけて発行された週刊雑誌『生活』を用いて、この雑誌の記事から生まれた「国貨」をめぐる言説と、同時期に掲載された広告による「国貨」のイメージとを考察し、あわせて、『生活』の読者の反応について検討を加えることを、その主たる目的とする。

2 「国貨」研究について

　本題に入る前にまず、「国貨」に関する先行研究について簡単に整理しておきたい。「国貨」をめぐる社会的動きには、主に二つの種類があった。それはすなわち自国製品の購入や使用を呼びかける「国貨」提唱運動と、外国製品をボイコットする「洋貨」排斥運動である。やや乱暴な分け方かもしれないが、「国貨」に関する先行研究のほとんどはこの二種類の運動を扱っている。中国では、潘君祥による「近代中国国貨運動」の研究は注目に価する。潘君祥は、中国近代経済史の視点から、「国貨運動」の始まり、関係団体とその活動、関係企業の経営などを取り上げ、「国貨運動」の全体像を描き出す。また最近では、王儒年による近代中国における広告文化の研究でも、「国貨」広告について触れている。日本では、菊池貴晴と吉澤誠一郎による各々の研究もまた、近代中国で起こったボイコット運動を扱う。菊池貴晴は、1905年の対米ボイコット運動から満州事変・上海事変に関する対日経済絶交運動に至るまでの、長い歴史スパンのなかでその展開を追っている。彼は、外国製品に対するボイコットを近代中国民族運動の基本構造として捉え、ボイコット運動の指導層について強く意識しながら、その運動を支える民衆に目を向けている。一方、吉澤は広州、上海について触れながら、主に天津という地域に焦点を絞り、ボイコット運動の状況を細部に至るまで考察している[2]。彼は『大公報』などの新聞記事を用い、対米ボイコット運動をめぐる天津での動向を考察したうえ、ジャーナリズムがボイコット運動において果たした役割を論じている。英語圏では、すでに言及したGerth, Karlがもっとも注目すべき「国貨」の研究者である。Gerth, Karlは、「国貨運動」と「反帝抵貨運動（反帝国主義ボイコット運動）」の両者を時期的に分け、両者を「抵抗的消費」として捉える。まだ、民主主義商品展覧会や女性消費者の生活状況を取り上げ、消費文化と民族国家（ネーション）の構築という視点から「国貨運動」を論じた。

　以上のように、「国貨」に関する代表的な先行研究を取り上げたが、ほかに

第十章　「国貨」をめぐる言説の浸透性検証　233

も在日華僑などへの関心を示した研究もある。ここでは以上の先行研究を踏まえた上で、本章のねらいを述べたい。先行研究のそれぞれは、経済史や文化史などの視点から出発し、多彩な一次史料によって、時期ごと・地域ごとにおける「国貨」をめぐる社会の動向を描き出している。そのなかでよく使われている史料は政府公文書、『申報』などの民間活字メディア[3]である。しかし、これらの史料は歴史的叙述の形を取っており、メディアにおける言説に対して一般民衆（読者）がどのような反応をしたか、読み取ることは難しい。すなわち、受け手の問題である。いかにメディアが「国貨」について大いに語ったとしても、読者の反応は必ずしもこれに正比例するものではない。潘君祥は、「「国貨運動」は社会各界の参加が最も多い社会活動の一つであり、近代中国で最も広汎な民衆的基盤をもつ」[4]と述べる。「最も広汎な民衆的基盤をもつ」というフレーズには、政府や生産者の側だけでなく、「国貨」の消費者となるよう期待されている一般の人々の間にも浸透していた運動であるとの前提がある。先行研究全体もまた、「国貨運動」の推進側による言説にのみ焦点を当ててきた。筆者は、その種の研究の価値を疑うものではない。しかし、「国貨運動」とメディアの問題の全体像を明らかにするためには、情報の送信者と受信者の両者についての研究が不可欠である。すなわち、その「最も広汎な民衆的基盤をもつ」とされた「国貨運動」を全体的に理解しようとすれば、メディア（新聞や雑誌）に寄せられた「受信者」たちの「声」（反応）に注目しなければならない。そこで、筆者は読者の反応を見るための一次史料として、1920年代後半から1930年代前半にかけて中国で発行された週刊雑誌『生活』を用いる。

　『生活』の投書欄の分析によって、同時期の民衆（ここでは、主に前述した『生活』の読者層のような上海とその周辺地域の20代商業従事者を中心とする人々を指す）が「国貨」に対して一体どのような（どの程度の）関心を示しているのかを探ることができるのではないか。これが、『生活』を史料として用いる理由である。投書欄の検証を行う前に、まず『生活』はどのように「国貨」を語り、どのような「国貨」イメージを呈示したのかを見る。

234　第四部　言説篇：メディアとナショナリズムの交錯

3　「国貨」はどのように語られたか

　『生活』が最初に「国貨」について言及したのは、1926年の第1巻第12期に掲載された「維持国貨之八戒」という記事である。その内容は民衆にドイツ製品などをボイコットする呼びかけであった。『生活』は8年間にわたって発行され、1925年から1930年までの1〜5巻において、継続的に「国貨」に関する記事が見られるが、数量的にはそれほど多くはない。ところが1931年の『生活』では、「国貨」に関する記事は飛躍的に増加する。しかし翌1932年以降再び減少する。すでに触れたように、「国貨」提唱運動と外国製品をボイコットする「洋貨」排斥運動は、アメリカやイギリスなど特定の外国がそれぞれ異なる時期にその「排斥の的」になった。とりわけ日本（製品）がその対象となる時期において根強い嫌悪感がある。歴史的背景から見ると、1931年『生活』における変化は、同年に勃発した満州事変と関係があると考えられる。『生活』の誌面にあらわれた「国貨」をめぐる言説は多様多彩であり、そのことは他の活字メディアと同様である。ここでは、その様子を、頻出するトピックを抽出することによって提示する。

3-1　「国貨」を愛そう

　第一に、「国貨」を心から好きになり率直に受け入れようと呼びかける種類の記事が目立つ。その背景には、当時中国の「国貨」の品質が低く、なかなか国民に受け入れられない現実があった。このような呼び掛けをする際に、しばしば日本や英国などの国民がどれほど自分の国の製品を大切にしているかという例を挙げる。たとえば、『生活』第2巻第42期（1927年8月21日）には、日本への旅行者の見聞を載せている。それによると、日本国民は皆、自国の製品を喜んで使っているし、いくつかの大店以外はほとんど日本国内商品のみを販売する「国貨商店」である。さらに面白いのは、『生活』第4巻第5期（1928年12月16日）のなかに、日本から帰国した人の記事がある。その人の妻は日本人であるが、

中国人と結婚して中国に来てから、身のまわりのすべての日用品を中国製とすることに決めた。彼女のまわりの人々は大変これに感心する。これと類似する記述は、ほかにもある。これらの記事は、まず中国製品に対する偏見を捨て、自国のものを愛そうと呼び掛ける。

3-2 「国貨」を造ろう

　第二に、国民に対し、「国貨」に対する認識を変え、「国貨」を愛するよう呼び掛ける一方、実際的な解決方法、すなわちどのようにして国民の意識を変化させられるかを考えようとする議論も少なくない。『生活』第3巻第28期（1928年5月27日）に「中国人発明の最新印字機」という記事が掲載されている。記事のなかで「本当に洋貨をボイコットするなら、ただ声を上げるのだけでは意味がない。実際に何かをしないといけない。すなわち、洋貨の代用品を造ることだ。同じ使えるものなら、国貨を買わずにわざわざ洋貨を選ぶ人はいないだろう」と書かれている。また、『生活』第3巻第31期（1928年6月17日）は、中国における食料供給の危険性について論じる記事を載せる。そのなかで、毎年の輸入輸出データを用いて、中国人の衣食はかなり外国輸入品に頼っている現実を明らかにしたうえ、「もし外国がわが国に対して経済封鎖を行えば、たくさんの人は餓死してしまう」と警鐘を鳴らす。そして最後に「皆が団結して努力し、わが国の生産を増やすことは唯一の生き残る道である」と結び、「国貨」を「造ろう」と呼び掛ける。

3-3 「国貨展覧会」をめぐる議論

　第三のトピックとして、「国貨展覧会」に関する報道が挙げられる。20世紀初頭の中国では、「国貨」を展示する陳列館の数が著しく増加した[5]。「国貨展覧会」は、主に三つの形式の展覧会を意味する。まず、各地域にある「国貨陳列館」における地元生産品の展示であり、次は国内各地域の国産商品を集めて展示する大規模な「国貨展覧会」であり、さらに海外で開催する国際的展覧会での参加展示である。『生活』第5巻第45期（1930年10月19日）には「国貨時装展

覧会（国産品服装展覧会）を観た」という記事が見える。そこでは、10月9日午後に大華飯店で行った「国貨時装展覧会」を「わが国では先駆的事業だといえる」と述べ、展示された服装やモデルの体格など、細部にわたり詳しく描写する。最後にこのような展覧会は「国貨」の宣伝には有益であると結ぶ。また、同じ年にベルギーで開催された博覧会に中国代表団が参加したが、借りた会場の狭さや出展品の品質の低さなどをめぐって、『生活』誌面において議論が起こされた。

3-4 「国貨」に関わる企業家たち

　第四に、「国貨」に関わる企業家たちもクローズアップされた。1931年の『生活』第6巻は、「国貨運動」と関係ある企業家たちを取り上げ、連載記事の形で人物特集を組んだ。5月9日の第20期から5月23日の第22期まで、三回連続で調味料「味精」を発明した呉蘊初を紹介する。5月30日の第23期から6月13日の第25期まで、三回連続で中国製電気扇風機を造った楊済川を取り上げる。8月1日の第32期と8月8日の第33期に2回杜重遠による自己回顧文が掲載された。当時、国貨の生産者の伝記が多く執筆されたが、Gerth, Karlによると、これらの狙いは他の人々にも模倣すべきモデルを提供することであったという[6]。『生活』における人物紹介の記事も同様の目的をもち、「国貨運動」の英雄像を示したのである。『生活』第6巻第27期（1931年6月27日）には「最も求められる貢献」と題する評論記事が掲載されている。そこで、「洋貨」が溢れる中国では衣食住の各領域において実際に貢献できる生産事業が最も必要とされると述べ、「味精があれば味の素をボイコットできる……華生電気扇風機があれば奇異電気扇風機に対抗できる……日常生活に使う実用品に関する成果を挙げる人は、今日の中国で最も求められかつ貢献している人である」と論じている。

3-5 「国貨」の判断基準

　すでに冒頭で触れたように、生産資本と原材料の由来や生産過程における労働者雇用などの要素によって、「国貨」の判断基準が曖昧な一面はある。どの

ような商品が純粋な「国貨」であるのか、「国貨」と「洋貨」の判別基準は何であろうか、これらの問題は「国貨」をめぐる言説のなかで重要な位置を占めている。『生活』は第6巻第31期（1931年7月25日）に次のような「通知文」を載せた。「われわれは洋貨ボイコットにあたって、中国製の代用品に注意しなければなるまいと考える。次号から、国貨紹介表というコラムを設け、われわれが知る国貨を紹介する。調査によって随時補充していく」。そこでは「国貨」の範囲も記している。後に9月5日の第37期までに、日常生活用品を中心に多くの「国貨」の類別・商品名・出品者・発売所が紹介された。ここで、1938年9月23日に国民政府経済部が公布した「国貨暫定基準」と比較して、『生活』の「国貨」判別基準を見るため一つの表を示す。

【表10-1】「国貨」判別基準の比較

『生活』	経済部（出所：潘君祥、1996、501頁）
（一）中国人資本、中国人経営、完全中国原料、中国人製造	（一）中国人資本、中国人経営、完全中国原料、中国人製造
（二）中国人資本、中国人経営、一部中国原料、中国人製造、あるいは外国人技師	（二）中国人資本、中国人経営、大部分中国原料、中国人製造
（三）中国人資本、中国人経営、外国原料、中国人製造、あるいは外国人技師	（三）中国人資本、中国人経営、大部分外国原料、中国人製造、外国人技師
	（四）中国人資本、中国人経営、完全外国原料、中国人製造

（出所：筆者作成）

「国貨」の「純度」は、（一）から（四）に移行するにつれ、その「純粋度」が下降していく。

以上見てきたように、『生活』の誌面において、自国の製品への偏見をなくし、「国貨」に対して「愛情」を捧げよう、また、「国貨」の生産が自国の経済発展にとって重要であるというような呼びかけがあった。ほかにも、「国貨」展覧会や自国製品の開発と生産へ尽力する企業家、「国貨」の判断基準などもよく取り上げられた。しかし、このような言説がある一方で、同じ雑誌『生活』に

掲載された「国貨」に関する広告はどのようなものだったか、比較してみたい。

4 「国貨」広告の表象

次に、『生活』に載せた「国貨」広告の表象について見る。第4巻第52期（1929年11月24日）までの『生活』には広告が掲載されなかったが、1930年以降数多くの広告が誌面を占めるようになる。『生活』に掲載された広告について、毎号「50本以上の広告を載せ、広告掲載料も『申報』と同じく1平方インチが1元5角で、結構な広告収入となった」[7]。『生活』の広告はほとんど日常生活用品、そして新刊書籍や雑誌に関するものである。以下はその中から「国貨」広告を取り上げて、具体的にそのイメージを見てみたい。

最初に取り上げるのは『生活』第6巻第32期（1931年8月1日）に掲載された「亜浦耳電気扇風機」広告（図版10-1）である。これは夏の季節に涼しさを届ける電気扇風機の広告であるが、同時に同じメーカーの電球をも宣伝している。商品名の右に「亜浦耳電気扇風機は夏の必需品、亜浦耳電球は日常生活の必需品、両者とも精良国貨」と書かれている。広告の中の男性はスーツ姿で、壁にあるドレスを着た若い女性を描いた絵画を見ている。全体的にとてもリラックスした「納涼」雰囲気を演出している。しかし、中国人にとって、「亜浦耳」というブランド名はやはり「洋貨」のイメージがあるだろう。これについて、後に再び触れる。

次は、『生活』第6巻第42期（1931年10月10日）に掲載された「信記打汽炉」広告（図版10-2）である。「打汽炉」とは、ガスコンロであると推測される。この広告では、エプロン姿の女性が料理をしている様子が描かれている。後ろの時計はちょうど12時過ぎという昼食

【図版10-1】「亜浦耳電気扇風機」広告（出所：『生活』）

第十章 「国貨」をめぐる言説の浸透性検証 239

の時間を示している。そして、大きな商品を前景に出している。おそらく当時において、一般家庭でのガスコンロはまだ珍しいものであるから、大きな商品図を見せるのは消費者の心を掴む手法であろう。商品図の上に「精良国貨、家庭実用」と書かれている。

最後に、『生活』第7巻第20期（1932年5月21日）に掲載された「ABCシャツ」広告（図版10-3）を見てみよう。前景においては、夏の室外で、男女三人が飲み物を手にしながら休憩している。遠景にはテニスをしている人々がいる。広告の上段には大きく「ABC」の商品名が書かれ、その下に「民国九年創業ブランド国貨、軽い柔軟さなどの特性、洗濯に強いかつ値段が安い」と商品の特徴をアピールしている。

以上の三つの広告には、スーツ姿の男性、ドレスを着た女性、エプロン姿の女性、さらにスポーツウエアを着た男女が見られた。彼らの共通点は、「洋装」であることだ。以上の広告から、「快適、先端、便利、娯楽、健康」という上流社会を象徴とする記号が読み取れる。これは、当時の中国の人々にとっての憧れの生活である。その生活環境やライフスタイルを手に入れることは、多くの人々にとって、ピエール・ブルデューが言うところの「品位、卓越性」（distinction）を備えた階級への仲間入りを意味した。ブルデューが社会の特権階級に備わっていると指摘した「品位」は彼の言う「ハビトゥス」によって既にそれらの人々が獲得し、慣習化・身体

【図版 10-2】「信記打汽炉」広告
（出所：『生活』）

【図版 10-3】「ABCシャツ」広告
（出所：『生活』）

化しているもの、すなわち、一種の無意識となっているものなのだが、当時の中国人の多くはその種の西洋化を象徴する「品位」から排除されていた。だからこそ西洋のものやライフスタイルは、彼らにとって「憧れ」の的となった。

「国貨」言説に戻ると、確かにGerth, Karlが指摘したように、「近代中国において、国貨運動と広告の発展の間には相互に影響し合う関係があった。すなわち、一方では、近代広告業が国貨運動を広めるための一手段を提供した。他方でこの運動は、中国と諸外国との競争を加速することによって広告収入を生み出し、また広告の新しい言語を定義することによって、広告文化の形成に深い影響を与えた」[8]。しかし「国貨」広告は、国産製品を愛し、日常生活に取り入れようという愛国主義と、前述した「品位」のある生活への憧れという感情が一体化したものであった。「国貨」広告の裏には、やはり西洋の生活スタイルへの憧れがあることを忘れてはならない。強いて言えば、「愛国」などの記号を織り込んだ「国貨」広告は、それ以前の「一般的な広告」と比べ、表面的な違いがあるとしても、その実態は大きく異なっていたとは思えない。上の三つの広告イメージは、そこに見られる西洋的ライフスタイルや服装など、様々のディテールがそれを物語っている。「洋貨」をボイコットするためにメディアに登場してきた「国貨」広告は、常に外国製品の優越性とそれに対する憧れの感情を本質的に備えているのである。これはロラン・バルトのいう神話（イデオロギー）である。「国貨」広告に戻ると、「国貨」を提唱する人々でさえ、資本や原材料や生産者などの点から、商品から夾雑物たる「洋」という要素を取り除き、「国貨」の純化を図ろうとしているのに、商品宣伝においては、やはり「洋」を完全に捨てることができない心情が見て取れる。Gerth, Karlも言及する「亜浦耳」ブランドが、前掲の「亜浦耳電気扇風機」広告に見られる。当時は中国製電気製品の品質が低く、消費者は外国製品を選びがちであるため、中国の製造者はわざと「亜浦耳」という「洋風」の商品名をつけた。「亜浦耳電球という商品名は、「国貨」生産の最大のアイロニーである。外国企業がその外国性をしばしば隠そうと努める一方、中国の製造者は売上げ獲得のため、「国貨」を輸入品と連想させる必要があった」[9]。ここで本章の中心的な問いを

問わねばならない。このような宣伝術は、当時の中国民衆にどれほどの影響を与えたのか。特に上海など大都市の消費者にとって、はたして有効だったのか。

5 『生活』における「国貨」言説の浸透性検証

　以上、『生活』誌面の記事と広告に見られる「国貨」をめぐる言説と表象に簡単に触れた。では、『生活』の読者はこのような言説と表象に対し、どのように反応したか。雑誌『生活』は、その「目玉」ともいえる投書欄の人気によって、発行部数を大きく伸ばしてきた。ここでその投書欄の分析を通してこの問いの答えを探る。

　投書欄は、読者からの手紙の紹介と編集者の回答の二つの部分からなる。このような投書は多くの人たちによって書かれ、また読まれる。景山三郎の言うように「考え方に影響を与え、考え方の集積である世論の動向を左右している」[10]。世論の形成における投書の働きは重要である。景山三郎が指摘するように、投書における編集者の役割は無視できない。とはいえ、当時の一般民衆の考えを探るための史料が限られている点から考えれば、投書の利用価値は高い。ブルデューは、「ハビトゥスと生活様式空間」を論じるに当たり、アンケート調査の結果を利用した。社会学で使われるアンケート調査や聞き取り調査は、歴史研究においては、実行が困難であったり、不可能であったりする。このようなアプローチに限界がある以上、特定の時代に残された投書は、一般民衆の声が比較的直接に反映された「調査資料」としての価値をもつと考えられる。

　1933年12月の発行禁止による廃刊までに、『生活』の投書欄は7年間続いた。筆者の統計によると、実際に誌面に掲載された投書は598本にのぼる。その内容は若者の恋愛相談、男女交際や婚姻制度から、経済建設や抗日救国など広い範囲にわたる。それでははたして「国貨」に関する投書はどれぐらいあったのか。最初に「国貨」について言及した投書は、『生活』第2巻第34期（1927年6月26日）にあった。それは、中国の税関自主権を回収し、税率を上げることと「国貨」の生産増加によって、中国が徐々に豊かになるはずであるという内容であっ

た。これに対して、編集者は日本人や英国人の消費行動の例を挙げながら、中国人の消費者心理にも問題があるとコメントした。その後、『生活』第2巻第42期(1927年8月21日)に上海のモダン女性に関する投書が寄せられた。彼女たちは、口では「帝国主義を打倒しよう!」と訴えながらも、全身に「洋貨」をまとっているとして、投書者は、そのような現実に対する不満をぶちまける。これに対して、編集者は中国の伝統的服装の不便によって自らが経験したトラブルを紹介したうえ、「欧化」には反対しないが、自力で「欧化」のモノを生産するよう提唱する。

　以上のような「国貨」に関する話題はほかにも見られるが、数は多くない。7年間の投書欄をめぐっても、「国貨」をテーマにしたものは10本しか見当たらない。これが598本という投書の総数を考えると、その少なさは明らかである。前述したように、1931年、『生活』における「国貨」をめぐる記事は飛躍的に増加する。また、1931年の一年間の投書欄に掲載された投書総本数は114本であり、7年間で最も多い。しかしそれにもかかわらず、114本のなかで「国貨」に関する投書は2本に過ぎない。さらに投書欄に登場したほかのトピックと比べても、その差は明白である。たとえば、第八章で取り上げた「恋愛と貞操」論争の際、掲載された関係投書は50本以上に及んだ。これに比べると、「国貨」というテーマはあまりにも「不人気」なもののように見える。なぜだろう。

　二つの理由が考えられる。まず、「国貨」広告のところでも言及した消費慣習という問題である。長期間に形成された消費文化、とりわけ上海のような国際都市住民の「国貨」に対する根強い不信感と「洋貨」に対する好みから生まれた消費者意識は、「国貨」をめぐるメディアの言説と広告などによって簡単に変化するものではなかったと推測される。もう一つの原因は、「国貨」自体の曖昧な枠組みにあると思う。前節で論じた「国貨」の判別基準はまさにその表れであろう。一般民衆にとって、どの商品が「国貨」であるのか、どの商品が「洋貨」であるのかを判断すること自体が難しい。果たして実際に買い物する時に、『生活』の誌面で紹介した「国貨」や広告で宣伝した商品をいちいち確認する人はどれぐらいいるだろうか。資本や原材料などによって「国貨」の

正体がつかみにくかったに違いない。商品に関するこの種の混乱は、しばしば中国の消費者を途方にくれさせた。その結果、「商品を欲しいと思い、消費したいと思う欲望を生み出す第一の基礎として、商品の国籍（中国産）を受け入れるよう中国人を納得させることはしばしば困難であった」[11]。そうなると、たとえ「国貨」について発言したくても、その発言の実効範囲は限られてしまい、内容もパターン化してしまう。すでに言及した10本の「国貨」に関する投書は、「国人（中国人）」の消費心理や税関関税率など常套的なパターンにとどまる。以上は、「国貨」に関する投書が少ない原因の一部であると考えられる。

6　小　括

　19世紀後半イギリスのチャールズ・ボイコット大尉にまつわる伝説が、今日の「ボイコット」という言葉の語源であるという一説がある。また、1905年に米国の中国人労働者排斥政策をきっかけに始まった反米ボイコット運動は、「中国民族資産階級が独立した政治パワーとして初めて政治舞台に登場したシンボル」[12]として受け取られる。最近では、2005年、2010年、2012年に中国各地に「反日デモ」が起こり、日系スーパーマーケットやデパート、また中国人が経営する日本料理店などまで攻撃の対象となった。そして2008年春のチベット暴動をめぐり、各地にフランス系スーパーマーケットを対象とした「不買運動」が起こった。このように、中国歴史における外交問題をめぐる中国人の反応を見ると、矛先の向かうところに必ず「洋貨」と「国貨」に関する現実の動向が浮上してくる。「国貨」をめぐる言説は、バリエーションこそあれ、近現代中国の歴史舞台に繰り返し登場してくる。

　本章は、8年間にわたって発行された雑誌『生活』を一次史料として用い、1920年代後半から1930年代前半にかけての中国における「国貨」をめぐる言説と表象について考察した。「国貨」を愛し、「国貨」を造ろうとの呼び掛けから、「国貨展覧会」及び「国貨企業家」などに到るまで、『生活』の誌面には、様々な「国貨」言説が登場した。また、「快適、先端、便利、娯楽、健康」を手に

入れようと訴える商品の宣伝に、愛国心という要素が織り込まれた。本章は「国貨」に関する先行研究から、多くの示唆を得、とりわけGerth, Karlによる消費文化とナショナリズムの関係性についての研究に多くを負っているが、先行研究では看過されてきたメディアの受け手に注目した。先行研究は、「国貨」研究の前提として、「国貨」をめぐる言説と表象が生活と社会に浸透した度合いを大きく見積もっている。しかし、これは検証された事実ではない。本章では『生活』の投書欄に関する限り、読者の「国貨」に対する関心は決して高くはないという結論に到った。この結論によって、近代中国における「国貨」をめぐる言説と表象に関する送り手の情報量と受け手の反応との不均衡を垣間見ることができた。いかに当時の活字メディアが「国貨」運動を推進する言説を生産・流通しようとも、その受け手たる市民は必ずしもその笛に踊らされたわけではないのである。雑誌『生活』の検討から明らかになったのは、西洋の生活スタイルに対し憧れを抱く人々の姿であった。

注

(1) Gerth, Karl、2003、7頁。
(2) 石田米子、1967、184頁。
(3) 潘君祥によると、「国貨」に関するメディアは、ほかに定期出版されたものとして『国貨導報』、『国貨月報』、『機聯会刊』、『国貨指引』、『国貨調査冊』などがあり、不定期出版されたものとして『晨報』の「上海市之国貨事業」、『女声』半月刊の「婦女与国貨」、そして一部の「国貨」展覧会の特刊などがある（潘君祥、1998、320頁）。
(4) 潘君祥、1996、311頁。
(5) Gerth, Karl、2003、208頁。
(6) Gerth, Karl、2003、334頁。
(7) 『生活書店史稿』、22頁。
(8) Gerth, Karl、2003、213頁。
(9) Gerth, Karl、2003、183頁。
(10) 景山三郎、1968、52頁。
(11) Gerth, Karl、2003、204頁。
(12) 潘君祥、1998、2頁。

終章　生活書店から三聯書店、そして再び生活書店へ

　生活書店は新知書店（一九三五年創業）と読書出版社（一九三六年創業）との三者協議で合併強化の方針を決定、一九四八年香港で完全に合併した。正式名称は生活・読書・新知三聯書店という。中華人民共和国の成立にともなって本社を北京に移転、上海に分店をもつ（香港には別に香港三聯書店がある）。従来の伝統を生かして社会科学・近現代史関係のテーマを中心に成熟した健実な編集出版で知られている。

　　　　　　　　　　　　　　　　　――大山茂『大安社史』1998、92頁

1　全体のまとめ

　本書では、三つの「軸」を設けている。「知識人」、「メディア」、そして「ナショナリズム」である。以下、この三つの「軸」に沿って、これまでの各章で行った検証結果を振り返り、もう一度本書の全体像を述べる。

　まず、「知識人」という「軸」に関しては、鄒韜奮を中心に生活書店にかかわる人々を取り上げた。検証にあたって、ジャーナリスト鄒韜奮の西洋体験や彼とアメリカ知識人の思想との関連について論じ、近代中国知識人が成長していくなかで経験する西洋文明の受容、及び祖国の社会状況との適合を目指した様々な実践活動を示した。1940年代、短期間ながら鄒韜奮は国民参政員として政治活動も展開した。しかし、言論出版の自由を目指し平和的手段による改良主義を主張していた彼は、国民党政権による迫害を受けると同時に共産党による浸透の影響を受け、次第に共産党へ転じた。鄒韜奮のこのような政治に対する認識の変化は、当時の多くの中国の知識人に共通した一面として見てよいと考える。そして、鄒韜奮と同時代の知識人である黄炎培や胡愈之らは、生活書店の関係者として様々な側面から彼をサポートし、影響を与えた。鄒韜奮を中

心とした生活書店の知識人たちの思想の変遷及び実践活動は近代中国の知識人の生態の縮図である。

　次に、「メディア」という「軸」に関しては、生活書店を対象とした。近代中国の出版メディア事業の発展史において、商務印書館、中華書局、開明書店など規模が大きく、広範囲に及ぶ影響力を持つものはいくつもあるが、なかでも生活書店はその読者重視の姿勢、及び合作社的経営方式によって人々の関心と支持を集めていた。読者（消費者）と距離が近く、信頼関係を築いていた生活書店は、1930年代に様々な募金活動を成功させた。そして、その活動は抗日運動の支援へとつながっていった。戦時下、極めて困難な経営状態に直面したが、様々な工夫によってコストを抑え、出版事業を存続させた。生活書店の発展プロセスは、近代中国の出版メディアの一モデルとして看做すことができよう。

　最後に、「ナショナリズム」という「軸」に関しては、主に生活書店の出版物に現れた言説について検証を行った。1935年の「新生事件」によって呈した日中メディア間の対抗的状況は、当時両国における異なるナショナリズムの高揚の実態を示している。一方、雑誌『生活』の誌面（とりわけ投書欄）に登場した「国貨」に関する表象と言説の比較からは、読者の「国貨」に対する関心の度合いを読み取ることができる。愛国心という要素が意図的に織り込まれた「国貨」擁護の言説に対し、民衆は必ずしも共鳴していたとはいえない点は、ナショナリズムによく見られる排他的な側面における例外となっている。言い換えれば、メディアの送り手の情報量と受け手の反応との不均衡というこの現象は、ナショナリズムの多様性、複雑性を示している。

2　生活書店から三聯書店へ

　1948年、中国共産党の指導の下、生活書店は読書出版社・新知書店と合併し、「生活・読書・新知三聯書店」となった。中華人民共和国建国以降、一時期人民出版社に吸収されたが再び独立した三聯書店は、徐々にそのブランドを作り

終章　生活書店から三聯書店、そして再び生活書店へ　247

上げることに成功した。生活書店から三聯書店への「変身」の過程は、近現代中国の出版ジャーナリズムの変容と連続性を反映したものだと思われる。生活書店の関係者には、新中国成立後政府の言論や出版機関の要職を務めた者もいた。たとえば、胡愈之は、1949年以降中華人民共和国政務院出版総署署長を務めた。徐伯昕は出版総署発行局局長、新華書店総経理などの要職に就いた[1]。ほかにも、1930〜1940年代に生活書店の各支店で働いた従業員の多くは建国後、言論やメディア政策にかかわる政府機関、及び活字出版物の発行流通にかかわる企業に就業した。彼らは1950年代以降の中国において言論政策の形成及び実施に大きな影響力を有したと推測される。

　また、国共内戦時期の1940年代後半において、共産党は活字出版事業の強化に力を入れ、新華書店などの発行流通システムを作り始めた。中華人民共和国建国初期に、既存の国民党系列の出版社や民間私営出版社などを改造し、出版流通システムの再建に取り組んだ。その際、新華書店のような新規ネットワークの構築にも生活書店の経営ノウハウが参考にされたと言われている。したがって、出版メディアの人的要素、技術的要素、出版経営の知的要素などの様々な側面において、生活書店の影響は新中国成立後にも及んでいたと考えられる。このような影響が、具体的にどの程度、どこで、誰によって、どのように見られたかについては、近現代中国の出版ジャーナリズムの連続性を反映したものとして、今後さらなる検証を行うべきであろう。

　本章は、このような検証課題の実施における基礎的な作業の一端である。すなわち、生活書店から三聯書店への「変身」の過程の初期段階の状況を明らかにする試みである。具体的にはまず、生活書店・読書出版社・新知書店の三社間に合併以前どのような連携があったのかを整理したうえで、「重慶三聯分店」の成立及び経営状況を考察する。次に、1948年香港にて正式に設立された「香港三聯書店」の設立経緯や人員組織などを考察し、1950年代以降の「三聯書店」の状況を言及する。そして最後に、最近（2013年）に新生を果たした「生活書店」をめぐる社会的反応などを考察する。なお、筆者が知る限り現段階においては「三聯書店档案」の所在は不明である。したがって、ここでは主に下記の史料

集に依拠した。『生活・読書・新知三聯書店成立三十周年紀念集』(1978)、『生活・読書・新知留真集影』(1998)、『上海文化界：奮戦在"第二条戦線上"史料集』(1999)、『生活・読書・新知三聯書店文献史料集』(2004)である。

3 生活書店・読書出版社・新知書店の合併前の連携

　生活書店、読書出版社、新知書店（以下、「三社」）の間では、合併以前からすでに様々な連携が図られていた。このような連携は主に二社連携であったが、後の三社連携の基礎となった。以下、具体的に「根拠地」及び「国統区」における「三社」の連携を見ていきたい。

　まず、根拠地における書店の開設である。1940年夏、生活書店は李文、読書出版社は劉大明、新知書店は王華、合わせて3人を派遣し、晋東南根拠地の左権県で華北書店を開設した。同年の冬、続いて柳湜（生活書店）・趙冬垠（読書出版社）・徐律（新知書店）の3人が派遣され、延安で華北書店が開設された。ほかに、袁信之（生活書店）・張漢卿（読書出版社）・王益（新知書店）の3人によって蘇北根拠地で立ち上げられた大衆書店もある。上記各根拠地で作られた書店は、「三社」がはじめて共同経営した書店である。「三聯」という看板こそ揚げられていないが、「隠れの三聯書店」と称してもよいものであろう。

　次に、「三社」が共同出資して立ち上げた「文林出版社」である。1941年6月以降、ドイツのソ連侵攻に伴い、国民政府によるソ連関係情報の統制が徐々に緩和され始めた。当時の世界状況、とりわけソ連軍によるドイツ侵攻に対し抵抗する動きを中国国内に紹介するため、1942年初め頃、文林出版社が立ち上げられた。文林出版社は共産党南方局と「三社」が50%ずつ出資して作られたものである。当時の経営内容は、主にソ連の抗戦文化をテーマとする文芸作品の翻訳と出版だった。文林出版社の社長を任されたのは生活書店の方学武だった。

　以上のような書店や出版社のほか、「立信会計図書用品社」・「兄弟図書公司」・「聯営書店」なども作られた。このような様々な出版関連機構が立ち上げられた裏には、共産党による指導や支援があったと言われている。前述したように

終章　生活書店から三聯書店、そして再び生活書店へ　249

共産党南方局が直接出資したケースもあるが、共産党地下党員による指導がもっとも多かったと考えられる[2]。とりわけ、当時共産党南方局の指導者（書記）だった周恩来による指導については、数多くの回顧録において記述が見られる。たとえば、徐雪寒は次のように述べている。

　1940年夏、生活書店の徐伯昕、読書出版社の黄洛峰とともに八路軍弁事処で周恩来と話し合いをした。その話し合いで、周恩来から、延安や根拠地は我々の力を必要としているため、三社から人員を派遣し民間企業としての出版機構を立ち上げてほしいとの指示があった。（中略）1941年冬、周恩来から特別な任務が命じられた。それは、新知書店から党員幹部を数人選んで江西省・福建省など各地で「灰色書店」や文房具売店を作り、必要時の拠点として待機させることだった[3]。

　ここで言及されている「灰色書店」とは、いわゆる表看板は一般の民間書店だが、共産党地下党員によって経営されている出版社や書店を指し、主に「出版に関わる設備や人員の確保」及び「連絡通信拠点の設置」の目的から作られたものである。これは、当時の戦況によって刻々と変わる社会状況に常時対応する戦略の産物である。

4　「重慶三聯分店」の設立及び経営状況

　上記のような「三社」間の連携は数年間にわたり行われた。1945年8月の抗日戦争終結後、「重慶三聯分店」の設立によって「三社」における新たなステップが踏み出された。「重慶三聯分店」は1945年10月に設立された後1947年10月に業務停止に追い込まれたため、わずか2年あまりの存続だったが、正式に「三聯」という看板を掲げた最初の三聯書店であった。この節では、その設立の経緯及び経営状況を考察する。
　1945年10月22日、店内内部向けの『為合組重慶三聯分店告同人書』が公布さ

れた。そのなかで合併の旨について次のように記されている。

> 抗戦が終結し、文化事業が新しい段階に入る。新しい情況下の任務を果たせるよう、我々の事業における新たな調整が始められ、新しい体制をもって新しい時代を迎える。力を合わせるため、生活・読書・新知の三社がさらに団結し合作する必要がある。全国的な範囲での合作も検討中だが、重慶にある三つの分店は直ちに聯合経営を決定した[4]。

このような全体的な目的が述べられた後、さらにその理由が3点挙げられている。すなわち、第一に、今後全国的な範囲において無数の重要な町に業務を展開していくこととなるため、重慶だけに限った業務は許されない。第二に、政治文化の中心の移転に伴い、重慶での文化の需要減少が見込まれるため、重慶に三つの拠点が同時に存在する必要はない。第三に、もっとも重要なこととして、重慶での合作は将来三聯のさらなる業務展開の実験台となり、ほかの地域の模範（経営モデル）となる、というものである。合併の具体的作業をスムーズに進行させるため、「三社」の各重慶支店の管理処から「聯合技術小組委員会」が立ち上げられ、業務に当てられた。その後「聯合技術小組委員会」から『重慶生活・読書・新知三店関于合組三聯分店之決議』が出され、合併が行われた。以下、この『決議』から、重慶三聯分店の組織及び人員配置などを見る。

表11-1が示すとおり、重慶三聯分店は主に「営業」・「総務」・「会計」の三つの部署からなる。そして、実際の店舗（「門市」）は第一門市から第三まで三つあり、それぞれ元生活書店の店舗、元新知書店の店舗、元読書出版社の店舗であった。「重慶三聯分店」の構成員は合計32人で、うち元生活書店からは12人、元読書出版社からは11人、元新知書店からは9人であった。

『告同人書』が公布された後は、「三社」の従業員の支持を得て、合併作業は極めて順調に進んだ。1945年11月2日、まず第二門市が「三聯」の看板を掲げて営業を開始した。11月20日、三つの門市はすべて営業を開始し、重慶の各紙に3日間続けて「啓事公告」を掲載した。これをもって、最初の「三聯書店」

終章　生活書店から三聯書店、そして再び生活書店へ　251

【表11-1】重慶三聯分店組織及び人員配置（1945年）

管理処	経理（仲秋元）		
	副経理（劉遜夫）		
	営業部 （主任：劉遜夫〈兼任〉）	批発科（鄧昌明）	
		進貨科（濮光達）	
		桟務科（盧寄萍）	
		郵購発行科（王天覚・曾熙）	
		推広科（趙徳林〈暫定〉）	
	総務部（主任：楊明）	庶務科（汪顕明）	
		収発科（楊和〈兼任〉）	
	会計部（主任：何理立）	財務科（李秀珠）	
		出納科（楊和）	
門市科	第一門市	劉起白・陳青聆・郭家祺・鍾毅・藺宗祥	
	第二門市	尤開元・欧陽洪・冉啓文・吉健生・石泉安	
	第三門市	黄白寒・韋起応・蔣明・鄧淙非・王建疇	

（出所：『生活・読書・新知三聯書店文献史料集』52-53頁に基づき、筆者作成）

が重慶で誕生したことになる。

　重慶三聯分店は設立後、西南地域の図書発行拠点となった。当時、多くの雑誌が重慶三聯分店に発行・販売を委託した。

　表11-2の22種類のジャーナルのうち、三日刊は1種類、週刊は6種類、半月刊は3種類、月刊は11種類、季刊は1種類である。月刊が半数を占めていることからもわかるように、当時のジャーナルの主流は月刊だったと言える。しかし、このような発行頻度が異なるジャーナルを多数かつ同時に発行・販売する業務は、重慶三聯分店にとって容易なものではなかった。それぞれの雑誌の発行部数は多い場合は5,000部で、少ない場合は数百部であったが、発行・販売先が多岐にわたっていた（重慶の地元地域・重慶以外の地域・書店関連の同業者・個人の購読者など）ため、重慶三聯分店の業務は相当煩雑なものであった。従業員は週末もほとんど休むことなく、業務にあたった[5]。

【表11-2】重慶三聯分店が発行・販売した雑誌一覧

	出版地	雑誌名	出版元	編集者
1	重慶	『重慶雑誌界聯合三日刊』	各民主党派聯合	
2	重慶	『民主星期刊』（週刊）	民盟	陶行知・鄧初民
3	重慶	『民主生活』（週刊）	救国会	沈鈞儒・宋雲彬
4	重慶	『自由導報』（月刊）	民建	蘇東
5	重慶	『中華論壇』（半月刊）	農工党	章伯鈞
6	重慶	『再生』（半月刊）	民社党	張君勵
7	重慶	『民主教育』（月刊）		陶行知
8	重慶	『中原・希望・文哨・文芸雑誌聯合特刊』（半月刊）		郭沫若・胡風・邵荃麟・葉以群
9	重慶	『現代婦女』（月刊）		曹孟君
10	重慶	『職業婦女』（月刊）	職業婦女連合会	
11	重慶	『青年知識』（月刊）	青年知識社	
12	重慶	『科学与生活』（月刊）		蒋一葦
13	重慶	『萌芽』（月刊）		邵荃麟・何其芳
14	重慶	『抗戦文芸』（月刊）	文芸界抗敵協会	老舎
15	重慶	『人物雑誌』（月刊）		張知辛
16	重慶	『故事雑誌』（月刊）		蘇東
17	重慶	『中国学術』（季刊）	中国学術工作者協会	
18	上海	『民主』（週刊）	生活書店	鄭振鐸
19	昆明	『民主週刊』（週刊）	昆明民主同盟	
20	上海	『経済週報』（週刊）		許滌新
21	成都	『希望』（月刊）		胡風
22	成都	『呼吸』（月刊）		方然

（出所：『生活・読書・新知三聯書店文献史料集』592-593頁に基づき、筆者作成）

5 「香港三聯書店」の設立及びその後

　国共内戦末期、国民党政権による迫害が次第に深刻化するにつれ、「三聯総管理処」は香港へ移転し、新たに「三聯書店」を立ち上げる準備に着手した。1948年10月18日、「三社」の合同代表大会が開かれ、「三聯書店臨時管理委員会」が発足した。その正式委員15人と候補委員7人は表11-3のように選出されている。

　1948年10月26日、「三社」の合同同人大会が開かれ、新しい三聯総管理処の人事案及び香港分店の責任者などが公布された。翌日10月27日には、香港の各紙に告知が掲載され、三聯書店の正式設立が宣言された。香港の三聯書店は当初「生活書店・読書出版社・新知書店 香港聯合発行所」という名称で出発したが、のちに「三聯書店香港分店」へと改名した（図版11-1参照）。

　香港三聯書店が設立された後は、東北地域や華北地域においても次々に三聯書店が設立されたが、当時の三聯総管理処の規定に従い、「光華書店」や「新中国書局」などの名称が付けられた。だが、1949年1月以降は、東北地域での出店が増えるにつれ、遠隔の香港の総管理処による連絡や指導が徐々に困難となった。そこで、東北地域での業務展開に応じるため、新たに瀋陽にて「三聯

【表11-3】香港三聯書店臨時管理委員会委員出身別一覧（1948年）

委員 （15人）	生活書店	徐伯昕・胡縄・邵公文・薛迪暢・畢青・程浩飛
	読書出版社	黄洛峰・万国鈞・呉毅潮・欧陽建
	新知書店	潘静芷・張朝同・邵荃麟・朱暁光・唐澤霖
候補委員 （7人）	生活書店	許覚民・陳正為・張明西・仲秋元
	読書出版社	倪子明・範用
	新知書店	劉建華
その他	主席：黄洛峰	

（出所：『生活・読書・新知三聯書店文献史料集』159頁に基づき、筆者作成）

254 終章 生活書店から三聯書店、そして再び生活書店へ

【図版 11-1】香港聯合発行所（出所：『生活・読書・新知三聯書店成立三十周年紀念集』）

【図版 11-2】香港三聯書店・中環店にある鄒韜奮像（出所：筆者撮影（2012 年））

書店東北管理処」が発足した。1949年8月15日、「三社」は連名で各紙に「為統一店名告全国読者和同業書」という広告を掲載し、「兄弟図書公司」・「光華書店」・「新中国書局」などのこれまでの名称をすべて「生活・読書・新知三聯書店」に統一することを発表した。1949年10月に中華人民共和国が成立すると、南部地域において「長沙三聯書店」（1949年10月）、「広州三聯書店」（1949年11月）、「西安三聯書店」（1949年11月）、「重慶三聯書店」（1950年1月）が次々と設立された。1949年12月、三聯書店総管理処は香港から北京へ移転となった。1950年4月24日には北京で第1回全国分店長会議が開かれ、今後の経営方針などの重要事項が定められた。しかし、1950年以降、中央政府による全国の出版機構の調整が始まり、三聯書店も解体され、人民出版社などに統合された。そして、1951年1月30日の『店務通訊』第12号において、三聯書店は正式に業務終了したと告知された。

6 そして再び生活書店へ

2013年7月、「生活書店重張」のニュースが中国各地のメディア（図版11-3参照）によって報じられた[6]。1932年7月に上海で始まった生活書店は、1948年の合併によって消失したが、65年後に再生された。鄒韜奮長男の鄒家華氏、元生活書店従業員の仲秋元氏、作家王蒙氏らは誌上で座談会を開き、生活書店の歴史を辿り、今後の期待などについて意見を交わした[7]。そのなかで、仲秋元は新生した生活書店に対して、旧生活書店の基本精神である「読者重視」の精神が引き継がれることをおおいに期待していると述べた。生活書店の歴史を対象とした本書は、その根底にあるものを初歩的に探ったものに過ぎない。

【図版 11-3】「生活書店重張」を報じる新聞記事（出所：『北京晩報』2013年7月3日）

注
(1) 胡愈之及び徐伯昕について、第四章参照。
(2) 生活書店、読書出版社、新知書店には早い段階から共産党の地下党員がいたと思われる。田中仁（1990）の303頁、Stranahan, Patricia（1998）の第五章参照。
(3) 『生活・読書・新知三聯書店文献史料集』13-14頁。
(4) 『生活・読書・新知三聯書店文献史料集』51頁。
(5) 『生活・読書・新知三聯書店文献史料集』595頁。
(6) たとえば、「三聯重張老字号"生活書店"」『京華時報』（2013年7月2日）、「生活書店81歳生日"重生"」『北京日報』（2013年7月2日）、「"老字号"生活書店恢復設立」『北京晨報』（2013年7月2日）、「生活書店重張喚醒名家記憶」『北京晩報』（2013年7月3日）など。
(7) 「恢復設立生活書店筆談」『読書』2013年8月。

付　　録

（史料抄録）

1　史料名：「団結御侮的幾個基本条件与最低限要求」(1936)

●解題：

　第三章に述べたように、1936年に鄒韜奮が沈鈞儒、章乃器、陶行知と連名で『生活日報』第55号（1936年7月31日）で「團結御侮的幾個基本條件與最低要求（団結して侵略に抵抗するいくつかの基本条件と最低限要求）」という声明文を発表した。この声明文については、小野寺史郎・中村元哉両氏による「解題」、そして小野寺史郎氏による邦訳を参照されたい。【『新編　原典中国近代思想史　第5巻　国家建設と民族自救—国民革命・国共分裂から一致抗日へ』（岩波書店、2010）、205-218頁。】

團結御侮的幾個基本條件與最低要求

　自去年十二月九日學生救亡運動開始以來，這七個月中，國內一般政治形勢，顯然有重大的進步和轉變。在以前，我們是陷在互相殘殺，互相排擠，互相猜疑的泥溝裡；現在我們已經逐漸明瞭，只有掉轉槍頭一致向外，才是我們唯一的出路。在以前，安內和攘外的先後問題還起了很大的爭辯；現在政府和民眾，卻已逐漸在抗日第一的旗幟下面團結起來。這七個月中間，全國學生救亡運動再接再厲，全國及各地救國會相繼成立。一般民眾對於聯合抗日，已有了深刻的認識和熱烈的要求，這是不消說得的。此外，政府對日外交，最近也比較的採取強硬態度。『塘沽協定』的正式披露，浪人走私的嚴重抗議，至少這兩件事，表示政府不甘心屈辱到底。各地軍事當局近來也開始有了覺悟。西南領袖最近公然宣布出兵北上抗日。宋明軒將軍雖然在數月前，曾向日本屈服退讓，但是對於日本軍部屢次強迫要挾成立偽組織，卻始終加以拒絕，這是值得讚許的。全於向來和國民政府對立的中國共產黨和紅軍，最近也改變政治主張，以抗日救國為目前主要任務。就報紙所載消息，「工農蘇維埃政府」已改為「人民蘇維埃政府」；「工農紅軍」已改為「人民抗日紅軍」。這些事實，說明了現在全國人民，不論在朝在野，不論中央或地方，不論左派或右派，都已一致認識中華民族的當前大敵，只有一個。而在這民族大敵之前，政府和人民，中央和地方，友黨和敵黨，已開始企圖

建立全民的大團結。這全民的大團結一旦建立起來,不但可以挽救國家於危亡,而且奠定民族復興的基礎。這是我們馨香禱祝的。

可是在另一方面,我們卻不能隱諱目前的一個十分嚴重的問題,就是大部分人民對於團結救亡的認識,還不夠徹底,對於全民陣線的信念,還不夠堅決。因此,雖然大家都集合在抗日救國的大旗下面,大家依然是互相傾軋,互相疑忌,互相鬥爭。甚至有些人以為「抗日救國」只是一種時髦的裝飾品;有些人以為聯合戰線不過是互相利用,至多也不過是一時苟合。所以今天是同志,明天可以成為仇敵。這種錯誤的觀念,要不是立即糾正過來,廣大的民族救亡聯合戰線,斷乎不能建立起來,即使建立起來,也一定馬上就會分裂。但是誰都知道,救亡聯合戰線要是不能建立起來,或者建立起來以後,立即四分五裂,抗日救國是決不會得到勝利。抗日救國不能得到勝利,那麼我們的前面自然只有死路一條。

打開天窗說亮話,現在雖然大家都叫喊抗日救國,大家都在高談聯合戰線,但是政府懷疑民眾,民眾也懷疑政府;中央不信任地方,地方也不信任中央;國民黨怕被共產黨利用,共產黨也怕被國民黨利用,這是誰也不能否認的事實。不僅如此,甚至本來是一家人,現在為了聯合救亡的緣故,也紛紛互相猜疑起來。例如,同是政府中人,對於國家根本大計,卻不容許公開坦白討論;同是熱心救國的人士,卻互相懷疑被某派某黨利用。這事實說明了什麼?說明了在抗日救國的口號中,各人依然是同床異夢,各懷鬼胎。大家難道已經把印度,朝鮮亡國的慘痛教訓,忘記得乾乾淨淨了嗎?

就我們個人數月來參加抗日救國運動的經驗來說,我們因為完全站在人民救亡陣線立場的緣故,竟引起了各方面的懷疑猜忌。政府因為我們主張各黨各派合作抗日,承認了共產黨勢力的存在,就懷疑我們是被共產黨利用。有些思想幼稚的青年,因為我們主張各黨各派合作抗日,就等於主張和國民黨合作,便猜想我們是被政府收買。另一方面,中央因為我們同情西南抗日主張,就認定我們蓄意反對中央;西南當局卻又因為我們求全責備,認為是替中央說話。這事實又說明了什麼?說明了我們的當局,我們的一部分青年民眾,對於聯合救亡的原則,是怎樣不夠了解,不夠忠實,不夠熱誠,不夠信仰啊!照這情形發展下去,大家拿抗日救國作幌子,拿聯合戰線當作一件把戲玩弄,我們會達到民族解放的目的嗎?

對於一切外來的懷疑猜忌,甚至造謠中傷,我們打算辯護我們自己嗎?不,我們沒有這個打算。我們已經決定為了國家和民族,犧牲我們的身家性命都願意。個人的毀譽更算得什麼?我們發見了各種不同方面對於我們的誤會,我們不僅不介意,而且更增加了我們的自信力。因為我們相信我們受到各方面的誤會和懷疑,這事實正證明了我們過去忠實於救亡聯合戰線的立場;正證明我們一面不放棄一點一滴的抗日力量,另一面又不放棄一絲一毫的聯合戰線立場;正證明我們一面願意和任何抗日勢力誠意合作,然而同時決不願意遷就任何方面。我們敢宣誓我們今後仍堅決地站在這救亡戰線的立場,不躲避,不退卻,不放棄立場,不動搖意志,一直到中華民族解放運動達到完全勝利的一天。現在我們所擔心的,卻只有一件事,就是現在不論政府當局,不論人民大眾,有一部分對於這純潔無私的救亡聯合戰線,太不夠理解,因不夠理解的緣故,更不夠忠實,不夠熱誠和信仰。因此,他們至今還是在互相殘殺,互相攻擊;即使表面上他們已經聯合起來,暗下裡他們也還是在互相懷疑,互相猜忌。這樣,縱使他們在主觀上是為了救國救民,客觀上他們是破壞了聯合戰線,妨礙了抗日工作。這一切的一切,都只是因為對於救亡聯合戰線的立場,太不理解的緣故。因此,我們認為對於聯合戰線的立場,有向政府當局和人民大眾,作一番詳細解釋的必要。這不是為了表白我們自己,而是為了抗日救國,為了中華民族解放運動的前途。

什麼是救亡聯合戰線的正確立場呢?

我們以為:第一,抗日救國是關係整個民族生死存亡的大問題,所以只有集合一切人力,財力,智力,物力,實行全國總動員,才能得到最後的勝利。換句話說,抗日救國這一件大事業,決不是任何黨派任何個人所能包辦的。脫離了民眾,單是政府,抗日必然失敗;但是沒有一個政府的領導,單靠民眾自動地作戰,也決不會有勝利的前途。中央政府要是沒有各地方當局的合作,固然談不到抗日;但是地方當局,在和中央政府對立的狀態之下,即使出兵抗日,也未必有勝利的把握。固然,抗日救亡是火燒眉頭的急事,我們遇到敵軍入境,就要立即抵抗,斷不能等到全國總動員成功以後,方才發動。所以我們贊成東北義勇軍的英勇抗敵,贊成十九路軍及第五軍在上海的奮發抗戰,我們也贊成西北軍在喜峰口察哈爾的抗日戰爭。我們贊成這種局部的抗日軍事行動,目的依然在能夠推動全國大

規模的抗日軍事行動。否則，如果我們相信單靠局部抗日，或者一黨一派包辦抗日，就可以得到最後勝利，依然不免犯了重大的錯誤。抗日救國要達到最後的大勝利，必然要倚靠全民族的一致參加；我們所以有結成救亡聯合戰線的必要，原因也就在這裡。不然，我們要是相信國民黨可以包辦救國，我們只要加入國民黨就是了，就不必談什麼聯合戰線。我們要是相信共產黨可以包辦救國，我們只要加入共產黨就是了，也不必談什麼聯合戰線。我們主張聯合戰線，就是因為相信抗日救國的大事業，決不是任何黨派任何方面單獨所能完成的。

第二，我們主張各黨派各方面共同聯合起來抗日救國，這並不是說把各黨各派都消滅了，更不是說利用聯合戰線，把某黨某派消滅了。在聯合戰線上的各黨各派，盡可以有不同主張，政府和民眾，中央和地方，也盡可以有不同的意見；只要在抗日救國的一點上，求得共同一致，大家互相寬容而不互相傾軋，互相攻擊，聯合戰線就建立起來了。那就是對於抗日救國，政府也還可以有政府的主張，民眾可以有民眾的主張，這並不妨害了聯合戰線的建立。只有政府壓迫民眾不許自由提出抗日主張，民眾籠統地反對政府的一切主張，這樣聯合戰線才不免於破裂。所以互相寬容是聯合戰線的第一要義。為什麼我們要求言論自由，要求開會結社自由，也就因為大家是中國人，在共同抗日的立場上，必須互相寬容，互相容許自由發表意見，自由結合團體。要是沒有這種寬容的精神，聯合戰線根本就無法建立起來，更談不到抗日救國。

第三，在聯合戰線中間，不僅要大家互相寬容，而且要公開，要坦白。凡是利用聯合戰線，利用抗日名義，作個別的企圖的，就是破壞聯合戰線，也就是破壞抗日運動。聯合戰線應該結合各黨各派的力量以達到抗日救國的目的，但不能為任何黨任何派所利用。固然，在一個廣大的鬥爭中，一部分不良分子利用聯合戰線，假公濟私的事情，是不能避免的。但只要我們一切的行動都坦白公開，這些假公濟私的不良分子，立刻就會暴露出來，立刻就會被群眾唾棄的。

第四，聯合戰線的主要目的，是在擴大抗日救國的隊伍，這隊伍自然越廣大越好。既然是中華民族革命聯合戰線，那麼四萬五千萬的中國人中間，除了漢奸以外，沒有一個人是應該被摒棄的。即使是漢奸，要是一旦覺悟，參加抗日救國運動，也未嘗不可以放下屠刀，立地成佛。那時我們也斷沒有排斥他們的理由。而

且我們相信，中華民族要不是生成奴隸根性，活該亡國滅種，決不會有人真正甘心做漢奸。許多漢奸都是因為為環境壓迫，缺乏民族自信心，才不知不覺地造成了的。只有建立廣大的救亡聯合戰線，恢復民族自信心，才能克服一切漢奸意識，消滅一切漢奸運動。

　第五，許多人對於聯合戰線的前途，缺乏堅定的信仰，以為聯合戰線不過是一時的苟合，過了不久就會分裂的。這一種見解也完全錯誤。因為假定大家對於聯合戰線的前途，沒有信仰，那麼聯合戰線自然會不久就破裂，而抗日救國也斷不能達到勝利的目地。過去的國共合作就是一個前例。但是假如大家真正能夠誠意合作，對於聯合戰線的前途，真正有堅定的信仰，那麼聯合戰線的基礎只有一天天鞏固擴大起來，直到抗日救國達到完全勝利的一天，就是在抗日救國完全勝利以後，這人民的大團結也不見得就會分裂。因為各黨各派既然在一條戰線上共同奮鬥，終於得到了共同的勝利，大家就變成患難朋友，許多本來不能諒解的事情，就可以諒解；許多本來不一致的意見，也就可以一致起來。那時中國才真正能夠統一起來。以為歷史告訴我們，許多國家都是因為對外戰爭的勝利而促成內部統一的。這樣看來，民族聯合戰線決不是一種短命的過渡性質的結合，問題只在於我們對於參加聯合戰線的態度，夠不夠熱誠，對於抗日救國必然勝利的信仰夠不夠堅定就是了。

　這是我們對於聯合救亡所採取的立場，我們希望這個立場成為全國人民所採取的共同立場。此外我們為了抗日救國，對於中央及地方當局，對於各黨各派，對於一般民眾，謹以十二萬分的誠意，提出我們的一些希望。我們不敢說這是代表了大多數人民的意見，但是至少我們是以國民一分子的資格，向我國的當局和民眾進言。縱使我們的主張過分坦白了些，我們想，同是中國人，當局和民眾是一定都會諒解我們的。

　一我們對於國民黨領袖蔣介石先生的希望。五年來，蔣介石先生歷次表示埋頭苦幹，忍辱負重，準備抗日，這是天下所共聞的。我們也承認抗日要盡可能的作迅速而有效的準備；我們所不能同意的只是準備抗日的方式。蔣先生屢次主張以先安內後攘外的方式準備抗日。不管這主張對不對，但是五年來的經驗告訴我們，這一個主張是失敗了。五年來安內的結果，剿共軍事並沒有片刻停止，到最近中

央和西南卻又發生了裂痕。可見安內政策並不能促成真正的內部統一,而惟一得到「安內」的利益的,卻是我們的共同敵人。照這情形下去,恐怕「內」不及「安」而中國全部已早成為日本的殖民地了。蔣先生要是細心想一想,應該會知道這是何等失算啊。過去的事不必再說了。在目前,敵人正在企圖吞滅華北和福建,民族危機已嚴重到萬分。蔣先生處全國最高統治地位,應該趕快設法,作抗日救亡的真正準備。真正的準備抗日,決不是所謂「先安內後攘外」,而是聯合各黨各派,開放民眾運動以共紓國難。因此我們希望蔣先生馬上做到下面幾件事:第一,停止對西南軍事行動;第二,和紅軍停戰議和,共同抗日;第三,開放抗日言論自由和救國運動自由。這三件事做到後,「內」不必「安」而自「安」。隨後,我們更希望蔣先生親率國民政府統轄下的二百餘萬常備軍,動員全國一切人力財力智力物力,發動神聖民族解放戰爭。這民族解放戰爭達到完全勝利之後,蔣先生不僅是中華民國的最高領袖,而且將成為中國歷史上最偉大的民族英雄。這是我們十二分誠意盼望的。要是不然,蔣先生置亡國滅種的危禍於不顧,依然繼續剿共,繼續內戰;這樣,蔣先生縱使一生埋頭苦幹,也不能見諒於天下後世。我們相信蔣先生決不會出此下策。蔣先生在二中全會報告救亡禦侮步驟與限度,自然可以代表蔣先生的最近意見。我們讀了那個報告之後,覺得對於和平絕望與犧牲最後關頭的解釋,是比較的具體了。他說:假如敵人強迫承認偽滿的時候,或者從去年十一月以後,敵人再侵害中國的領土主權,而政治外交方法不能排除這個侵害的時候,這便是和平絕望的時候,也便是犧牲的最後關頭。對外在這個限度裡面,盡可能的進行準備,我們是可以同意的;但是我們得再提出,除了這對外的限度之外,對內的停止內戰和開放人民的抗日言論自由和救國運動自由,也是極端必需的。否則一面準備而一面自相消耗,結果恐怕要所得不償所失;政府倡言準備而限制人民自動起來準備,也不足以見諒於人民。這兩點,我們是要重複提出,請蔣先生注意。此外,蔣先生在報告中把中國和阿比西尼亞等量齊觀,這在我們是不敢同意的。

二我們對於西南當局的希望。我們同情陳伯南將軍,李德鄰將軍和白建生將軍出兵北上抗日的宣言,我們認為這至少表明西南當局對於聯合救亡已有了深切的認識。但是,我們卻希望西南當局對於聯合戰線的立場,有更進一步的了解,我

們認為西南當局應該推動中央政府出兵抗日，避免和中央取對立的態度。我們又認為抗日救國應該盡量容許人民自動起來幹，換句話說，必須使人民有抗日言論及行動的絕對自由。其實這是西南當局向中央公開提出的要求，我們希望西南當局在他們直接統治的區域內，首先兌現。不然，西南當局脫離了中央，又脫離了民眾，孤軍抗日便決不會達到勝利的目的。我們還得指出：最近廣東內部的意見分歧，就是因為廣東的抗日勢力，沒有民眾的基礎；否則在民眾勢力的挾持和鼓舞之下，我們相信誰都不敢別有企圖。我們相信西南當局，對於我們這意見，一定會虛心接受的。

三我們對於宋明軒將軍和華北其他將領的希望。宋明軒將軍和華北其他將領在日本帝國主義武力的直接威脅下，他們都會有拼死抗敵的決心，是毫無疑問的。這一年以來敵軍步步進迫河北，察哈爾，綏遠，卻不見華北軍隊有什麼動靜，這也是可以原諒的。因為抗日本來必須全國動員，在全國未動員以前，地方軍隊局部的抗戰，固然足以激發民族的抗敵情緒，但是我們所希望的不一定在於華北將領以士兵血肉作孤注一擲，而在於宋明軒將軍等不再壓迫學生愛國運動，不再逮捕毆抗日的民眾，不然即使有了喜峰口抗戰的光榮，也無法教人們相信宋明軒將軍是有抗日決心的。

四我們對於中國國民黨的希望。中國國民黨我們始終認為是中華民族革命歷史上的一個主角。推翻滿清專制政府的是國民黨；推翻袁世凱的獨裁政權的是國民黨；由廣東出師北伐，推翻北洋軍閥的統治的是國民黨。所可惜的，國民黨自從掌握中央政權以來，歷史的光輝上面，起了一層暗影。所最痛心的，在國民黨黨治下面，中華民國竟遭逢了從來未有的嚴重的國難：我們的地圖，已缺了一隻角。但是誰也不應該把東北四省失陷的責任，全部卸在中國國民黨的肩上；在野的黨派也要負相當的責任。我們所希望的，有民族革命的光榮歷史的國民黨，握有中國統治權的國民黨，應該趕快起來促成救亡聯合戰線的建立，應該趕快消滅過去的成見，聯合各黨各派，為抗日救國而共同奮鬥。這裡所謂各黨各派，主要的自然是指中國共產黨。這國共兩黨，在九年以前不是手挽着手，為着打倒北洋軍閥，為着打倒帝國主義而共同戰鬥嗎？我們不明白目前在共同的民族敵人的威脅之下，這已經分裂了的兩黨，為什麼竟不能破鏡重圓。是因為這兩黨中間有了深

仇宿怨不能消釋嗎？那麼希望國民黨反省一下，共產黨員究竟也還是中國人。我們更希望每個國民黨員都明白，對共產黨的仇恨，不論大到怎樣，總不會比對日本帝國主義的仇恨更大罷。是怕聯共以後，國民黨會被共產黨操縱利用嗎？那麼這全在乎國民黨自身。因為國民黨要是真正能夠聯合各黨各派，堅決抗日，那麼共產黨即使要利用國民黨，也必然會被民眾唾棄的。現在共產黨已經提出了聯合抗日的主張，國民黨卻並沒有表示。這結果會使一般民眾相信倒是共產黨能夠顧全大局，破除成見，這對於國民黨是十分不利的。反之國民黨要是一旦和共產黨重行攜手，共同抗日，國民黨在民眾中間的信仰，將要大大地提高。不然，國民黨要是只打算一黨包辦抗日，這是國民黨的自殺政策，結果只是替共產黨造成機會。我們想，每個賢明的國民黨員，每個忠誠的三民主義信徒，都會明白這一點的。我們還得指出，在國民黨的陣營裡面，已經侵襲進來少數的官僚政客。這少數的官僚政客，在過去曾經不斷的破壞國民黨的革命功業，在最近幾年間，更是進一步的進行亡國的親日政策。在這個親日的官僚政客集團裡面，殷汝耕已經公然變成漢奸了；此外許多沒有公然變成漢奸的，他們一面在國民黨裡面佔着相當重要的地位，而另一面背地裡是詛咒國民黨的主義和政策；他們甚至曾經借敵人的勢力，來壓迫國民黨。正和他們在國民黨裡面發揮漢奸作用一樣，他們對於整個民族也是同樣的發揮漢奸作用：一切政治上的秘密消息，據說都是經過了他們而洩漏給敵人的。他們要公然變成殷汝耕，真不過是時間問題罷了。這一班官僚政客的存在，不但是民族的危機，而且是國民黨的恥辱。國民黨不肅清這一班漢奸化的官僚政客，是不可能取得人民的信賴的。

五我們對於中國共產黨及中國紅軍的希望。中國共產黨於去年八月一日發表宣言，主張停止內戰，聯合各黨各派，共同抗日救國。中國紅軍領袖也迭次發出通電，籲請各方面，停戰議和，一致對外。我們贊成中國共產黨和中國紅軍這一個政策，而且相信這一個政策會引起今後中國政治上重大的影響。因為我們知道中國共產黨向來對國民政府及統治階級，採取絕對敵視態度，現在卻能夠破除成見，主張和各黨各派停戰合作，那麼其他中國人民自然更加容易消除意見，互相結合起來了。我們所希望的，中國共產黨要在具體行動上，表現出他主張聯合各黨各派抗日救國的一片真誠。因此在紅軍方面，應該立即停止攻擊中央軍，以謀和議

進行的便利。在紅軍佔領區域內，對富農，地主，商人，應該採取寬容態度。在各大城市裡，應該竭力避免有些足以削弱抗日力量的勞資衝突。這樣，救亡聯合戰線的展開，才不至受到阻礙。就我們個人參加抗日救亡運動的經驗來說，救國會和其他群眾團體中間，往往發現有些思想幼稚的青年，在抗日救國的集會或遊行中間故意提出階級對階級的口號，以及反對國民黨和國民政府的口號，以破壞聯合戰線。還有少數青年，在抗日運動中，依然採取宗派主義的包辦方式。這種行動，我們相信決不是出於中國共產黨的指示，因為這是違反中國共產黨最近的主張的。這多半恐怕還是出於共產黨裡面的左傾幼稚青年的個別行動，我們認為中國共產黨應該趕快糾正他們。此外，在某些地方，還有自稱為共產黨游擊隊的，任意殺戮人民。這種不守紀律的部隊，如果是隸屬共產黨，共產黨應該嚴厲處分他們；否則共產黨應該趕快聲明，這種不守紀律的部隊和共產黨無關。

六我們對於一般大眾的希望。說到最後，抗日救國的基本隊伍，當然是人民大眾。不管中央當局也好，地方當局也好，國民黨也好，共產黨也好，都脫離不了民眾，要是沒有民眾的參加，斷然談不到抗日救國。同時在救亡聯合戰線中，也只有民眾是最熱誠的，最堅決的，最坦白無私的。但是缺乏政治經驗的民眾，容易有一個傾向，就是只顧到目前的利害，而忘卻那遠大的目標。老實說，現在中國民眾所受的壓迫，並不只是日本帝國主義。民眾因國內政治不良所受的痛苦，是十分深刻的。有些貧苦的同胞，為了維持生活而被迫當漢奸，就是這緣故。所以，在抗日救國運動中，我們仍舊要顧到一般民眾的切身利益，例如辦理救災，救濟失業，改良勞工待遇，取消苛捐雜稅，都應當切實施行，以增加抗日救的力量。但是我們所希望於一般民眾的，就是目前我們民族的大敵只有一個。我們只有把這共同的大敵打敗了以後，才能徹底解決一般民眾的生活問題。所以在目前，我們只有暫時忍耐些，遷就些，避免為了我們內部的紛爭，削弱抗日救亡的力量。至於目前民眾對於政府的態度，我們認為應該竭力督促政府出兵抗日，而且盡可能與政府合作從事抗日。只有在政府不顧民眾，一味親敵，甚至承認亡國條約的時候，民眾方才可以起來一致反對政府。此外，我國民眾文化的落後是不能否認的。抗日救國運動的一個主要任務，是在教育最落後的廣大群眾，使他們踴躍參加救亡聯合戰線，而不僅在於推動少數前進的群眾，作抗日的直接鬥爭。這一點，我們

尤其希望群眾的領袖們加以注意。

　　以上是我們從實際經驗所得來的一些意見，我們謹以十二萬分的誠意，貢獻給我們的當局和民眾。常言道：「良藥苦口，忠言逆耳。」我們這些意見或者不免開罪各方面。但是為了國家民族的利益，我們已顧不到一切。我們相信，只要我們這些話，能夠引起各方面的注意，研究和考察，抗日救亡運動的勝利前途，是不會沒有把握的。

　　最後，我們特地向賢明的當局，賢明的政黨領袖，以及一切愛國同胞，背誦曹子建的詩：「煮豆燃豆萁，豆在釜中泣。本是同根生，相煎何太急！」中華民族解放萬歲！中華民國萬歲！

中華民國二十五年七月十五日

2　史料名：「生活書店総経理徐伯昕上中央党部呈」（1941）

●解題：

　第四章に述べたように、1940年代初期において生活書店は国民党政権から深刻な迫害を受けた。鄒韜奮はさまざまなルートを通して、生活書店の状況を公表し、社会各界へ被害を訴えた。一方、徐伯昕は生活書店の総経理として、国民党側に対して厳正に抗議し、適切な処置を求めた。とりわけ、1941年2月15日及び28日には続けて国民党中央党部へ呈文し、成都・桂林・貴陽・昆明などの生活書店の各支店に対する「査封」を停止し、営業の継続を強く求めた。その際に提出した「呈文」は、中国国民党文化傳播委員会党史館所蔵特殊档案「特9／36.6」、「特9／36.3」として残されている。

　館内の資料登録情報によると、「特9／36.6」について、「産生者：徐伯昕。資料類型：原件。出版日期：民国30年2月15日。相関地名：成都、桂林。数量：4枚。実体描述：毛筆原件。語文：中文。館蔵号：特9／36.6。典蔵単位：中国国民党文化伝播委員会党史館。製作単位：国立台湾大学図書館。備註：原卡片紀録2張」となっている。

　「特9／36.3」について、「産生者：徐伯昕。資料類型：原件。出版日期：民国30年2月28日。相関地名：成都、桂林、貴陽、昆明。数量：7枚。実体描述：毛筆原件。語文：中文。館蔵号：特9／36.3。典蔵単位：中国国民党文化伝播委員会党史館。製作単位：国立台湾大学図書館。備註：原卡片紀録4張」となっている。

　この二つの史料を抄録しておくが、保存状態によって判別不可能な文字について「？」と記している。

　　　　　生活書店總經理徐伯昕上中央黨部呈（民國 30 年 2 月 15 日）

　呈為請求迅予撤消査封成都，桂林兩地生活書店命令，准予繼續營業以利抗戰事。竊屬店曾於民國二十四年十二月二十八日向實業部註冊備案，持有設字第

八七六零號營業執照在案,所有出版書刊均經中央圖書雜誌審查委員會審查通過。自抗戰爆發以後,屬店對於抗戰國策之宣傳與前方精神食糧之供應,尤竭盡心力莫敢懈怠。凡遇黨政當局有所號召,無不竭誠響應,不敢後人。凡此種種,均足證明屬店為一恪遵法令,努力抗戰文化工作之正當商業機關,理應獲得法律之保障。詎於最近,接獲成都生活書店負責人方面來電,述及該店已於本月七日遭四川省會警察局明令查封。後接桂林生活書店負責人方面來電,述及桂林警備司令部限令該店於本月底以前停止營業等情不勝駭異。竊該店等並未發售任何違禁書刊,又無其他任何違法情事,今茲突遭無故查封或勒令限期停業,似與中央保障正當商業之原旨顯有不合。速仰鈞部公正明斷,愛護文化事業不遺餘力,敬懇轉飭成都桂林兩地負責機關,迅予撤消查封及限期停業之命令,准予該店繼續營業,以保障正當商業,而利抗戰。不勝屏營待命之至,謹呈中央黨部。

具呈人　生活書店總經理徐伯昕（印）

三十年二月十五日

生活書店總經理徐伯昕上中央黨部呈（民國30年2月28日）

呈為請求迅予撤消查封成都,桂林,貴陽及昆明四地生活書店命令,准予繼續營業以利抗戰文化事。竊？店曾於三十年二月十五日呈請鈞部轉令成都桂林兩地有關機關迅予查明撤消查封生活書店及限期停業之命令,准予繼續營業以維此正當商業機關。諒蒙迅賜核辦矣,惟此事尚未得到合理解決而又突接貴陽生活書店來電述及該店忽於二十日深夜三時被抄查封,人亦全體被捕,同時又接昆明生活書店負責人來電稱該店已於本月二十一日晚七時亦遭封閉,不勝駭異。竊？店創立七年以來,荷蒙海內外讀者諸友之深厚同情,熱心贊助,慘淡經營始署具規模,對於國內民族文化事業無日不兢兢業業竭盡綿薄以期勉盡職責。今茲抗戰已日益接近最後勝利,？店自當益自奮勉期為抗戰文化工作努力奮鬥。詎料最近不及半月各地分店先後遭查封及勒令停業者已有四處之多,而各該店發售之圖書雜誌均經當地審查許可者,各該店對於中央法令亦無不嚴格遵守。而在毫無違法根據之

情況下竟平白遭此處分，似與政府保障正當商業維護文化事業之原旨顯有不合。素仰鈞部公正明斷，愛護文化事業不遺餘力，敬懇迅賜轉飭各該地有關負責機關立予撤消查封及限期停業之命令，准予各該店繼續營業，俾正當商業機關能獲得合法保障俾恪遵法令之文化事業機關不致含冤沉沒，而對國家民族能作繼續之貢獻，不勝迫切待命之至，謹呈中央黨部。

具呈人　生活書店總經理徐伯昕（印）

三十年二月二十八日

3　史料名：「生活書店新華日報調査報告」（年不詳）

●解題：

　2014年1月、筆者は台北にある「国民党文化伝播委員会党史館」にて生活書店に関する史料調査を行った。その際に入手した史料のなかに「生活書店新華日報調査報告」というものがあった。館内の資料登録情報によると、これは「異党文化調査第一号」であり、「資料類型：原件。産生地：重慶。数量：22枚。実体描述：油印。語文：中文。館蔵号：特9/20. 41. 典蔵単位：中国国民党文化伝播委員会党史館。製作単位：国立台湾大学図書館。備註：原卡片紀録9張」となっている。この史料の製作／出版時間は不明であるが、筆者は『生活書店史稿』などと照合して、1940年2月頃国民政府軍事委員会弁公庁特検処及び新聞検査局によるものではないかと推測している。しかし、当時の国民政府による言論出版統制には、中国国民党中央執行委員会調査統計局（のちの法務部調査局）が多く関わったことから、国民党の調査統計局による可能性も考えられる。

　この史料には、「生活書店」と「新華日報」を当時の中国共産党の「最重要宣伝機関」と位置づけられ、それぞれの組織概況、生産（印刷）状況、流通（運送・発行）、共産党との関わりなど、詳しく記述している。1940年代初期の重慶における所謂共産党側に属する言論出版機関の実態を考察するとき、国民党側による情報として一定の参考価値があると考え、以下のように抄録しておく。保存状態によって判別不可能な文字について「？」と記している。

生活書店／新華日報調查報告

生活書店與新華日報，為共黨最重要之宣傳機關，在表面上以文化服務為幌子，實際上則藉此為掩護，深入社會各界，從事別有企圖之活動，事實俱在，不難覆按，茲將生活書店，新華日報最近情形，根據調查所得，分別報告於下。

甲　生活書店

(一) 組織概況

1.總店

　　該店最高權力機關為董事會，董事會設有常務董事若干人，執行日常事務。鄒韜奮，沈鈞儒等為常務董事。下設總店（原在上海），總店下設總管理處（原設重慶冉家巷十六號現遷移國府路學田灣衡舍間？？）。總管理處下設分店，分店下設支店，支店下設代售處。總經理鄒韜奮，副總經理徐伯昕，杜重遠負責新疆方面聯絡責任。

2.分店

　　該店設立分店三十餘處，如成都，西安，南鄭，貴陽，桂林，金華，昆明，沙坪壩，長沙，樂山，宜昌等處均設有分店，且有許多地方名稱雖未稱生活書店，實即生活書店之化身，蓋其大宗貨品，以推銷生活書店出版書籍為主要，如郴縣之庸智書店，漵縣之安江書店，漵縣書店，長沙之民眾書店。

3.重慶分店

　　該分店設武庫街二十一號，經理李濟安，內部組織分門市部，批發科，郵購科與發行科。由王大？，張國鈞，金汝？，王志萬分任各部之責，職員工友共有十五六人。惟最近將遷往北碚，渝市仍暫留一小部分，以維持門市。

（二）店員待遇

1. 分配股份

該店店員及工友，均依服務年限之長短，薪金之多寡，分配若干股份，使全體職工，即為該店之股東，於店於個人，兩有裨益。

2. 經常訓練

店內有社會科學研究會，組織極為嚴密。凡該店份子，均得參加。以研究社會科學及分析國際國內現勢為目的，惟外人不得參加。

（三）營業狀況

1. 重慶方面

重慶名為分店，實則即為總店，營業狀況甚佳，每年約四十餘萬圓。

2. 推銷地點

重慶成都西安最好，南鄭貴陽桂林金華次之。

3. 推銷方法

該店以多中取利為主，除重要參考書價格較昂外，其餘有關抗戰及含有宣傳性質之書刊，為價甚廉，故推銷甚易。

（四）印刷機關

在上海與重慶交通便利時，各種書刊多由上海印刷，再運送內地各有關書店，自廣州失陷，改由重慶方面自印，計印刷地點如在。

1. 華？？印鑄字所 在臨江門大井巷九號院內，印有全民抗戰，讀書月報，沈鈞儒私？等多種。

2. 四川省政府印刷所 在觀音岩，亦承印生活書店書刊，為數甚多。

3.新快報印刷部 在米亭子二十七號內附一號，與該店亦時有來往。

4.中西印刷所 在米亭子三十七號左側巷內，亦為該店印刷書刊，惟鋅板係該書店所有。

5.貴陽中央日報重慶印刷所 在南紀門放牛巷十號楊家院內，亦甚堪重視。因該所於五月十九日有庸工二人擔運〈毛澤東著論持久戰〉三挑至生活書店。

（五）藏書地點

總店原設上海，滬戰失利，乃將大批書籍運至武漢，後武漢吃緊又將書籍分批移至渝，粵。廣州陷落與武漢撤退，該店存書損失甚多，茲將重慶總庫分庫地點查明如下。

1.總庫 國府路學田灣街舍隔壁新房，該店總管理處在此辦公。

2.分庫。①冉家巷十六號（原總店設此，五三，五四轟炸後移動）②羅家灣三十四號？園？門三十三號 ③所有禁書皆臨時藏於售珠市三十六號宗聖小學內（該小學內二樓為新知書店辦公處）④苿園壩·新建房屋內似亦為分庫之一（待查）。

（六）發行方法

現在該店發行機關，計分淪陷地區與後方兩處，淪陷地區書籍之供應由上海負責，後方以重慶為發行總機關。

（七）運輸方法

該店書籍對外面運輸大都利用郵政，本埠則用自行車或汽車。茲特分述如下。

1.運往香港，江西等地書籍大部係交由太平門郵政局寄發如香港生活書店，鄰水初中甘壁人，江西西正街繆益盛號熊訓本，成都汪家楊街二十一號韓念成，昆明華商南路九十號讀書生活書店，宜昌生活書店，昆明生活書店，四川大河鎮大河小學習文鶴，陝西西鄉禹壽宮，西安女中餘遠天等處有書籍自渝郵寄去。

2.該店有自備汽車一輛（川字五二二七號，駕駛員楊志仁，綠色引擎為四七一三五號），自行車一輛（一輛為渝字142號）。有時亦備用軍字八零一三號汽車及新疆邊防督辦公署軍用車第一號TA二一八零第四號二一八三第五號二一八四汽車為之運輸。其運輸路線大抵係從學田灣運到羅家灣三十四號裝卸。

3.對戰地輸送書刊多運用戰士書報供應所代為輸送，由該店職員張國鈞負責聯絡。

4.該店對前方士兵供給書籍多利用戰時文化服務處為之輸送。

5.渝北線（由重慶至北碚）之輸送係與四川旅行社接洽，規定每月運至北碚各種書籍十餘次，每次為三十公斤計劃布書籍一千餘冊，有時每天一次運走。

6.渝昆線之運輸係委託中國旅行社重慶招待所運輸部辦理，惟交運次數較少。

7.兩路口市立初中門首在政治部號房堆有生活書店搬來之書籍多包，在包皮上寫有「江西省政府戰地版」字樣。

（八）最近活動概況

1.文化團體聯歡會

　該店對同業聯絡不遺餘力。重慶總管理處在月前曾召集同業灰色書店左傾份子開聯歡會，凡參加會員每人出茶資二角就席成立長期性的文化團體聯歡會，定每二週開會一次。聯歡節目有唱歌，名人講演等項。第一次成立大會時有沈鈞儒，鄒韜奮，郭沫若，周恩來等出席講演。此項對外聯絡其用意一為推銷書刊，二則

為聯絡感情,三則？藉此種方法蒙避一般與政治背景的同業團體及個人以達其政治活動之企圖。

2.戰地服務部

該店自抗戰以來設有戰地服務部。如在該店閱讀有關抗戰書籍可不收書資,在五四轟炸後又登記文化機關或團體職員與會員並組織服務隊從事活動。

3.聯絡員與監視哨

該店不但經常有聯絡員與各方聯絡,而且設有監視哨以為監視及傳達消息之用。其監視哨設立方法即在總管理處與倉庫派人整天在附近之茶館內負責聯絡與監視。

（九）職員宿舍及有關係之團體

1.職員宿舍

一. 總管理處高級職員現住棗子嵐埡謢莊七號院內。
二. 橫街中國旅行社重慶招待所內麥順長樓上亦住有該總處重要職員。
三. 都郵街華康百貨商店三樓有該店職員張某居住惟該處已遭敵機炸毀。

2.學校

售珠市二十六號宗璽小學似為該店禁售書臨時存藏庫。有一劉某（面麻）住在校內負新生書店與生活書店之聯絡責任,其可疑處已被發覺者有三。

一. 劉麻子於五月十七日午後三時攜箱一隻經生活書店稍停即往空襲緊急救濟辦事處會人後將物件送交童子軍團辦公處於六時返校。
二. 由郵寄新知書店劉恕（八路軍辦事處）信乙件而該店？接洽事宜又在該小學內辦理。
三. 新知書店於五月十八日派練習生二人由宗璽小學搬運「民族問題」等類書刊到新知書店計三次約一千餘冊。

3.書店

一．新知書店　　　售珠市街

二．上海雜誌公司　　武庫街

三．新生書店　　　武庫街一百號

四．華中圖書公司　　武庫街七號

五．四川書店　　　天主堂街

4.其他

一．八路軍辦事處

二．華北工作隊　　　在市黨部內

三．業餘劇團　　　該店店員參加該團者有數人

四．民革社重慶分社　　張家花園三十六號

五．戰時書報供應所

六．賑濟委員會委託代辦難民職業介紹所

七．寬子巷第四號

八．金紫門大巷子十三四號

乙　新華日報

（一）組織系統

本報內部組織與他報組織大致相同，茲將其各部門名稱及其負責人姓名列表說明如下。

社長 （潘梓年）	編輯部 總編輯（華西園）	主筆（戈寶權，許滌新）	
		編輯（吳敏，曹若茗，熊瑾玎）	
		戰地記者（陸詒）	
		記者（王春江，范元甄-女，郭於鳴，秋江）	
	總務部	圖書課（謝家松）	
		會計課	
	主任高某（五月書店經理）	庶務課	
		辦事員（周治）	
	印刷部 主任（劉桂權）	工人約百二十餘人	
	發行部		

（二）印刷地點

一．印刷部設備及組織情形

1.本部原設於西三街，被炸後，遷往磁器口一帶。

2.工人有一百二十餘名，每月工資十二元至三十元。

3.在五三轟炸前，西三街有機器兩部，用電力。另有機器兩部在磁器口，專供外界印刷書刊。

二．本報委託印刷機關

1.掃蕩報印刷所。

2.新蜀報印刷所。

3.本報雖設印刷部於西三街，但實際上並不完全在該處印刷，曾發現特殊情形兩

次，即①五月三日有工人二名自別處挑本報約二百餘份，從公園路送至印刷部。②某次在西三街印刷部門口，將本報卷成大捲，送到印刷部裡面去。

（三）發行情形

本報停刊前，只有五月三,四日兩天之偵查，停刊後發行部即移動，報館亦遷移，故無法察其詳僅就所得材料報告如後。

一．發行部設於本報社內

二．實際發行地點
1.茗坪街本報社對面巷內十一,十三號。時有報販進入。
2.中大街華昌鋪內，時有報販走出叫賣。
3.西三街印刷部兼有發行任務。

三．現在僅存之本報代售處
1.山王廟十九號和豐號
2.磁器街同福旅行門口代售處
3.上陝西街六十號協益商店
4.一牌坊二十五號源森祥
5.段牌坊九十號
6.龍王廟街六十二號
7.中一路三十六號錫記商店
8.七星崗新金山飯店（按，本報停刊後代售處亦隨之無形停閉）

四．銷售情形
1.外埠 一萬六千餘份
2.本埠 六千餘份（訂閱報紙照批發價格以示優待）

（四）與本報有關場所

一．重要職員宿舍

1.棉花街三十三號（棉業同業公會院內，門口掛有十八集團軍辦事處，主任錢之光電話一一六四號）。現在本報停刊，一部分職員移住化龍橋，一部分移住機房街七十號。

2.機房街七十號八路軍辦事處。

3.新豐街同豐裡四號樓上，有本報三對青年夫婦住該處。

4.西三街本報印刷部旁邊大中賓館內，本報職員常有往來，似為職員寄宿處之一。

二．有關機關

1.僑務委員會樓上，時有該報負責人前往接洽事情。

2.外交部時有本報印刷部人員往來。

3.紅十字會（本報搬移時，用紅十字會救護車運往磁器口一帶）。

4.青年會內空襲救護聯合辦事處，時有本報人員前往接洽事情。

5.公園蘇貨公會（新運總會地址）時有印刷部出來一女子送食品到該處。

6.南紀門麥子市十九號二門內（青年風週刊社）時有本報負責人前往。

（五）最近情形

一．設立辦事處

　　本報西三街印刷部現改為該處辦事處，並代售書刊（多係生活書店出版）

二．佈置秘密辦公處

　　中山公園口對面前中央軍校招生處樓上，本報派人佈置桌椅，似有在該處另有新佈置模樣。

三．新聞紙存放地點

本報新聞紙並不存於西三街，係由河？挑來。

四．社論由群眾發表

本報社論現在群眾週刊發表，訂戶亦改以群眾寄遞

五．組織服務隊，張貼新華日報壁報，至五月二十三日止已出版至十二期，內容分①說老實話②上海通訊③國內新聞④國際新聞。張貼地點如下。

1. 上陝西街蓮花街口
2. 下陝西街四十七號門首
3. 新街口
4. 大樑子
5. 蒼坪街
6. 上新豐街浙江興業銀行門首
7. 上新豐街四十二號聚興誠銀行門首
8. 蓮花街板佳鞋店門首
9. 勸工局街八十七，八十八號門首
10. 武庫街六十二，六十三號門首
11. 龍王廟街九十號門首
12. 下大樑子一園門首
13. 夫子池臨江門街口
14. 中二路德國海通新聞社門首
15. 關廟街六十二號
16. 中三路六十七號左側

4 史料名：防衛省防衛研究所所蔵史料4篇（1940～1942）

●解題：

　筆者が調査した限り、日本国内において、鄒韜奮及び生活書店に関する史料は多くないが、防衛省防衛研究所所蔵のものは見られる。原資料は防衛省に保管されているが、その一部は国立公文書館・アジア歴史資料センターのホームページにて公開されている。以下、第三章で述べた鄒韜奮の国民参政員辞任や共産党との関係に関する4篇（中国語3篇、日本語1篇）の史料を抄録しておく。

※「言論自由問題論戦　星島日報　昭和15年11月25日」
アジア歴史資料センターレファレンスコード：C13050050000
防衛省防衛研究所請求記号：支那-参考資料-53

本報特約重慶記者　趙三　參政會第二次大會中；言論自由問題論戰　這一次參政大會中，一個很值得重視之點就是各位參政員對於每一個問題的重視與辯論的熱烈。這一個特點，在四日會議中討論鄒韜奮等七十四位參政員所提出的「撤消圖書雜誌審查辦法，以充分反映輿論及保障出版自由案」時，尤能充分表現出來。在四日下午討論這一個提案時，最初由審查人許孝@(ママ)登發言台報告本案經審查後，改「撤消」為「改善」。因為審查圖書雜誌，有事先事後之分，事先的原稿審查是預防，而事後則是追懲。原提案人不反對審查的原則，但認為事先審查有許多不方便，所以請改作事後審查，但是在抗戰時期，國防秘密如果有稍洩漏時，事後追懲，就嫌太遲，何況此時紙張價格既貴，存貨又少，事後追懲，尚人已受損失，無從償補其消耗，故以審查委員會的意見。

※「上屆重要參政員の意見　星島日報　昭和15年11月8日」
アジア歴史資料センターレファレンスコード：C13050050100

防衛省防衛研究所請求記号：支那-参考資料-53

第二屆國民參政會成立聲中，上屆重要參政員之意見（上）各黨派領袖均渴望實現民主政治國民參政會職權應該再提高擴大【國訊社重慶航訊】中央決定將國民大會延期舉行，同時為適應需要，特修改國民參政會條例，將過渡時期具有民意機關雛型之國民參政會的職權，稍予提高，人數亦加擴充，省市代表，改由臨時參議會推選，統限於十一月五日選出，第一屆國民代表參政之任期，已於十月三十一日滿期，第二屆參政員名單，據聞日內即將正式發表，如無特別事故，不久即將召集開會，國民參政會為抗戰期間「集思廣益團結全國的重要機構，兩年以來，對堅持抗戰，團結人心，收效甚大，所以各方對第二屆參政員之要望甚殷」，參政員鄒韜奮主編的「全民抗戰」曾徵求國民參政會中各黨派領袖發表對國民參政會的感想，應徵者有青年黨左舜生，共產黨秦邦憲，國社黨羅隆基。

※「鄒韜奮突辞職　星島報　昭和16年3月9日」
アジア歴史資料センターレファレンスコード：C13050051300
防衛省防衛研究所請求記号：支那-参考資料-53

參政員鄒韜奮氏 最近突提出辭職 傳鄒氏已離渝他往經過未詳【重慶航訊】國民參政會開會數日，現有一事引起各方注意，即參政員鄒韜奮氏之突然提出辭職，並已離渝他去。鄒氏在此次參政會開幕前，曾經報到，故此次到會參政員名單中，鄒氏之名亦在，惟開會數日，未見鄒氏出席。故悉鄒氏已於日前回參政會主席團提出辭職請轉呈國民政府其電文現各方均已見到，大意着重任上屆參政會第一次大會所通過關於保障言論出版自由一點。其中提及鄒氏創辦之生活書店。多年來努力於抗戰建國文化工作，出書千餘種，均經政府機關審查通過，惟至最近幾已被封閉，故辭呈中有「十六年之慘淡經營，五十餘家分店，至此已全部被毀」及「韜奮忝列參政，無補時艱，深自愧疚」等語。

※「駐港共産党の一般活動　昭和17年2月12日」
アジア歴史資料センターレファレンスコード：C01000136000
防衛省防衛研究所請求記号：陸軍省-陸亜密大日記-S17-21-133

陸亜密受第一九四九号　興調第十三号　駐港共産党ノ一般活動　四部門二一一五号　興亜機関　極密　4　部ノ中1：号　興調第十三号　駐港共産党ノ一般活動情況　昭和17年2月12日　興亜機関大東亜戦前ニ於ケル在港CPCY工作員ノ活動ハ頗ル活　ニシテ其ノ幹部亦著名ナルモノ多シ　一、組織　小組制度ニシテ同一組員ニ非レハ相互ニ其ノ任務ヲ察知スル能ハス　二、会址　不定ニシテ街頭連絡、党員住宅、野外球場草地等ヲ利用シアリ　三、幹部　主要人物ハ寥承志谷克等ナルガ寥承志ハ香港政庁ノ警告ニヨリ表面的活動ヲサナズ主トシテ黄炳芝ヲシテ之ヲ代行セシメアリタリ　1、文化運動方面幹部ハ　韜奮茅　李亦中ニシテ其ノ活動本　タリシ生活書店

関 連 略 年 表

年	事項
1840	アヘン戦争
1850	The North China Daily News 創刊
1872	『申報』創刊 『東京日日新聞』創刊
1895	鄒韜奮誕生
1903	『新聞学』(松本君平著) 出版
1904	『東方雑誌』創刊
1911	辛亥革命
1912	中華民国成立
1917	中華職業教育社成立
1919	五四運動 ジョン・デューイ訪中 『新聞学』(徐宝璜著) 出版
1920	聖約翰大学ジャーナリズム学部設立
1921	ウルター・ウイリアムズ氏訪中
1924	燕京大学ジャーナリズム学部設立
1925	上海5・30運動 『生活』週刊創刊
1926	鄒韜奮『生活』週刊主編就任
1928	南京国民政府成立
1930	左翼作家連盟成立
1931	満州事変(九・一八事変) 生活書店募金活動(東北義勇軍支援)
1932	生活書店設立(上海) 第一次上海事変(松滬抗戦)

年	事項
1933	鄒韜奮海外亡命（欧州・ソ連・米国訪問へ） 『生活』週刊発禁処分 日本、国際連盟脱退 京大滝川事件
1934	『新生』創刊
1935	新生事件 『大衆生活』創刊 一二・九運動 日本政府、天皇機関説は国体に反すると声明
1936	七君子事件 『生活星期刊』創刊 全国各界救国連合会成立
1937	『抗戦』創刊 盧溝橋事変（七・七事変）
1938	鄒韜奮国民参政員就任 生活書店内部機関誌『店務通訊』創刊
1939	生活書店各地支店閉鎖被害
1941	鄒韜奮香港亡命 皖南事変 太平洋戦争勃発
1942	鄒韜奮香港脱出、広東・上海へ
1944	鄒韜奮病死
1948	生活書店・読書出版社・新知書店合併 三聯書店設立
1949	中華人民共和国成立
1955	『韜奮文集』出版
1995	『韜奮全集』出版

文献一覧
（兼　近現代中国ジャーナリズム史研究資料目録）

〈日本語（五十音順）〉

著者不明「十八　出版活動は広大な人民大衆のために服務する：中央人民政府出版総署署長胡愈之の報告」『中国資料月報』57（1952）：35-39頁

阿部幸夫『幻の重慶二流堂――日中戦争下の芸術家群像』（東方書店、2012）

アンダーソン、ベネディクト『増補　想像の共同体　ナショナリズムの起源と流行』白石さや・白石隆訳（NTT出版、1997）

石川照子「『良友』画報と女性表象　宋家三姉妹はどう描かれたのか」『アジア遊学』103（2007）：30-36頁

石島紀之「抗日民族統一戦線と知識人――「満州事変」時期の鄒韜奮と『生活』週刊をめぐって－前編」『歴史評論』256（1971）：22-50頁

　　　　「抗日民族統一戦線と知識人――「満州事変」時期の鄒韜奮と『生活』週刊をめぐって－後編」『歴史評論』259（1972）：81-92頁

　　　　「穆欣著／田島淳訳『中国に革命を―先駆的言論人鄒韜奮』（サイマル出版会）」『中国研究月報』468（1987）：36-37頁

　　　　『中国抗日戦争史』（青木書店、1984）

石田米子「菊池貴晴著『中国民族運動の基本構造――対外ボイコットの研究』（大安刊1966・12）を読んで」『商学論集』36.4（1968）：180-187頁

イニス、ハロルド（1987）『メディアの文明史――コミュニケーションの傾向性とその循環』久保秀幹訳（新曜社、1987）

井上久士「第8章　辺区（抗日根拠地）の形成と展開」池田誠編『抗日戦争と中国民衆―中国ナショナリズムと民主主義』（法律文化社、1987）：157-177頁

　　　　「抗戦時期の国共関係と国共交渉」『重慶国民政府史の研究』石島紀之・

　　　　　　　久保亨編（東京大学出版会、2004）：85-104頁

今井清一『太平洋戦争史　1　満州事変』（青木書店、1971）

今堀誠二『中国の民衆と権力』（勁草書房、1973）

今村与志雄「自由の系譜」野原四郎編『新装版　講座中国Ⅲ　革命の展開』（筑摩書房、1972）：155-199頁

　　　　「鄒韜奮と魯迅―鄒韜奮ノート―」『文学』47.6（1979）：50-69頁

　　　　『魯迅と一九三〇年代』（研文出版、1982）

岩間一弘『上海近代のホワイトカラー―揺れる新中間層の形成』（研文出版、2011）

榎本泰子『上海――多国籍都市の百年』（中央公論新社、2009）

蛯原八郎『覆刻版　海外邦字新聞雑誌史』（名著普及会、1980）

大石智良「一二・九運動」『中国』59（1968）：17-55頁

王　　栄「黄炎培の職業教育論の形成に関する一考察」『広島大学大学院教育学研究科紀要　第三部　教育人間科学関連領域』51（2003）：83-89頁

　　　　「黄炎培による中国職業教育の提唱：1915年米国教育視察の意義」『アジア教育史研究』14（2005a）：92-107頁

　　　　「黄炎培による中国職業教育の開始：第一次日本教育視察の意義」『アジア文化研究』12（2005b）：197-210頁

太田勝洪「東北における初期の抗日闘争―馬占山抗日戦記」宇野重昭編『深まる侵略　屈折する抵抗　1930年-40年代日・中のはざま』（研文出版、2001）：79-102頁

小笠原欣幸「ハロルド・ラスキの「同意による革命」論」都築忠七編『イギリス社会主義思想史』（三省堂、1986）：193-218頁

小関信行『五四時期のジャーナリズム』（同朋社、1985）

小野和子『中国女性史――太平天国から現代まで』（平凡社、1978）

小野寺史郎『国旗・国歌・国慶―ナショナリズムとシンボルの中国近代史』（東京大学出版会、2011）

大山　茂「中国現代史の貴重な側面―鄒韜奮関係著作の重版に寄せて」『アジ

ア経済旬報』1078（1978）：1-3頁
「鄒韜奮記念館にみる出版事業家の生涯」『大安社史』（汲古書院、1998）：87-92頁
加藤周一『日本人とは何か』（講談社、1976）
戈公振『支那新聞学史』小林保訳（人文閣、1943）
河崎吉紀「一九二〇年代における新聞記者の学歴——日本新聞年鑑所収「名鑑」の分析を通して」『マス・コミュニケーション研究』61（2002）：121-133頁
夏衍『ペンと戦争　夏衍自伝』阿部幸夫訳（東方書店、1988）
郭沫若『抗日戦回想録』岡崎俊夫訳（中央公論社、1959）
景山三郎『新聞投書論　民衆言論の100年』（現代ジャーナリズム出版会、1968）
神戸輝夫「日中戦争における文化侵略（3）—『抗戦』掲載「戦時教育方案」について—」『大分大学教育福祉科学部研究紀要』23.2（2001）：207-222頁
神戸輝夫・田宇新「鄒韜奮の抗日救国論—「満州事変」と「第一次上海事変」を中心に—」『大分大学教育福祉科学部研究紀要』25.1（2003）：31-46頁
菊池一隆「第7章　国民政府による「抗日建国」路線の展開」池田誠編『抗日戦争と中国民衆—中国ナショナリズムと民主主義』（法律文化社、1987）：135-156頁
『中国工業合作運動史の研究』（汲古書院、2002）
『中国初期協同組合史論　1911-1928—合作社の起源と初期動態』（日本経済評論社、2008）
『中国抗日軍事史』（有志舎、2009）
『戦争と華僑—日本・国民政府公館・傀儡政権・華僑間の政治力学』（汲古書院、2011）
『東アジア歴史教科書問題の構図—日本・中国・台湾・韓国、および在日朝鮮人学校』（法律文化社、2013）

菊池貴晴「中国革命における第三勢力の成立と展開」野沢豊・田中正俊編『講座中国近現代史／第7巻』（東京大学出版会、1978）
　　　　『中国第三勢力史論—中国革命における第三勢力の総合的研究』（汲古書院、1987）：121-137頁
貴志俊彦「第六章　近代天津の都市コミュニティとナショナリズム」西村成雄編『現代中国の構造変動　3　ナショナリズム—歴史からの接近』（東京大学出版会、2000）：175-200頁
　　　　「日中戦争前期上海の印刷業界の苦悩と希求—『芸文印刷月刊』（1937-1940）を通じて—」西村成雄・田中仁編『中華民国の制度変容と東アジア地域秩序』（汲古書院、2008）
　　　　『満洲国のビジュアル・メディア—ポスター・絵はがき・切手』（吉川弘文館、2010）
ギデンズ、アンソニー『近代とはいかなる時代か？――モダニティの帰結』松尾清文・小幡正敏訳（而立書房、1993）
　　　　『社会学（第5版）』松尾清文ほか訳（而立書房、2009）
木之内誠『上海歴史ガイドマップ』（大修館書店、1999）
木村涼子「婦人雑誌の情報空間と女性大衆読者層の成立――近代日本における主婦役割の形成との関連で」『思想』812（1992）：231-252頁
金冲及主編『周恩来伝1898-1949　中』狭間直樹監訳（阿吽社、1992）
金曜会「「新生」誌の不敬記事と我海軍「サイド・カー」毀損事件」金丸裕一監修『抗日・排日関係史料――上海商工会議所『金曜会パンフレット』－第七巻（1935年）』（ゆまに書房、2006）：239-247頁
小池洋一「鄒韜奮のこと」『大安』6（1960）：16-19頁
小林文男「近代の覚醒と「五四」――胡適とそのプラグマティズムの役割をめぐって」東亜文化研究所紀要編集委員会編『東亜文化叢書6　中国近代化の史的展望』（財団法人霞山会、1982）：117-156頁
小林正弥「公共哲学の概念――原型、展開、そして未来」『公共研究』2.4（2006）：8-56頁

小林善文「黄炎培と職業教育運動」『東洋史研究』39.4（1981）：635-666頁

　　　　　『平民教育運動小史』（同朋舎出版、1985）

　　　　　「黄炎培の後半生と職業教育」『神女大史学』24（2007）：1-22頁

小谷一郎・佐治俊彦・丸山昇編『転形期における中国の知識人』（汲古書院、1999）

黄　興　濤「近代中国ナショナリズムの感情・思想・運動」飯島渉ほか編『シリーズ20世紀中国史 1　中華世界と近代』（東京大学出版会、2009）：185-205頁

佐藤卓巳『『キング』の時代――国民大衆雑誌の公共性』（岩波書店、2002）

佐　藤　学「公共圏の政治学――両大戦間のデューイ」『思想』907（2000）：18-40頁

斎藤秋男「《救国時報》と陶行知・鄒韜奮："救亡＝救国"運動研究のために（2）」『中国研究月報』401（1981）：1-8頁

斎藤秋男ほか編『教育のなかの民族：日本と中国』（明石書店、1988）

坂元ひろ子『中国民族主義の神話―人種・身体・ジェンダー』（岩波書店、2004）

笹川祐史「貧者とよそ者をねらえ――壮丁拉致の行動原理」笹川祐史・奥村哲著『銃後の中国社会――日中戦争下の総動員と農村』（岩波書店、2007）：85-103頁

支那時報社「「新生」事件の全貌」『支那時報』23.2（1935）：70-75頁

柴田清継「黄炎培と朝鮮：その著『朝鮮』を中心として」『武庫川女子大学紀要　人文社会科学編』59（2011）：11-20頁

島田俊彦・宇野重昭『太平洋戦争への道　第三巻　日中戦争〈上〉』（朝日新聞社、1962）

下出鉄男「流亡の民族資本家：杜重遠について」魯迅論集編集委員会編『魯迅と同時代人』（汲古書院、1992）：229-252頁

　　　　　「文学テキストとしての「史料」：ラナ・ミッターによる杜重遠の「反日」言論の解釈をめぐって」『日本中国当代文学研究会会報』23（2009）：11-34頁

「新疆の杜重遠：盛世才政権との関係をめぐって」『日本中国当代文学研究会会報』24（2010）：34-53頁

清水賢一郎「革命と恋愛のユートピア―胡適の〈イプセン主義〉と工読互助団」『中国研究月報』49.1（1995）：1-20頁

白水紀子「『婦女雑誌』における新性道徳論―エレン・ケイを中心に」『横浜国立大学人文紀要　第二類　語学・文学』42（1995）：1-19頁

杉田敦「ラスキ」廣松渉他編『岩波哲学・思想事典』（岩波書店、1998）：1653-1654頁

周勇「抗戦時期国民参政会の研究」石島紀之・久保亨編『重慶国民政府史の研究』（東京大学出版会、2004）：69-83頁

鈴木正夫「胡愈之の空想小説「少年航空兵」について：その南洋における活動の一環として」『横浜市立大学論叢人文科学系列』42.3（1991）：59-92頁

ダイキューゼン、ジョーン『ジョン・デューイの生涯と思想』三浦典郎・石田理訳（清水弘文堂、1977）

田宇新『鄒韜奮研究―中日戦争期のジャーナリスト活動を中心に―』（大分大学教育学研究科修士論文、2002）

高崎隆治「中国在留日本人と現地雑誌」大江志乃夫他編著『文化のなかの植民地』（岩波書店、1993）：31-55頁

高橋俊『民国時期上海のメディアに関する研究：アイデンティティとのかかわり』（北海道大学大学院文学研究科博士論文、2005）

「修養する青年たち――『生活週刊』と新しい労働観の生成」『野草』83（2009）：63-83頁

張競『恋の中国文明史』（筑摩書房、1993）

卓南生『中国近代新聞成立史』（ぺりかん社、1990）

田中仁「国民政府時期、転換期の上海における中国共産党の組織と活動」『大阪外国語大学論集』1（1990）：293-318頁

『1930年代中国政治史研究：中国共産党の危機と再生』（勁草書房、

2002)

谷水真澄『重慶論』(日本青年外交協会、1944)

デューイ、ジョン『民主主義と教育』帆足理一郎訳(春秋社、1959)

　　　　『現代政治の基礎　公衆とその諸問題』阿部斉訳(みすず書房、1969)

鶴見和子「デューイの生涯と活動」思想の科学研究会・鶴見和子編『デューイ
　　　　研究——アメリカ的考え方の批判』(春秋社、1952)：3-28頁

長堀祐造「魯迅と胡愈之：魯迅はなぜソ連に療養に行かなかったのか」『中国
　　　　研究』5 (2012)：141-173頁

中山義弘『近代中国における女性解放の思想と行動』(北九州中国書店、1983)

中山　理「訳者解題」ジョン・パウエル『「在支二十五年」アメリカ人記者が
　　　　見た戦前のシナと日本(下)』(祥伝社、2008)：311-363頁

中村元哉『戦後中国の憲政実施と言論の自由　1945-49』(東京大学出版会、2004)

　　　　「民国期ジャーナリスト成舎我と近代中国メディア史研究——日本・
　　　　中国・アメリカの視点から東アジア近代メディア史の可能性を探る」
　　　　『近代中国研究彙報』29 (2007)：23-34頁

　　　　「解題」野村浩一ほか編『新編原典中国近代思想史　第6巻　救国と
　　　　民主—抗日戦争から第二次世界大戦へ』(岩波書店、2011)：78頁

中下正治『新聞にみる日中関係史——中国の日本人経営紙』(研文出版、1996)

西村成雄『中国ナショナリズムと民主主義——二〇世紀中国政治史の新たな視界
　　　　——』(研文出版、1991)

　　　　編『現代中国の構造変動　3　ナショナリズム—歴史からの接近』(東
　　　　京大学出版会、2000)

パウエル、ジョン『「在支二十五年」アメリカ人記者が見た戦前のシナと日本
　　　　(上)』中山理訳(祥伝社、2008)

ハーバーマス、ユルゲン『第2版　公共性の構造転換——市民社会の一カテゴ
　　　　リーについての探究』細谷貞雄・山田正行訳(未来社、1994)

狭間直樹「国民革命の舞台としての一九二〇年代の中国」狭間直樹編『一九二〇
　　　　年代の中国——京都大学人文科学研究所共同研究報告』(汲古書院、

1995）：3-32頁

林香里『マスメディアの周縁、ジャーナリズムの核心』（新曜社、2002）

姫田光義「解説」『十五年戦争極秘資料集　第八巻　重慶中国国民党在港秘密機関検挙状況』（不二出版、1988）：1-11頁

平野正『中国革命の知識人』（日中出版、1977）

　　　　『中国民主同盟の研究』（研文出版、1983）

　　　　『中国の知識人と民主主義思想』（研文出版、1987）

　　　　『北京一二・九学生運動―救国運動から民族統一戦線へ』（研文出版、1988）

　　　　『中国革命と中間路線問題』（研文出版、2000）

　　　　『政論家施復亮の半生』（汲古書院、2010）

フェアバンク、J．K．『中国回想録』蒲地典子・平野健一郎訳（みすず書房、1994）

深町英夫『身体を躾ける政治―中国国民党の新生活運動』（岩波書店、2013）

帆足理一郎「デュウイーの生涯と思想」ジョン・デュウイー『民主主義と教育』帆足理一郎訳（春秋社、1959）：361-380頁

前坂俊之『太平洋戦争と新聞』（講談社、2007）

マクウエール、デニス『マス・コミュニケーション研究』大石裕監訳（慶應義塾大学出版会、2010）

松尾尊兊「美濃部達吉」廣松渉他編『岩波哲学・思想事典』（岩波書店、1998）：1547-1548頁

丸田孝志『革命の礼儀―中国共産党根拠地の政治動員と民族』（汲古書院、2013）

丸山昇「「建国後十七年」の文化思想政策と知識人　序説的覚え書」小谷一郎ほか編『転形期における中国の知識人』（汲古書院、1999）：503-545頁

水羽信男「抗日統一戦線運動史」野澤豊編『日本の中華民国史研究』（汲古書院、1995）：99-121頁

　　　　「第13章　羅隆基にみる中国近代知識人像」池田誠ほか編『20世紀中

　　　　国と日本　下巻　中国近代化の歴史と展望』（法律文化社、1996）：
　　　　237-253頁
　　　　『中国近代のリベラリズム』（東方書店、2007）
　　　　『中国の愛国と民主』（汲古書院、2012）
三　谷　博『愛国・革命・民主』（筑摩書房、2013）
南満州鉄道株式会社東亜経済調査局「雑誌「新生」の不敬事件経緯」『東亜』8.9
　　　　（1935）：95-101頁
村田雄二郎「解説」汪暉『思想空間としての現代中国』村田雄二郎ほか訳（岩
　　　　波書店、2006）：313-326頁
村田雄二郎ほか編『講座　東アジアの知識人』（有志舎、2013 〜 2014）
穆　　　欣『中国に革命を―先駆的言論人鄒韜奮』田島淳訳（サイマル出版会、
　　　　1986）
若槻泰雄『日本の戦争責任　上』（小学館、2000）
ラナ・ミッター「心のなかの満州――一九三〇〜三七年の中国東北部をめぐる
　　　　出版とプロパガンダ――」玉野井麻利子編『満州――交錯する歴史』
　　　　（藤原書店、2008）：57-101頁
　　　　『五四運動の残響――20世紀中国と近代世界』吉澤誠一郎訳（岩波書店、
　　　　2012）
劉　　　氷「胡愈之と南洋華僑――三重の身元をもった人物の軌跡」原不二夫編
　　　　『東南アジア華僑と中国――中国帰属意識から華人意識へ』（アジア
　　　　経済研究所、1993）
李　相　哲『満州における日本人経営新聞の歴史』（凱風社、2000）
安井三吉「第6章　概観―全面戦争下のナショナリズムと民主主義」池田誠編
　　　　『抗日戦争と中国民衆―中国ナショナリズムと民主主義』（法律文化
　　　　社、1987）：125-134頁
　　　　「第3編中国近代化の諸相　概説」池田誠ほか編『20世紀中国と日本
　　　　下巻　中国近代化の歴史と展望』（法律文化社、1996）：179-183頁
八巻佳子『中国抗日救国時論誌記事目録（上・下）』（アジア経済研究所、1981）

山田辰雄編著『近代中国人名辞典』（財団法人霞山会、1995）

山本武利『近代日本の新聞読者層』（法政大学出版局、1981）

横山英「抗日運動と愛国的ジャーナリスト――鄒韜奮の活動と思想変革」『広島大学文学部紀要』26.3（1967）：171-189頁

吉澤誠一郎『天津の近代――清末都市における政治文化と社会統合』（名古屋大学出版会、2002）

　　　　　『愛国主義の創成――ナショナリズムから近代中国をみる』（岩波書店、2003）

　　　　　「五四運動から読み解く現代中国――ラナ・ミッター『五四運動の残響』を手がかりに――」『思想』1061（2012）：147-159頁

米沢秀夫「訪日を予定している中国代表団の胡愈之団長」『アジア経済旬報』643（1966）：4-5頁

楊韜『ジャーナリスト鄒韜奮の発展：公共圏をめぐる彼の思想と活動』（名古屋大学大学院国際言語文化研究科修士論文、2007a）

　　　「ジャーナリスト鄒韜奮とジョン・デューイ思想――近代中国知識人の一つのあり方」『メディアと文化』3（2007b）：73-87頁

　　　「「新生事件」をめぐる日中両国の報道及その背景に関する分析――差異と原因」『メディアと文化』4（2008a）：161-176頁

　　　「1930年代における中国知識人の西洋理解――ジャーナリスト鄒韜奮の欧米体験を中心に」『多元文化』8（2008b）：321-331頁

　　　「書評　許紀霖他共著　『近代中国知識分子的公共交往（1895-1949）』」『現代中国研究』23（2008c）：124-130頁

　　　「近代中国における「国貨」をめぐる言説の一考察――雑誌『生活』（1925～1933）を通して」『現代中国研究』24（2009a）：62-75頁

　　　「投書欄における読者・投稿者・編集者――生活書店出版物を対象とした歴史的考察」『中国研究月報』63.9（2009b）：13-25頁

　　　「電話のある生活――近代上海メディアにおける電話表象から読み解く」『現代中国研究』27（2010a）：66-84頁

「書評　菊池一隆著『中国抗日戦争軍事史　1937-1945』」『現代中国研究』26（2010 b）：124-130頁

『上海におけるメディアと近代性（1926～1939）：共同体、日常生活、ナショナリズム』（名古屋大学大学院国際言語文化研究科博士論文、2011a）

「近代中国におけるセクシュアリティ言説——雑誌『生活』の投書欄における論争を中心に」『言語文化論集』33.1（2011b）：167-180頁

「生活書店の募金活動について」『言語文化論集』33.2（2012 a）：141-155頁

「戦時中国における鄒韜奮の政治活動」『言語文化論集』34.1（2012 b）：153-166頁

「戦時下における生活書店の経営管理について」『多元文化』13（2013a）：139-155頁

「生活書店及び鄒韜奮研究に関するレビュー」『言語文化論集』34.2（2013b）：123-132頁

「生活書店の人々：黄炎培・杜重遠・胡愈之・徐伯昕を中心に」『言語文化論集』35.1（2013c）：219-232頁

「中国近現代出版文化史の一断面：生活書店から三聯書店、そして再び生活書店へ」『国際問題研究所紀要』144（2015a）：67-78頁

「メディア・知識人・ナショナリズム——「中国の近代性」にかかわるいくつかの問題」『佛教大学文学部論集』99（2015b）：21-33頁

〈中国語（ピンインローマ字順）〉

畢雲程「鄒韜奮先生五周年祭」鄒嘉驪編『憶韜奮』（学林出版社、1985）：194-198頁

倉　夷「苦心鉆研的牛歩峰—報社印刷厂労働英雄」晋察冀日報史研究会編『1938-1948『晋察冀日報』通訊全集　1945年巻（上）』（中共党史出版社、2012）：207-212頁（初出：『晋察冀日報報』1945年2月6日）

常德魁編著『革命戦争年代的洪涛印刷厂』（陝西人民出版社、1994）

曹聚仁『曹聚仁書話』（北京出版社、1998）

陳敦徳『八路軍駐香港弁事処紀実』（中華書局（香港）有限公司、2012）

陳　揮『鄒韜奮：大衆文化先駆』（上海教育出版社、1999）

　　　　『鄒韜奮評伝』（上海交通大学出版社、2009）

陳建雲『向左走　向右走：1949年前後民間報人的出路抉択』（福建教育出版社、2010）

陳栄力『大道之行：胡愈之伝』（浙江人民出版社、2005）

陳　昕「感悟生活書店的伝統和精神」『読書』2013年第8期

陳燕・杜遠遠「鄒韜奮的媒介経営管理思想」『新聞愛好者』2008年6月号（2008）：84-85頁

陳　勇「論鄒韜奮的新聞事業人才管理思想与実践」『大学時代』2006年7月号（2007）：24-26頁

重慶日報社編著『抗日時期的重慶新聞界』（重慶出版社、1995）

褚亜男『歴史変遷与文化転型：崑崙影業公司発展研究』（中国電影出版社、2012）

鄧向陽・王美虹「鄒韜奮媒介経営管理思想初探」『安陽師範学院学報』2004年第1期（2004）：132-135頁

丁　潔「三聯書店研究書目提要」『当代史学』9.4（2008）：123-131頁

杜重遠『杜重遠文集』杜毅・杜穎編注（文匯出版社、1990）

杜　威『杜威五大講演』胡適訳（安徽教育出版社、1999）

段紅涛・倪天賜「鄒韜奮媒介経営管理思想探討」『現代商貿工業』20.4（2008）：114-115頁

范慕韓主編『中国印刷近代史』（印刷工業出版社、1995）

方漢奇『中国近代報刊史』（山西人民出版社、1981）

　　　　『中国新聞事業通史』（中国人民大学出版社、1999）

馮愛群『中国新聞史』（台湾学生書局、1967）

封徳屏『国民党文芸政策及其実践（1928～1981）』（淡江大学中国文学系博士論文、2009）

費孝通・夏衍『胡愈之印象記』（友誼出版公司、1989）

甘惜分『新聞学大辞典』（河南人民出版社、1993）

高郁雅『国民党的新聞宣伝與戦後中国政局変動（1945-1949）』（国立台湾大学出版委員会、2004）

戈公振『中国報学史』（商務印書館、1928）

龔　鵬『鄒韜奮啓蒙思想研究』（中国社会科学出版社、2011）

関　捷「東北局部抗戦中的馬占山―兼評馬占山的「投降」」中国社会科学院近代史研究所編『中国抗戦与世界反法西斯戦争』（社会科学文献出版社、2009）：757-773頁

郭衛東『近代外国在華文化機構総録』（上海人民出版社、1993）

黄嘉樹『中華職業教育社史稿』（陝西人民教育出版社、1987）

黄建新「論鄒韜奮的出版人力資源管理思想」『科学与出版』2011年第4期（2011）：84-86頁

黄九清『抗戦時期的四川新聞界研究』（四川大学出版社、2009）

黄方毅「黄炎培、鄒韜奮与生活週刊」『読書』2012年第2期

黄炎培『民主化的機関管理』（商務印書館、1947）

　　　『黄炎培日記』（華文出版社、2008）

胡愈之「韜奮と大衆文化」鄒嘉驪編『憶韜奮』（学林出版社、1985）：152-155頁

　　　『我的回憶』（江蘇人民出版社、1990）

　　　『胡愈之文集』（北京三聯書店、1996）

胡耐秋『韜奮的流亡生活』（北京三聯書店、1979）

郝丹立『韜奮新論：鄒韜奮思想発展歴程研究』（当代中国出版社、2002）

洪九来『寛容与理性：「東方雑誌」的公共輿論研究：1904〜1932』（上海人民出版社、2006）

江蘇省政協文史資料委員会ほか編『新文化出版家徐伯昕』（中国文史出版社、1994）

江宜樺『自由主義、民族主義與国家認同』（揚智文化、1998）

姜　穆『一百両黄金打倒多少人馬』（大東図書公司、1986）

金炳華主編『上海文化界：奮戦在"第二条戦線上"史料集』（上海人民出版社、1999）

金宜鴻『新中国文芸政策与中国当代電影発展』（世界図書出版広東有限公司、2014）

孔昭愷『旧大公報坐科記』（中国文史出版社、1991）

頼光臨『中国新聞伝播史』（三民書局、1978）

雷群明編著『韜奮論新聞出版』（学林出版社、2009）

雷　頤「我与三聯：読書与勝読書」『読書』2012年第6期

李金銓編著『文人論政：民国知識份子與報刊』（国立政治大学出版社、2008）
　　　　　『報人報国：中国新聞史的另一種讀法』（香港中文大学出版社、2013）

李　理『漢口『大剛報』史研究（1945.11－1951.12）』（華中科技大学出版社、2012）

李懐印『重構近代中国：中国歴史写作中的想像与真実』（中華書局、2013）

李家駒『商務印書館與近代知識文化的伝播』（香港中文大学出版社、2007）

李　頻「韜奮研究随想」韜奮紀念館編『鄒韜奮研究　第一輯』（学林出版社、2004）：193-197頁

李瑤玎『聯華公司：企業与影片』（暨南大学出版社、2013）

李盛平『中国近現代人名大辞典』（中国国際広播出版社、1989）

李勇軍『新中国期刊創刊号　1949-1959』（上海遠東出版社、2014）

李　瞻『中国新聞史』（台湾学生書局、1978）

林建華『1940年代的中国自由主義思潮』（中国社会科学出版社、2012）

林牧茵『移植与流変：密蘇里大学新聞教育模式在中国（1921-1952）』（復旦大学出版社、2013）

林啓昌・余成添編著『印刷科学概論』（五洲出版社、1989）

劉燕・郭永彬「鄒韜奮『生活日報』的股份制経営思想」『新聞記者』2003年2月号（2003）：58-60頁

劉怡婷「從「永安月刊」看1939-1949年代的上海新女性」『史苑』67（2007）：195-226頁

劉維開編『影像近代中国』（国立政治大学出版社、2013）

盧祺新・葛魯甫「燕京新聞系」『燕大文史資料　第3輯』燕大文史資料編委会編
　　（北京大学出版社、1990）：29-35頁
馬光仁『上海新聞史（1850〜1949）』（復旦大学出版社、1996）
馬学新『上海文化源流辞典』（上海社会科学院出版社、1992）
馬永春『新聞記者的旗幟鄒韜奮』（雲南大学出版社、2012）
牟澤雄『民族主義与国家文芸体制的形成：国民党南京政府時期（1927〜1937）
　　的文芸政策研究』（雲南人民出版社、2013）
穆　欣『鄒韜奮』（中国青年出版社、1958）
　　　『新版　鄒韜奮』（湖北人民出版社、1981）
南方局党史資料徴集小組編『南方局党史資料　統一戦線工作』（重慶出版社、
　　1990）
寧成春・汪家明編『生活・読書・新知三聯書店書衣500幀：1931〜2008』（北
　　京三聯書店、2008）
潘君祥『中国近代国貨運動』（中国文史出版社、1996）
　　　『近代中国国貨運動研究』（上海社会科学院出版社、1998）
彭亜新主編『中共中央南方局的文化工作』（中共党史出版社、2009）
彭小妍「五四的「新性道徳」——女性情欲論述與建構民族国家」『近代中国婦
　　女史研究』3（1995）：77-96頁
銭小柏・雷群明編著『韜奮与出版』（学林出版社、1983）
冉　彬『上海出版業与30年代上海文学』（上海文化出版社、2012）
司馬卒「《新生》事件概述」宋道放主編『中国出版史料　現代部分　第一巻
　　下冊』（山東教育出版社、2000）：391-399頁
三聯書店史料集編委会編『生活・読書・新知三聯書店文献史料集』（北京三聯書
　　店、2004）
沈謙芳「鄒韜奮與中国共産党」『学術月刊』1995年第12期（1995）：68-71頁
『生活書店史稿』編集委員会『生活書店史稿』（北京三聯書店、2007）
生活・読書・新知三聯書店北京聯誼会編『生活・読書・新知留真集影』（北京
　　三聯書店、1998、非売品）

生活・読書・新知三聯書店香港分店編『生活・読書・新知三聯書店成立三十周年紀念集』（香港三聯書店、1978、非売品）

史一兵「国統区較早的出版合作経済—鄒韜奮的「生活出版合作社」概述」『学海』1992年第1期（1992）：85-88頁

宋木文「我愿做個三聯人」『読書』2012年第6期

宋応離ほか編『20世紀中国著名編輯出版家研究資料汇輯』（河南大学出版社、2005）

孫起夢「以為青年服務為楽事—懐念徐伯昕同志的一段往事」江蘇省政協文史資料委員会ほか編『新文化出版家徐伯昕』（中国文史出版社、1994）：1-4頁

唐森樹『鄒韜奮思想研究』（吉林大学出版社、2005）

唐慎翔「抗戦時期重慶的出版発行機構及図書業」中国人民政治協商会議・西南地区文史資料協作会議編『抗戦時期西南的文化事業』（成都出版社、1990）：436-450頁

唐　婧「鄒韜奮媒介経営管理的核心価値観」『華中師範大学研究生学報』17．3（2010）：91-95頁

韜奮紀念館編『韜奮的道路』（北京三聯書店、1958）

韜奮紀念館編『韜奮手迹』（香港三聯出版社、1984）

韜奮紀念館編『韜奮紀念館・韜奮故居』（上海人民出版社、2003）

韜奮紀念館編『鄒韜奮研究　第一輯』（学林出版社、2004）

韜奮紀念館編『鄒韜奮研究　第二輯』（学林出版社、2005）

韜奮紀念館編『韜奮紀念館50年（1956-2006）』（韜奮紀念館、2006）

韜奮紀念館編『鄒韜奮研究　第三輯』（学林出版社、2008）

韜奮紀念館・北京印刷学院編『『店務通訊』配印本（上・中・下）』（学林出版社、2007）

田建平・張金鳳『晋察冀抗日根拠地新聞出版史研究』（人民出版社、2010）

謝行寛「全国「現代性与社会・文化転型」研討会総述」『厦門大学学報（哲学社会科学版）』145（2001）：75-77頁

謝　波『媒介与文芸形態：『文芸報』研究（1949-1966）』（復旦大学出版社、2013）

許紀霖『中国知識分子十論』（復旦大学出版社、2003）

許紀霖編『公共性与公共知識分子』（江蘇人民出版社、2003）

　　　　『20世紀中国知識分子史論』（新星出版社、2005）

許紀霖ほか『近代中国知識分子的公共交往：1895〜1949』（上海人民出版社、2007）

許覚民「出版家徐伯昕同志伝略」江蘇省政協文史資料委員会ほか編『新文化出版家徐伯昕』（中国文史出版社、1994）：8-50頁

　　　　『風雨故旧録』（上海教育出版社、2002）

許漢三編『黄炎培年譜』（文史資料出版社、1985）

許　敏『民国文化』（上海人民出版社、1999）

徐伯昕「韜奮先生的一生」『出版史料』2004年第3期（2004）：4-14頁

徐雪寒『徐雪寒文集』（中国財政経済出版社、1989）

徐友春『民国人物大辞典　増訂版』（河北人民出版社、2007）

王鳳青『黄炎培与国民参政会』（社会科学文献出版社、2011）

王洪祥『中国現代新聞史』（新華出版社、1997）

王凌霄『中国国民党新聞政策之研究　1928-1945』（国立政治大学歴史研究所碩士論文、1992）

王　蒙「我与生活書店的因縁」『読書』2013年第8期

土儒年『欲望的想像・1920〜1930年代「申報」広告的文化史研究』（上海人民出版社、2007）

王　玉『抗戦前上海地区的抗日救国運動：以救国会為中心的探討（1935-1937）』（国立政治大学博士論文、2003）

汪原放『亜東図書館与陳独秀』（学林出版社、2006）

汪耀華『留在筆下的新華書店』（上海交通大学出版社、2010）

魏　峰『中国報業制度変遷研究：改革開放30年中国報業体制変革的経済学分析』（東南大学出版社、2013）

呉効剛『民国時期査禁文学史論』（中国社会科学出版社、2013）

呉怡萍『抗戦時期中国国民党的文芸政策及其運作』（国立政治大学歴史学系博士論

文、2009)

呉　文「韜奮撰述「読者信箱」的経験」韜奮記念館編『鄒韜奮研究　第二輯』(学林出版社、2005)：241-246頁

呉永貴編著『中国出版史（下冊・近現代巻）』(湖南大学出版社、2008)

楊奎松『忍不住的「関懐」：1949年前後的書生与政治』(広西師範大学出版社、2013)

楊　韜「国共攻防戦中的生活書店（1932～1944）」黄順星編『新聞媒介的歴史脈絡』(世新大学舎我紀念館、2014)：1-15頁

楊瑞松『病夫・黄禍與睡獅：「西方」視野的中国形象與近代中国国族論述想像』(国立政治大学出版社、2010)

葉再生『中国近代現代出版通史　第二巻』(華文出版社、2002)

袁昶超『中国報業小史』(新聞天地社、1957)

俞子林『百年書業』(上海書店出版社、2008)

俞潤生『鄒韜奮伝』(天津教育出版社、1994)

　　　『黄炎培与中国民主建国会』(広東人民出版社、2004)

余英時「中国知識分子的創世紀」『余英時文集　第四巻　中国知識人之史的考察』(広西師範大学出版社、2004)：147-159頁

張道藩『酸甜苦辣的回味』(伝記文学出版社、1981)

張洪軍「鄒韜奮的『生活』週刊与馬占山的江橋抗戦」『理論学刊』160（2007）：97-100頁

張静廬『中国近代出版史料　初編』(上雑出版社、1953)

　　　『中国近代出版史料　二編』(群聯出版社、1954a)

　　　『中国現代出版史料　甲編』(中華書局、1954b)

　　　『中国現代出版史料　乙編』(中華書局、1955)

　　　『中国現代出版史料　丙編』(中華書局、1956)

　　　『中国現代出版史料　丁編』(中華書局、1959)

　　　『中国近現代出版史料　補編』(中華書局、1957)

張立勤『1927～1937年民営報業経営研究：以『申報』『新聞報』為考察中心』(浙

江工商大学出版社、2014)

張錫栄「我在生活工作的日子」『憶韜奮』(学林出版社、1985):259-274頁

張友漁「序」江蘇省政協文史資料委員会ほか編『新文化出版家徐伯昕』(中国文史出版社、1994):1-2頁

張樹棟ほか『中華印刷通史』(印刷工業出版社、1999)

趙礼寿『中国出版産業政策体系研究:1978〜2011』(浙江工商大学出版社、2014)

趙　文『生活週刊(1925-1933)与城市平民文化』(上海三聯書店、2010)

趙暁恩『六十年出版風雲散記』(中国書籍出版社、1994)

　　　『延安出版的光輝』(中国書籍出版社、2002)

曾虚白『中国新聞史』(国立政治大学新聞研究所、1966)

鄭保衛主編『中国共産党新聞思想史』(福建人民出版社、2004)

政協梅県市委員会編「鄒韜奮来梅45周年紀念専輯」『梅県市文史資料』第12輯(1987)

中共中央党史研究室第一研究部編『聯共(布)共産国際与中国蘇維埃運動(1931-1937)　第十五巻』(中共党史出版社、2007)

中国第二歴史档案館「抗日時期国民党政府設立"中央文化驿站"有関史料選」『民国档案』1(1987):38-47頁

中国人民政治協商会議・西南地区文史資料協作会議編『抗戦時期西南的文化事業』(成都出版社、1990)

中国銀行行史編輯委員会編著『中国銀行史』(中国金融出版社、1995)

中国韜奮基金会韜奮著作編輯部編『韜奮研究論文集(第1輯)』(上海人民出版社、1997)

『中国大百科全書』編輯委員会『中国大百科全書・新聞出版』(中国大白科全書出版社、1990)

中共中央党史研究室第一研究部訳『聯共(布)、共産国際与中国蘇維埃運動(1931-1937)第十五巻』(中共党史出版社、2007)

中華書局編輯部編『我与中華書局』(中華書局、2002)

周佳栄『開明書店與五四新文化』(中華書局(香港)有限公司、2009)

周寧夏「『生活』週刊評介」『党史資料』24（1955）：82-92頁

卓南生『中国近代報業発展史　1815～1874　増訂版』（中国社会科学出版社、2002）

鄒韜奮『患難余生記』（北京三聯書店、1958）

　　　『事業管理與職業修養』（香港三聯書店、1978）

　　　『韜奮全集』（上海人民出版社、1995）

　　　『経歴』（岳麓書社、1999）

　　　『鄒韜奮自述』（安徽文芸出版社、2013）

鄒嘉驪編『韜奮著訳系年目録』（学林出版社、1984）

　　　『憶韜奮』（学林出版社、1985）

　　　『韜奮年譜（上、中、下）』（上海文芸出版社、2005a）

　　　「徐伯昕的「遺言記要」是韜奮遺囑的原始版」『韜奮年譜（下）』（上海文芸出版社、2005b）

鄒家華「弘揚韜奮精神、竭誠為読者服務」『読書』2013年第8期

宗志文「新聞出版戦線上の英勇戦士鄒韜奮」宋嘉沛編『民国著名人物伝(4)』（中国青年出版社、1997）：674-698頁

仲秋元「寄語重生的生活書店」『読書』2013年第8期

朱晋平『中国共産党対私営出版業的改造（1949-1956）』（中共中央党校出版社、2008）

朱順佐・金普森『胡愈之伝』（杭州大学出版社、1991）

朱宗震『黄炎培与近代中国的儒商』（広西師範大学出版社、2007）

祖丁遠編「鄒韜奮与南通」『南通文史資料選輯』第13輯（1993）

卓越新聞奨基金会編『関鍵力量的沈淪：回首報禁解除二十年』（巨流図書股份有限公司、2008）

編者不詳『沈鈞儒紀念集』（北京三聯書店、1984）

〈英語（アルファベット順）〉

Coble, Parks M. "Chiang Kai-shek and the Anti-Japanese Movement in Cina: Zou Tao-fen and the National Salvation Association, 1931-1937." *The Journal of Asian Studies.* XLIV, No.2 (1985): 293-310

――*Facing Japan: Chinese Politics and Japanese Imperialism, 1931-1937.* Cambridge: Harvard University Press, 1991.

――*Chinese Capitalists in Japan's New Order: the Occupied Lower Yangzi, 1937-1945.* Berkeley: University of California Press, 2003.

Dodd, Nigel. *Social Theory and Modernity.* Cambridge: Polity Press, 1999.

Fairbank, John. King. *Chinabound: A Fifty-Year Memoir.* Harper & Row, 1982.

Gerth, Karl. *China Made: Consumer Culture and the Creation of the Nation.* Cambridge: Harvard University Press, 2003.

Gewurtz, Speisman M. *Between America and Russia: Chinese Student Radicalism and the Travel Books of Tsou T'ao-Fen 1933-1937.* Toronto: University of Toronto-York University Joint Centre on Modern East Asia, 1975.

Giddens, Anthony. *The Consequences of Modernity.* Cambridge: Polity Press, 1990.

――*Modernity and Self-Identity: Self and Society in the Late Modern Age.* Cambridge: Polity Press, 1991.

Hall, Stuart, and Bram Gieben. *Formations of Modernity.* Cambridge: Polity Press, 1992.

Hamilton, John Maxwell. "The Missouri News Monopoly and American Altruism in China: Thomas F. F. Millard, J. B. Powell, and Edgar Snow." *The Pacific Historical Review* 55.1 (1986): 27-48.

Hung, Chang-tai. *War and Popular Culture: Resistance in Modern China, 1937-1945.* Berkeley: University of California Press, 1994.

Lee, Leo Ou-fan. *Shanghai Modern: the Flowering of A New Urban Culture in China, 1930-1945.* Cambridge, Massachusetts: Harvard University Press, 1999.

Mitter, Rana. *The Manchurian Myth: Nationalism, Resistance, and Collaboration in*

Modern China. Berkeley: University of California Press, 2000.

―*A Bitter Revolution: China's Struggle with the Modern World*. New York: Oxford University Press, 2004.

Moores, Shaun. *Media/Theory: Thinking about Media & Communications*. New York: Routledge, 2005.

Morley, David. *Media, Modernity and Technology: the Geography of the New*. New York: Routledge, 2007.

Powell, John B. "Missouri Authors and Journalists in the Orient." *Missouri Historical Review* 41 (1946): 45-51.

Reed, Christopher. *Gutenberg in Shanghai: Chinese Print Capitalism, 1876-1937*. Honolulu: University of Hawaii Press, 2004.

Shih, Shu-Mei. *The Lure of the Modern: Writing Modernism in Semicolonial China, 1917-1937*. Berkeley: University of California Press, 2001.

Stranahan, Patricia. *Underground: The Shanghai Communist Party and the Politics of Survival, 1927-1937*. Lanham: Rowman & Littlefield Publishers, 1998.

Thompson, John B. *Ideology and Modern Culture: Critical Social Theory in the Era of Mass Communication*. Cambridge: Polity Press, 1990.

―*The Media and Modernity: A Social Theory of the Media*. Cambridge: Polity Press, 1995.

Ting, Lee-hsia Hsu. *Government Control of the Press in Modern China, 1900-1949*. Cambridge, Mass.: East Asian Research Center, Harvard University, 1974.

Wahl-Jorgensen, Karin. *Journalists and the Public: Newsroom Culture, Letters to the Editor, and Democracy*. Cresskill: Hampton Press, 2007.

Wei, Betty Peh-T'i. *Shanghai: Crucible of Modern China*. Hong Kong: Oxford University Press, 1990.

Xu, Xiaoqun. *Chinese Professionals and the Republican State: the Rise of professional associations in Shanghai, 1912-1937*. New York: Cambridge University Press, 2001.

Yeh, Wen-Hsin. *The Alienated Academy: Culture and Politics in Republican China, 1919-1937.* Cambridge: Harvard University Press, 1990.

— "Progressive Journalism and Shanghai's Petty Urbanites: Zou Taofen and the Shenghuo Enterprise, 1926-1945." *Shanghai Sojourners*. Ed. Jr. Wakeman, and Wen-Hsin Yeh, Berkeley: Institute of East Asian Studies University of California, 1992. 186-238.

— "Shanghai Modernity: Commerce and Culture in a Republican City." *The China Quarterly* 150 (1997): 375-394.

— *Shanghai Splendor: Economic Sentiments and the Making of Modern China, 1843-1949.* Berkeley: University of California Press, 2007.

Zhang, Xiantao. *The Origins of the Modern Chinese Press: the Influence of the Protestant Missionary Press in Late Qing China.* New York: Routledge, 2007.

〈韓国語〉

田寅甲「上海人的 "모던"과 生活 文化:『生活週刊』의 분석 (1) = 上海人的摩登與生活文化」『中国近現代史研究』17 (2003):69-105頁

〈一次資料として用いた雑誌と新聞〉

『申報』(1872-1949)

『東方雑誌』(1904-1937)

『良友画報』(1926-1945)

『生活』(1926-1933)

『新生』(1934-1935)

『大衆生活』(1935-1936)

『生活星期刊』(1936)

『抗戦』(1937-1938)

『永安月刊』（1939-1949）

『東京朝日新聞』（1931-1936）

The North China Daily News（1933-1937）

〈史料〉

『現代評論』影印本（岳麓書社、1999）

『新青年』影印本（上海書店、1988）

『生活』影印本（人民出版社、1980）

『婦女雑誌』影印本（線装書局、2010）

『莽原』影印本（上海書店、1984）

後　書　き

　2015年3月上旬、長沙へ一時帰国した。高校一年生となった甥に最新版の高校歴史教科書を見せてもらった。中国近現代史を専門分野とする者として、現在実際に各学校で使用されている歴史（とりわけ近代史）教科書について、いつも興味深くチェックしている。今回見たのは、人民教育出版社課程教材研究所と歴史課程教材研究開発中心が共同編集した『普通高中課程標準実験教科書 歴史2　必修』（2007年1月第三版、2014年11月第1次印刷）である。最近の中国の歴史教科書は、内容だけでなく、編集スタイルも含め、大きく変化しつつある。1990年代私自身が使用した歴史教科書と比較すると、もっとも特徴的な点として、必ずしも時代順に分けるのではなく、カテゴリーによって分類することが

挙げられると思う。今回見た教科書も、「経済史」のカテゴリーに属するものである。古代から現代にかけての中国の経済史のほかに、世界の経済史にも触れている。個人的にもっとも関心のある「第五単元　中国近現代社会生活的変遷」のなかで「第16課　大衆傳媒的変遷」があり、要するに近現代中国におけるマスメディアの変遷を扱う内容である。そこで、代表的なジャーナリストとして、本書の主要登場人物である鄒韜奮が大きく取り上げられている。（写真参照）

　私の記憶では、以前（少なくとも1990年代末まで）の高校歴史教科書には、このようにマスメディアに関する「一節」を設けることがなかったようだ。無論、鄒韜奮を写真付きで紹介することもなかった（鄭振鐸著、安藤彦太郎・斎藤秋男訳『書物を焼くの記―日本占領下の上海知識人』には、鄒韜奮臨終前の共産党入党申し

込みに関するエピソードが1952年7月版の『初級中学語文課本　第二冊』に掲載されていると書かれていることを記しておく)。実際に甥に「この教科書を読む以前、鄒韜奮を知っていましたか」と聞いたが、まったく知らなかったとの回答だった。いつの間に、鄒韜奮が「小衆」から「大衆」へ変わってしまったようだが、思わず時代の変化を感じる。時代の変化につれ、それまでにあまり知られていなかった、あるいは関心の薄い歴史事象や人物も徐々に歴史教科書に登場するようになった。これは、近年の所謂「学際的な研究」、歴史分野に限って言うと、歴史研究に文化研究やメディア研究などが入り込んで一体化となっていることに関係があるかもしれない。個人的には、いい方向性ではないかと思う。一方、日本の中国史研究は非常に伝統と蓄積があり、また依然として「小さく深く研究する」といった姿勢が求められているように感じる。

　鄒韜奮との出会いは、中学校一年生のときだった。幼いときから「書虫」だった私は、よく「不務正業(勉強をさぼって小説などを読む)」だった。小学校を卒業するまでに、簡易版の『史記』、それから『西遊記』や『紅楼夢』などの所謂「四大名著」はもちろん、魯迅や老舎などの近代名家の作品も読んだ。また、当時まだあまり評価されなかった金庸、古龍などの「武俠小説」もかなり気に入って、よく「游俠」となる夢を見ていた。その後、姉が読んでいた瓊瑤や三毛の作品までも手を出した。しかし、中学校に入ってから、徐々に人物伝記や旅行記などに興味が湧いた。そのときに出会った一冊は鄒韜奮の『経歴』だった。最初に、単に「韜」という自分の名前と同じ漢字が入った著者名に引かれ手を伸ばしたが、読んでいるうちに、すっかり鄒韜奮の人格や経歴に感動した。もともと歴史好きだが、このときから中国近代史をもっと注意深く考えてみたいと思うようになった。鄒韜奮及び生活書店について、本格的に考え始めたのは、日本に留学した後だった。留学中に、多彩な文化研究やメディア研究に触れ、同時に日本の中国史研究にも刺激されたことは大きな要因だったと思う。このような知的な刺激を与えてくれたのは、いうまでもなく、これまでの勉強や研究において、指導してくれた恩師、助言や意見交換してくれた研究仲間である。

　札幌大学では、宇波彰先生のゼミに入り、現代メディア論の勉強をした。宇

波先生は、現代フランス思想の研究者だが、ドイツや日本のメディア史についてもとても詳しい。宇波先生のゼミでは、毎回様々な話題について議論し、非常に刺激を受けた。とくに表象メディアに関する解読、たとえばレニ・リーフェンシュタールの『意志の勝利』、溝口健二の『元禄忠臣蔵』、マイケル・カーティスの『カサブランカ』に対する分析は印象深かった。私は、学部のゼミだけでなく、宇波先生が担当する大学院のゼミにも出て、ベンヤミンの『複製技術時代の芸術』の輪読に参加した。はじめての英文書（しかも個人的には非常に読みづらい著作）の精読にかなり苦しんだが、とてもいい経験となった。

　名古屋大学大学院では、主に中井政喜先生、吉田正也先生、村主幸一先生の指導を受けた。中井先生のゼミでは、近現代中国文学について学び、それまで「読み物」としてしか考えてこなかった魯迅や茅盾などの作品を「研究対象」として読み直し、再認識した。吉田先生は『東京新聞』の論説委員や海外特派員としての経験もあり、日本のジャーナリズム史や韓国の民主化について多くの知見を与えてくれた。大学院時代もっともお世話になったのは、村主先生だった。村主先生はシェイクスピアの研究者だが、メディア／パフォーマンス研究の専門家でもある。村主先生のゼミでは、メディア研究の専門知識だけでなく、研究活動に欠かせない論文執筆のスキルも多く学んだ。また、今でも忘れられないことは、私の博論執筆に必要な英文文献の読解のため、「二人の読書会」を作って下さったことである。一年以上にわたり断続的に続いた「読書会」で、中国の近代性や中国のメディ史に関する英文の専門書や資料を一緒に輪読し、議論を重ねた。私にとって、この「読書会」で得られたものは一生の財産である。また、研究者としてだけでなく、一人の教育者として真摯な態度で接してくれた村主先生に深い感銘を受けた。

　博士号を取得したあと、運がよくすぐ教員として採用され、名古屋大学で3年間にわたり勤めた。その後、佛教大学へ移り、講師として勤めるようになった。いずれの職場においても、素晴らしい教育と研究の環境に恵まれた。本書の最終的な調整や校正は1年以上かかったが、主に佛教大学へ赴任してから行った。李冬木先生をはじめ、いつも親切にしてくれている文学部中国学科の先生

方や中文資料室のスタッフの皆さんに感謝を申し上げたい。

　名古屋大学で院生時代から、星野幸代先生に大変お世話になった。同僚となってから声がけ頂き、星野先生の科研プロジェクトに参加することになり、現在2期目へと続いている。そこで、邵迎建先生、晏妮先生、西村正男先生、葛西周先生と出会った。皆さんから研究に関する助言だけでなく、常に温かい励ましを頂いていることに感謝したい。

　名古屋では、馬場毅先生、菊池一隆先生、黄英哲先生をはじめとする中国現代史研究会の皆様にも大変お世話になった。東海例会での発表や討論はいつも刺激的、充実的で、多くのことを学んだ。とりわけ、菊池先生には、本書の出版において、紹介の労を取って頂いただけでなく、版下原稿にも目を通して頂き、非常に有益なアドバイスを数多く頂いた。重ねて厚くお礼を申し上げる。

　名古屋と京都では、八幡耕一先生に大変お世話になった。八幡先生から研究プラン作りの重要性や研究計画を立てるときのスキルを多いに教わった。八幡先生は名古屋大学から龍谷大学へ移られたあとも、常に私にエールを送って下さった。心より感謝を申し上げたい。

　京都では、石川禎浩先生に大変お世話になった。京都大学人文科学研究所の石川研究班に参加して、多くの収穫を得た。京大人文研付属現代中国研究センターに所蔵している豊富な研究資料を便利に使うことができた。また、数回にわたり研究班で報告する機会も頂き、コメンテーターや班員たちから貴重な示唆を頂いたことに感謝したい。

　一々お名前をあげることはできないが、ほかにも日頃よりさまざまな形でお世話になった方々に、この場を借りて心より感謝したい。最後に、いつも遠い故郷から親不孝者の私を温かく見守ってくれる両親と姉に感謝したい。いまでも忘れられないことだが、幼い頃両親はいつも少ない給料のなかから惜しみなく様々な書籍を買ってくれただけでなく、『小渓流』・『少年文芸』・『読書報』などの読み物をも定期講読してくれた。お蔭で、当時の「文学少年」の読書の貪欲を満たしてくれた。中学時代から音楽の勉強に励んでいた姉は、文学や歴史以外のことをよく話してくれて、研究活動にも必要な柔軟的な感性を与えて

くれた。

　本書は2010年12月に名古屋大学大学院国際言語文化研究科に提出した博士論文「上海におけるメディアと近代性（1926〜1939）―共同体、日常生活、ナショナリズム」を大幅加筆修正したものである。この研究にあたり、日本学術振興会特別研究員奨励費「国際都市におけるメディア空間に関する歴史的研究」（2009〜2010年度）、科研費分担金「戦時下中国の移動するメディア・プロパガンダ」（2012〜2014年度）を受けた。記して感謝の意を表したい。

　前述とおり、本書の出版は、菊池一隆先生のご紹介で数年前に汲古書院の前社長である石坂叡志さんに相談に乗って頂いた。その後、ずっと励ましを頂き完成を待って下さったが、大学での仕事に追われついつい先延ばしとなった。今年4月、新社長である三井久人さんと相談して、出版のスケジュールを決めた。その後、編集部の大江英夫さんの素晴らしいサポートを得ながら、ようやくこのような形となった。深く感謝の意を申し上げたい。

　　　　　　　　　　　　　　　　　　　　　　　　楊　　　韜

　　　　　　　平成27年8月　　於　台北・南港　初稿
　　　　　　　平成27年9月　　於　京都・紫竹　改訂

論文初出一覧

前書き:「メディア・知識人・ナショナリズム――「中国の近代性」にかかわるいくつかの問題」『佛教大学文学部論集』99（2015b）：21-33頁

序章:「生活書店及び鄒韜奮研究に関するレビュー」『言語文化論集』34.2（2013b）：123-132頁

第一章: "Story about Wangping Street: Media Map in Modern Shanghai", *Proceeding of the 14th International Conference of Historical Geographers*. pp202-203. Kyoto University Press, 2010.

"A Study of the Foreign Influence on the Development of Journalism in Modern China", Full paper submitted to International Association for Media and Communication Research Conference, 2010.

第二章:「1930年代における中国知識人の西洋理解――ジャーナリスト鄒韜奮の欧米体験を中心に――」『多元文化』8（2008b）：321-331頁

「ジャーナリスト鄒韜奮とジョン・デューイ思想――近代中国知識人の一つのあり方」『メディアと文化』3（2007b）：73-87頁

第三章:「戦時中国における鄒韜奮の政治活動」『言語文化論集』34.1（2012b）：153-166頁

第四章:「生活書店の人々：黄炎培・杜重遠・胡愈之・徐伯昕を中心に」『言語文化論集』35.1（2013c）：219-232頁

第五章:「生活書店の募金活動について」『言語文化論集』33.2（2012a）：141-155頁

第六章:「戦時下における生活書店の経営管理について」『多元文化』13（2013a）：139-155頁

第七章:「投書欄における読者・投稿者・編集者――生活書店出版物を対象とした歴史的考察」『中国研究月報』63.9（2009b）：13-25頁

第八章：「近代中国におけるセクシュアリティ言説——雑誌『生活』の投書欄における論争を中心に」『言語文化論集』33.1（2011b）：167-180頁

第九章：「「新生事件」をめぐる日中両国の報道及その背景に関する分析——差異と原因」『メディアと文化』4（2008a）：161-176頁

第十章：「近代中国における「国貨」をめぐる言説の一考察——雑誌『生活』（1925〜1933）を通して」『現代中国研究』24（2009a）：62-75頁

終章：「中国近現代出版文化史の一断面：生活書店から三聯書店、そして再び生活書店へ」『国際問題研究所紀要』144（2015a）：67-78頁

後書き：書き下ろし

人名索引

あ 行

ヴァーノン・ナッシュ	43
ウェーバー	5
ウルター・ウイリアムズ	41, 42
エミリー・ハーン	42
エドガー・スノー	42, 109
袁殊	41, 53, 54
閻錫山	137
袁世凱	98, 213
王国維	7
王志莘	121, 122
汪精衛	137

か 行

戈公振	22, 53
艾寒松	214, 220, 228
加藤周一	222
カール・クロー	42
ギデンズ	10, 11
桐生悠々	223
厳復	7
顧頡剛	7
胡縄	130, 253
胡耐秋	108
胡適	7, 59, 72, 73, 94, 190, 191, 198, 208
胡愈之	28, 29, 31, 90, 107, 108, 114, 115, 118〜120, 122, 125〜127, 131, 245, 247
康有為	7
黄炎培	29, 31, 60, 102, 118〜120, 131, 132, 245
黄洛峰	249, 253
候御之	124, 125, 217, 218
孔祥煕	158

さ 行

左舜生	102, 110
蔡元培	7, 125
史良	103, 110
朱自清	7
章錫琛	191, 192, 208
章太炎	7
章乃器	98, 259
章伯鈞	102, 103, 252
周恩来	61, 110, 115, 249
周建人（克士）	191〜200, 208
周作人	190, 191, 198, 208
蒋介石	25, 137, 138, 158
徐雪寒	249
徐伯昕	28, 29, 31, 118〜120, 122, 123, 128, 131, 132, 247, 249, 259
徐傅霖	102
徐宝璜	41, 52, 53
邵力子	41
沈鈞儒	98, 103, 110, 252, 259
沈粋縝	124
ジョン・モリス	42
盛世才	123, 211
曾琦	102
曹聚仁	44, 56

宋子文	158
孫文	69, 90, 99

た 行

陳寅恪	7
陳独秀	7
陳紹禹（王明）	102, 103, 114, 117
陳博生	103
陳百年	191, 192, 208
儲安平	41, 51
張学良	123, 211
張君勱	110, 252
張友漁	40, 53, 128
仲秋元	251, 253, 255
鶴見和子	82
鄭洪年	76
鄭振鐸	252, 313
杜重遠	29, 31, 52, 118, 119, 123〜125, 131, 132, 211, 212, 214〜217, 220, 236
鄧穎超	102, 103
董顕光	40, 52
陶行知	72, 73, 76, 94, 98, 252, 259
董必武	102, 103
唐有壬	216
トマス・ミラード	42
ドン・パターソン	42

は 行

馬占山	135, 137〜145
潘漢年	115
潘序倫	121, 145
パット・スローン	64, 65
馮玉祥	137
馮友蘭	7
氷心	7
畢雲程	126
ピエール・ブルデュー	239, 241
溥儀	214, 219
傅斯年	7
聞一多	7
ボートレール	10

ま 行

松本君平	39
美濃部達吉	221, 223
毛沢東	114, 115, 119, 138
モーリス・ヴォウトー	42

や 行

横光利一	36
与謝野晶子	190

ら 行

ラスキ	64, 68, 90
羅隆基	7, 40, 52, 102
藍志先	190, 191, 208
李公樸	62, 110, 114
劉邦	213
梁啓超	7, 219
梁漱溟	7
廖承志	115
林祖涵	102, 103
羅家倫	191
魯迅	7, 190〜192, 198, 208
ロラン・バルト	240

事項索引

あ 行

アヘン戦争	5, 38
イプセン主義	191
一二・九運動	24
江橋抗戦	135
『益世報』	41
燕京大学	42, 43

か 行

家父長制	25
『華商報』	60, 99, 109
合作社	29, 121, 136
救国会	25, 108, 110
『教育与職業』	78, 91～93
教授派	102
『現代評論』	191, 192, 198, 201, 208
抗日七君子事件	60
五四運動	5, 23, 25, 70
五大講演	71, 78, 83, 95
国際連盟	138
国体明徴	221, 222, 224, 229
国家社会党	101, 102
国貨運動	232, 233
国民参政会	60, 94, 97, 101, 104, 105, 111

さ 行

『時事新報』	74, 75, 91
士大夫	6
四聯総処	158

『字林西報』	34, 46
『上海週報』	46
『上海新報』	46
『上海泰晤士報』	34, 47
『上海日報』	46
『上海柴拉報』	47
十九路軍	137
重慶大空襲	160
職業教育派	102, 121
傷兵医院	137, 150
商務印書館	40, 45, 85, 91～93, 107, 125, 161, 163, 246
新生事件	32, 102, 123, 124, 210～224, 246
『新青年』	176, 190, 198, 199, 201, 208
新文化運動	25, 209
『新聞報』	33, 138
『新民叢報』	176, 198
『申報』	33, 44, 91, 138, 139, 142, 146, 215～220, 223, 225～227, 233
『晨報』	78
『世界日報』	40
聖約翰大学	42, 43, 55, 60
青年党	102, 110
租界	37
村治派	102

た 行

第一次上海事変	137
『大公報』	109
第三党	102

第三勢力	8, 9, 28, 29, 103, 109, 136
『大美晩報』	36, 47
太平洋戦争	110
『大報』	187, 214
『大陸新報』	46
『大陸報』	34
中央宣伝委員会図書雑誌審査委員会	220
『中央日報』	40, 103
『中華教育界』	92
中華職業教育社	60, 72, 73, 75, 121, 123, 126, 128, 132
中華ソビエト臨時政府	138
中間路線	9
中国民主建国会	128
『邸報』	37
天皇機関説事件	221～224, 229
『店務通訊』	22, 31, 152, 153, 156, 162～164
土紙	154
統一戦線	100, 108, 110
『東京朝日新聞』	215～219, 221, 223, 225, 226, 228
『東京日日新聞』	228
『読書月報』	66
『東方雑誌』	38, 39, 44, 45, 49～51, 107, 125
東北義勇軍	135, 137, 145

な 行

南方局	110

は 行

八路軍弁事処	107
白虹事件	224, 230
巴立門	67
半植民地主義	16
票力	143, 151
フェビアン協会	64, 66, 89
『婦女雑誌』	191, 192, 198, 199, 201, 208
不抵抗政策	25
プラグマティズム	59, 73, 78, 81
北洋軍閥	98
報人	7, 8
『報知新聞』	228
『法文上海日報』	47
望平街	30, 33, 43, 44
墨海書館	33
『莽原』	192

ま 行

満州国	229
満州事変	4, 23, 28, 135, 137, 138, 234
『民国日報』	78
ミズーリ大学	41～43, 53
『民鐸』	78, 92
『密勒氏評論報』	34, 42, 47
メディア知識人	8

や 行

『約大週刊』	42
『読売新聞』	228

ら 行

立信会計士事務所	142, 150, 163
『良友画報』	44
「恋愛と貞操」論争	31, 189, 198, 199, 201, 202
労働社会党	101

Abstract

Intellectuals, Media, Nationalism in Modern China: Zou Taofen and Shenghuo Bookstore

YANG Tao

　　Today, Sanlian Bookstore（三聯書店）is a major publishing company in China, and it was originally a famous publishing house named as Shenghuo Bookstore（生活書店）. Shenghuo Bookstore was founded by a Chinese journalist whose name is ZOU Taofen（鄒韜奮）, and started to publish journals and books in Shanghai from late 1920s. Even they had some problems such as shortage of funds at the early time, after more than ten years, Shenghuo Bookstore became one of the most major and prestigious publishing house in China. Shenghuo Bookstore established more than 50 branch stores which covered all areas in mainland China, Hong Kong, and Singapore. In 1948, Shenghuo Bookstore merged with two other publishing houses ＜Dushu Bookstore（讀書書店）, Xinzhi Bookstore（新知書店）＞ and formed the new publishing house named as Sanlian Bookstore.

　　The purpose of this book is tries to clarify the characteristics of Chinese modernity through a consideration about the history of ZOU Taofen and Shenghuo Bookstore in China 1926-1948. As a well-known fact, there are a lot of previous research about the concept and structure of modernity which examin the condition from political system or social system perspective. In this book, the author considers various aspects of Chinese modernity from the media culture perspective. In this book, the author pick up three keywords which be setting as the three important aspects of Chinese modernity, and then verify them based on Shenghuo Bookstore's historical phenomena. The three key-words are intellectuals, media, and nationalism.

This book is made up of four parts. Part Ⅰ (Introduction and Chapter 1) examines the print media culture in 1930s' Shanghai. Part Ⅱ (Chapters 2-4), dealing with the people and their personal networks in Shenghuo Bookstore. Part Ⅲ (Chapters 5-6) considers the business management style of Shenghuo Bookstore. Part Ⅳ (Chapters 7-10) explores the interplay of media and nationalism.

First, in Chapter 1 the author points out that modern Shanghai was a melting pot of races and cultures. The heterogeneous environment in modern Shanghai, both as a crucible of native and foreign cultures; and as an arena of international power conflicts, is a significant factor in the formation of the media industry maps. And the author intends to draw a media industry map in modern Shanghai which spreads out from three areas such as Wangping Street, Bund, and Hongkou. In chapter 1, the author also explored the foreign influence on the development of journalism in modern China. It is considered that American journalism theory was introduced into China via the way route of Japan.

In Chapter 2, the author elucidates ZOU Taofen's thoughts and activities as a journalist. ZOU Taofen was inspired by John Dewey's theory, and after he became the main editor of a weekly magazine entitled *"Shenghuo"* (生活周刊), he made a great effort to make the magazine as accessible as possible to all readers.

Chapter 3, dealing with ZOU Taofen's political activities in wartime China. The author considers ZOU Taofen's political position by exploreing his relation with KMT (Chinese Nationalist Party) and CPC (Communist Party of China) from 1936 to 1944. This chapter also answers the questions of when, why, and how ZOU Taofen leaved Chongqing in 1941.

In Chapter 4, the author considers the personal networks in Shenghuo Bookstore. Four key-persons were picked up in this Chapter, such as HUANG

Yanpei（黄炎培）, DU Zhongyuan（杜重遠）, HU Yuzhi（胡愈之）, and XU Boxin（徐伯昕）.

Chapter 5 explores a contribution campaign by Shenghuo Bookstore in 1931. After giving a brief introduction of the contribution campaign to surpport soldiers who resist Japanese military after Manchurian Incident, the author treats of some features of the contribution campaign by Shenghuo Bookstore. One noticeable characteristic of the contribution campaign is the fact that the transparency have been kept tightly.

Chapter 6, dealing with difficult situation of Shenghuo Bookstore in 1940s. After moving from Shanghai to Chongqing, Shenghuo Bookstore faced so many difficulties, such as raw material shortage, price increases, labor shortage, transportation interruption, aerial bombing, etc. Shenghuo Bookstore tried to make ways of cost reduction to continue their publishing enterprise.

Chapter 7, examined the "Reader's Post"（讀者信箱）, a columns on several Shenghuo bookstore journals, such as *"Shenghuo"*（生活周刊）, *"Kangzhan"*（抗戰） and *"Dazhongshenghuo"*（大眾生活）. The author, after chronologically surveying the change of the "Reader's Post" columns, discusses the interaction of readers, contributors and editors of these columns. While these participants willingly and excitedly exchange and share their experience and ideas, the columns are stimulated by their interactions. Through their daily activity of reading / writing / editing a large number of readers'letters, they are involved in imaginatively constructing a media-related community in modern China.

Chapter 8 is a case study of the "Reader's Post" columns on weekly magazine *"Shenghuo"*. By anatomizing the heated argument about "love and chastity", the author confirms the spread of the publicness.

Chapter 9 investigated some significant differences between Chinese and

Japanese journalism which developed during the 1930s through an analysis of newspaper articles about the XinSheng Incident (新生事件). This was a press freedom incident which occurred in Shanghai in 1935. The author argues that the XinSheng Incident was a turning point in the history of modern journalism in both China and Japan. After the XinSheng Incident, the Chinese government established new laws to strengthen media control, while in Japan most of the media became propaganda tools of the military authorities.

Chapter 10, dealing with the discouses of "National Products" in modern Shanghai, through examine the articles and advertisements on weekly magazine "*Shenghuo*". Although there were a huge quantity of discoueses to surport the national products campaign, and the common slogan such as "Chinese people ought to consume Chinese products" was build up. We can see there was low level of interest in national products campaign among consumers in modern Shanghai by analzing the "Reader's Post" columns on "*Shenghuo*". That is means, there was imbalance between the information of "National Products" and the reaction of consumers.

In the Coda, after conclusion, the author described the history of Shenghuo Bookstore after 1945, and explored continuity and discontinuity in publish history. By considering the process from Shenghuo to Sanlian, we can catch a glimpse of the development of print journalism in modern China.

內容摘要

近代中國的知識人・媒體・愛國主義－以鄒韜奮和生活書店為例

楊　　韜

　　本書旨在通過對鄒韜奮和生活書店的考察，從知識人・媒體・愛國主義這三個層面來探討中國的近代性。本書由前言・第一部「導入篇」・第二部「人物篇」・第三部「書店篇」・第四部「言說篇」・終章・附錄資料・後記構成。

　　在前言部分，筆者首先說明了將鄒韜奮和生活書店作為考察對象的理由以及意義。隨後，在介紹了有關近代性在中日不同文脈中的區別後，分別就本書中的三個關鍵詞——知識人・媒體・愛國主義——做出了整理與分析，重點闡述了媒體與近代性的關係，為全書提供相應的理論框架。

　　第一部「導入篇」，包括了序章及第1章。在序章裡，筆者首先就本書中所使用的有關鄒韜奮和生活書店的史料及研究資料做了說明。其次整理分析了用中・日・英・韓四種語言所撰寫的既有先行研究，並指出其傾向・特徵・不足之處。接下來，筆者就本書的研究視角及全體構成做了具體說明。在第1章裡，筆者就近代中國，特別是國際都會上海的媒體言論大環境做了考察，重點談及了當時的媒體言論大環境的形成與來自海外的影響有何關聯。

　　第二部「人物篇」，包括了第2-4章。第2章，詳細考察了鄒韜奮的思想形成及其作為言論人的活動。鄒韜奮在受拉斯基・杜威・孫文等人的影響基礎上形成其民主主義思想，而作為記者的他重視的是為一般民眾服務，為普通國民提供訊息及意見交流的空間。第3章，主要考察中日戰爭期間鄒韜奮的政治活動。首先，筆者通過對1936年發出的聲明進行分析，考察鄒韜奮對國共兩黨的態度。接下來，就鄒韜奮在國民參政會上提出的有關保護言論出版自由的提案來探討他就任國民參政員期間的政治活動。最後，就鄒韜奮左傾化的背景和原因做了考察。可以說，

從1930年代開始，國共兩黨就在爭取民間媒體和報界輿論力量上展開了攻防戰。就生活書店這一個案來說，中共無論在思想理論的層面，還是在實際對其內部組織滲透上都極其徹底。國民黨方面也曾試圖拉攏爭取鄒韜奮，但由於其極端的言論獨裁及打壓，非但有所作為，反而加快了生活書店的左傾化。第4章，以黃炎培・杜重遠・胡愈之・徐伯昕這4人為對象，分別就他們在生活書店的活動和所起到的作用，以及各自的政治傾向做了考察。

第三部「書店篇」，包括了第5-6章。在第5章裡，筆者試圖通過生活書店的募款活動來探討其合作社經營管理模式的特徵。1931年，生活書店發起了支援東北義勇軍的募款活動，得到了來自民間個人及企業・地方政府及團體等多方面的響應，籌集到了大筆資金。而生活書店在募款活動中的最大特點就是，自始自終保持了活動的公開透明性，而這與其經營管理模式不無關聯。第6章，將視角轉向1940年代的生活書店。通過對生活書店內部刊物「店務通訊」的分析，考察了戰爭期間生活書店所面臨的諸多困難以及採取了哪一些方法來努力克服，盡最大的可能來保證出版發行業務不被中斷。特別是通過對生產技術的改進，最大限度地壓縮了生產成本，為戰時出版印刷發行業界提供了良好的模式。

第四部「言說篇」，包括了第7-10章。第四部所佔全書份額最大，主要就媒體與愛國主義的相互關係這一問題，討論了在生活書店的相關言說中呈現的具體情況和特點。第7章，以生活書店出版物的「讀者信箱」欄目為對象，分別就其歷史・內容・特徵，投書欄目的讀者層，讀者　投書者・編輯者之間的關係做出了具體考察。可以說，生活書店出版物的「讀者信箱」欄目成為了讀者・投書者・編輯者之間的交流空間，更形成了一種活字媒體上的共同體。這樣的共同體中所呈現出來的各種行為，無論是讀者還是投書者或編輯者，都需要他們主動發揮各自的能動性。這樣的共同體，並不是通常所謂的「被想像的共同體」，而是所有相關者發揮想像力並能動性地參與後才形成的。第8章是為了進一步闡述第7章所提出的觀點而做出的一份個案考察。通過對1933年「生活周刊」上的「戀愛與貞操論戰」的分析，可知1930年代有關性的言說，不論是其內容，還是生產這些言說的媒體，加入論戰的發言人群體都與1910年代，1920年代不同。論戰的陣地由「新青年」・「現代評論」等知識人為主體的媒體逐漸轉移到更加大眾化的「生活周刊」。

參與論戰的發言人群體的擴大，是建立在近代中國言說空間成熟的基礎上的，同時也彰顯了性觀念在一般民眾中的滲透過程。第9章，圍繞1935年發生的「新生事件」，以中日兩國媒體的相關報導內容為對象分析考察了當時中日雙方媒體的對抗局面。在介紹說明了「新生事件」的經過，特別是有關「閒話皇帝」記事的內容後，筆者就報導焦點·報導範圍·作為國際消息的處理方式等多個要點分析比較了中國「申報」和日本「東京朝日新聞」上的報導內容。筆者更進一步就事件發生當時兩國的社會狀況作出分析，指出「新生事件」發生的原因與中國愛國主義的高揚和日本國體明徵運動的擴大都有關聯，雖然雙方政府都出於自身政治考量對事件做出了不同處理，但這一事件無疑成為了隨後兩國言論環境發生重大變化的轉折點。在第10章裡，通過對「生活周刊」上有關「國貨」的報導記事·廣告·投書的分析，檢證了當時流行的「國貨」言說在一般民眾中的滲透程度。的確，當時謳歌「愛國貨」或「造國貨」的言說眾多，宣揚國貨「舒適·方便·健康」等觀念的廣告也層出不窮。但是，通過對投書內容的分析，可以發現讀者大眾對於國貨的關心程度並不高，遠不如所謂的國貨推進運動所強調的那樣受到一般民眾的熱烈歡迎，出於對西洋商品的喜好而依舊購買「洋貨」的也大有人在。由此也可以看到圍繞近代中國有關「國貨」的言說，作為言說的產製方面與言說的受容方面存在著一定的不均衡現象。換而言之，即當時的活字媒體大力營造了以「國貨」為中心的愛國主義言說空間與氛圍，但是讀者卻並沒有完全跟進或附和。

在終章裡，筆者除就全書內容做出總結外，還就生活書店與新知書店·讀書出版社合併成為三聯書店後的情況做了具體的考察。從生活書店到三聯書店，以及近年生活書店的重張，從這一段歷史過程中也可以窺視到近現代中國出版史的斷裂性與連續性的多重面向。

附錄資料部分，抄錄了筆者認為與本書內容有重要關聯的資料數份。特別是台北·國民黨文化傳播委員會黨史館以及東京·國立公文書館亞洲歷史資料中心所藏的檔案資料，在既有先行研究中似乎尚未提及，謹供參考。

著者略歴

楊　韜（よう　とう，ヤン　タオ）

1978年、中国・長沙市生まれ。
札幌大学卒業、名古屋大学大学院修了、博士（学術）。日本学術振興会特別研究員、名古屋大学大学院国際言語文化研究科助教を経て、現在は佛教大学文学部専任講師。専門は中国近現代史、メディア論。著書に『民主と両岸関係についての東アジアの観点』（共著、東方書店）、『新聞媒介的歴史脈絡』（共著、世新大学舍我紀念館）、『多角的視点から見た日中戦争』（共著、集広舎）など。

近代中国における
知識人・メディア・ナショナリズム
―鄒韜奮と生活書店をめぐって―

2015（平成27）年11月25日　初版発行

著　者　楊　　　韜
発行者　三　井　久　人
整　版　㈲みどり工芸社
印　刷　㈱栄　　　光

発行所　汲　古　書　院
〒102-0072 東京都千代田区飯田橋2-5-4
電話03(3265)9764　FAX03(3222)1845

ISBN978-4-7629-6029-1　C3322　汲古叢書130
Tao YANG ©2015
KYUKO-SHOIN CO., LTD. TOKYO.

汲古叢書

1	秦漢財政収入の研究	山田　勝芳著	本体 16505円
2	宋代税政史研究	島居　一康著	12621円
3	中国近代製糸業史の研究	曾田　三郎著	12621円
4	明清華北定期市の研究	山根　幸夫著	7282円
5	明清史論集	中山　八郎著	12621円
6	明朝専制支配の史的構造	檀上　寛著	13592円
7	唐代両税法研究	船越　泰次著	12621円
8	中国小説史研究－水滸伝を中心として－	中鉢　雅量著	品切
9	唐宋変革期農業社会史研究	大澤　正昭著	8500円
10	中国古代の家と集落	堀　敏一著	品切
11	元代江南政治社会史研究	植松　正著	13000円
12	明代建文朝史の研究	川越　泰博著	13000円
13	司馬遷の研究	佐藤　武敏著	12000円
14	唐の北方問題と国際秩序	石見　清裕著	品切
15	宋代兵制史の研究	小岩井弘光著	10000円
16	魏晋南北朝時代の民族問題	川本　芳昭著	品切
17	秦漢税役体系の研究	重近　啓樹著	8000円
18	清代農業商業化の研究	田尻　利著	9000円
19	明代異国情報の研究	川越　泰博著	5000円
20	明清江南市鎮社会史研究	川勝　守著	15000円
21	漢魏晋史の研究	多田　狷介著	品切
22	春秋戦国秦漢時代出土文字資料の研究	江村　治樹著	品切
23	明王朝中央統治機構の研究	阪倉　篤秀著	7000円
24	漢帝国の成立と劉邦集団	李　開元著	9000円
25	宋元仏教文化史研究	竺沙　雅章著	品切
26	アヘン貿易論争－イギリスと中国－	新村　容子著	品切
27	明末の流賊反乱と地域社会	吉尾　寛著	10000円
28	宋代の皇帝権力と士大夫政治	王　瑞来著	12000円
29	明代北辺防衛体制の研究	松本　隆晴著	6500円
30	中国工業合作運動史の研究	菊池　一隆著	15000円
31	漢代都市機構の研究	佐原　康夫著	13000円
32	中国近代江南の地主制研究	夏井　春喜著	20000円
33	中国古代の聚落と地方行政	池田　雄一著	15000円

34	周代国制の研究	松井　嘉徳著	9000円
35	清代財政史研究	山本　進著	7000円
36	明代郷村の紛争と秩序	中島　楽章著	10000円
37	明清時代華南地域史研究	松田　吉郎著	15000円
38	明清官僚制の研究	和田　正広著	22000円
39	唐末五代変革期の政治と経済	堀　敏一著	12000円
40	唐史論攷－氏族制と均田制－	池田　温著	18000円
41	清末日中関係史の研究	菅野　正著	8000円
42	宋代中国の法制と社会	高橋　芳郎著	8000円
43	中華民国期農村土地行政史の研究	笹川　裕史著	8000円
44	五四運動在日本	小野　信爾著	8000円
45	清代徽州地域社会史研究	熊　遠報著	8500円
46	明治前期日中学術交流の研究	陳　捷著	品　切
47	明代軍政史研究	奥山　憲夫著	8000円
48	隋唐王言の研究	中村　裕一著	10000円
49	建国大学の研究	山根　幸夫著	品　切
50	魏晋南北朝官僚制研究	窪添　慶文著	14000円
51	「対支文化事業」の研究	阿部　洋著	22000円
52	華中農村経済と近代化	弁納　才一著	9000円
53	元代知識人と地域社会	森田　憲司著	9000円
54	王権の確立と授受	大原　良通著	品　切
55	北京遷都の研究	新宮　学著	品　切
56	唐令逸文の研究	中村　裕一著	17000円
57	近代中国の地方自治と明治日本	黄　東蘭著	11000円
58	徽州商人の研究	臼井佐知子著	10000円
59	清代中日学術交流の研究	王　宝平著	11000円
60	漢代儒教の史的研究	福井　重雅著	12000円
61	大業雑記の研究	中村　裕一著	14000円
62	中国古代国家と郡県社会	藤田　勝久著	12000円
63	近代中国の農村経済と地主制	小島　淑男著	7000円
64	東アジア世界の形成－中国と周辺国家	堀　敏一著	7000円
65	蒙地奉上－「満州国」の土地政策－	広川　佐保著	8000円
66	西域出土文物の基礎的研究	張　娜麗著	10000円

67	宋代官僚社会史研究	衣川　強著	品切
68	六朝江南地域史研究	中村　圭爾著	15000円
69	中国古代国家形成史論	太田　幸男著	11000円
70	宋代開封の研究	久保田和男著	10000円
71	四川省と近代中国	今井　駿著	17000円
72	近代中国の革命と秘密結社	孫　　江著	15000円
73	近代中国と西洋国際社会	鈴木　智夫著	7000円
74	中国古代国家の形成と青銅兵器	下田　誠著	7500円
75	漢代の地方官吏と地域社会	髙村　武幸著	13000円
76	齊地の思想文化の展開と古代中國の形成	谷中　信一著	13500円
77	近代中国の中央と地方	金子　肇著	11000円
78	中国古代の律令と社会	池田　雄一著	15000円
79	中華世界の国家と民衆　上巻	小林　一美著	12000円
80	中華世界の国家と民衆　下巻	小林　一美著	12000円
81	近代満洲の開発と移民	荒武　達朗著	10000円
82	清代中国南部の社会変容と太平天国	菊池　秀明著	9000円
83	宋代中國科擧社會の研究	近藤　一成著	12000円
84	漢代国家統治の構造と展開	小嶋　茂稔著	10000円
85	中国古代国家と社会システム	藤田　勝久著	13000円
86	清朝支配と貨幣政策	上田　裕之著	11000円
87	清初対モンゴル政策史の研究	楠木　賢道著	8000円
88	秦漢律令研究	廣瀬　薫雄著	11000円
89	宋元郷村社会史論	伊藤　正彦著	10000円
90	清末のキリスト教と国際関係	佐藤　公彦著	12000円
91	中國古代の財政と國家	渡辺信一郎著	14000円
92	中国古代貨幣経済史研究	柿沼　陽平著	13000円
93	戦争と華僑	菊池　一隆著	12000円
94	宋代の水利政策と地域社会	小野　泰著	9000円
95	清代経済政策史の研究	黨　武彦著	11000円
96	春秋戦国時代青銅貨幣の生成と展開	江村　治樹著	15000円
97	孫文・辛亥革命と日本人	久保田文次著	20000円
98	明清食糧騒擾研究	堀地　明著	11000円
99	明清中国の経済構造	足立　啓二著	13000円

100	隋唐長安城の都市社会誌	妹尾　達彦著	未　刊
101	宋代政治構造研究	平田　茂樹著	13000円
102	青春群像－辛亥革命から五四運動へ－	小野　信爾著	13000円
103	近代中国の宗教・結社と権力	孫　　　江著	12000円
104	唐令の基礎的研究	中村　裕一著	15000円
105	清朝前期のチベット仏教政策	池尻　陽子著	8000円
106	金田から南京へ－太平天国初期史研究－	菊池　秀明著	10000円
107	六朝政治社會史研究	中村　圭爾著	12000円
108	秦帝國の形成と地域	鶴間　和幸著	13000円
109	唐宋変革期の国家と社会	栗原　益男著	12000円
110	西魏・北周政権史の研究	前島　佳孝著	12000円
111	中華民国期江南地主制研究	夏井　春喜著	16000円
112	「満洲国」博物館事業の研究	大出　尚子著	8000円
113	明代遼東と朝鮮	荷見　守義著	12000円
114	宋代中国の統治と文書	小林　隆道著	14000円
115	第一次世界大戦期の中国民族運動	笠原十九司著	18000円
116	明清史散論	安野　省三著	11000円
117	大唐六典の唐令研究	中村　裕一著	11000円
118	秦漢律と文帝の刑法改革の研究	若江　賢三著	12000円
119	南朝貴族制研究	川合　　安著	10000円
120	秦漢官文書の基礎的研究	鷹取　祐司著	16000円
121	春秋時代の軍事と外交	小林　伸二著	13000円
122	唐代勲官制度の研究	速水　　大著	12000円
123	周代史の研究	豊田　　久著	12000円
124	東アジア古代における諸民族と国家	川本　芳昭著	12000円
125	史記秦漢史の研究	藤田　勝久著	14000円
126	東晉南朝における傳統の創造	戸川　貴行著	6000円
127	中国古代の水利と地域開発	大川　裕子著	9000円
128	秦漢簡牘史料研究	髙村　武幸著	10000円
129	南宋地方官の主張	大澤　正昭著	7500円
130	近代中国における知識人・メディア・ナショナリズム	楊　　　韜著	9000円

（表示価格は2015年11月現在の本体価格）